生きることとしての学び

2010年代・自生する地域コミュニティと共変化する人々

牧野 篤――[著]

東京大学出版会

Learning as Creating the Place to Live in
Theory and Practice for Revitalizing Local Community through Lifelong Learning
Atsushi Makino
University of Tokyo Press, 2014
ISBN 978-4-13-051326-5

生きることとしての学び――2010年代・自生するコミュニティと共変化する人々　目　次

初出一覧

序章　社会と出会うということ

「プロジェクト展開志向型のまちづくりへ――本研究の課題／序に代えて」、科学研究費平成二二・二三年度補助金（挑戦的萌芽研究・課題番号22653098）、「生涯学習をベースとした領域融合的な実践科学としての「文化工学」の創成」研究報告（研究代表者・牧野篤）『つながり・循環・生成――まちづくりと文化を考える』（二〇一二年、一―四頁）、および、「はじめに　地域社会への視点を問うということ」、牧野篤・新藤浩伸・古壕典洋「生涯学習と社会を記述する視点――飯田市公民館調査を題材に」『東京大学大学院教育学研究科紀要』五二巻（二〇一三年、二〇三―二三二頁［うち二〇三―二〇五頁］）を加筆修正、構成。

第Ⅰ部　学びとしての社会

第1章　知の分配システムから生成プラットフォームへ

「知の分配システムから生成プラットフォームへ――「教育」概念の再検討、そのイメージ／覚え書き風に」日本教育学会『教育学研究』七七巻四号（二〇一〇年、二七―四〇頁）、および、「第二章　自治体の再編と生涯学習」、牧野篤『人が生きる社会と生涯学習――弱くあるわたしたちが結びつくこと』大学教育出版（二〇一二年、三四―六〇頁）を加筆修正、構成。

第2章　動的プロセスとしての〈学び〉へ

「動的プロセスとしての〈学び〉へ――〈学び〉として存在する個人と社会」、牧野篤・新藤浩伸・古壕典洋「生涯学習と社会を記述する視点」『東京大学大学院教育学研究科紀要』五二巻（二〇一三年、二〇三―二三二頁［うち二一七―二二九頁］）、「社会の持続可能性と個人の「学び」――生成的＝〈市場〉的権力作用としての社会教育へ」、日本社会教育学会六〇周年記念出版部会編『希望への社会教育――三・一一後社会のために』東洋館出版社（二〇一三年、二六四―二八三頁）を加筆修正、構成。

第3章　〈学び〉を課題化する社会

「生きるに値する〈社会〉のために」、牧野篤『人が生きる社会と生涯学習――弱くあるわたしたちが結びつくこと』大学教

育出版（二〇一二年、一—一四頁）、Quiet Dynamism of Local Communities: Restructuring of Grassroots Municipalities and Lifelong Learning in Japan, *PIE/PASCAL International Exchanges "Themes" Special Country Paper* (http://pie.pascalobservatory.org/pascalnow/blogentry/special-country-papers/iida-nagano-stimulus-paper, uploaded at June 14, 2012)を加筆修正、構成。

第4章　過剰な自分語りの身体性——書き下ろし

第Ⅱ部　生きることとしての学び（第1〜6章）

『豊田市過疎地域対策事業「日本再発進！　若者よ田舎をめざそう」プロジェクト第1年目の報告』東京大学大学院教育学研究科（二〇一〇年）、「生きるための「むら」づくり——豊田市過疎地域対策事業「日本再発進！　若者よ田舎をめざそうプロジェクト実施報告」科学研究費平成二二・二三年度補助金（挑戦的萌芽研究・課題番号22653098）「生涯学習をベースとした領域融合的な実践科学としての「文化工学」の創成」研究報告（研究代表者・牧野篤）『つながり・循環・生成——まちづくりと文化を考える』（二〇一二年、一三一—一三四頁）を参考に、書き下ろし。

終章　〈学び〉としての社会へ

「はじめに　人とつながる社会のために」、東京大学教育学部社会教育学研究室『人の元気でいきるまち——うみだす・ささえる・つなげる・はぐくむ（東京大学教育学部社会教育学演習二〇一二年度飯田市社会教育調査実習報告）』（二〇一三年、i—iv頁）を参考に書き下ろし。

序章　社会と出会うということ

1

日本では行政システムの組み換え、つまり従来のような中央集権を基本とした地方自治制度から地方分権を基本とした自治制度への組み換えが、急である。そこでは、基礎自治体を基本とする地域社会は、「自立」を強く迫られている。その背景には、少子高齢化の急激な進展、人口減少社会への移行、そして経済構造の転換と雇用機会の減少、さらには国と地方の長期債務の急激な膨張、また社会的な価値観の急速な多元化・多様化に、この社会が直面しているという事実がある。しかし、政策および行政施策としての地方の自立・分権のかけ声とは逆行するかのように、日本全国の各地域から個性ある「社会」が姿を消し、画一的なショッピングモールに象徴される「街」が各地に出現している。そうでなければ、少子高齢化と過疎化が同時進行して「社会」が消えていく地域が、農山漁村といわず、都市内部にも広がりつつある。限界集落ならぬ限界団地と呼ばれる場所がそれであり、商店街の疲弊も著しい。

画一的な「街」も、少子高齢化と過疎化に見舞われる地域も、それがともに人に疎外された既視感を抱かせることに示されるように、そこはすでに、人が自らの存在を預け、生きている実感を得る帰属の場所でも、自分の存在を担保する記憶の場所でもなくなっている。そこは、人々が生活する「社会」ではなくなっているのである。これを、三浦展は「都市の郊外化」すなわち「ファスト風土」化と呼ぶ[1]。これは必ずしも、三浦の議論の無理な拡大解釈ではない。日本が産業国家として自らを発展させる過程で、農山漁村は都市への志向性を強めることで、大量の若年労働力を都市に供給するとともに、都市の市場と化し、自らを犠牲にすることで都市を支え、都市とつながる国家の発展を支えてきた。都市とは国家であり、農山漁村はその後背地として「郊外化」することで、都市を支え、国家を支えてきたのであった。その結果、得られたものが、農林漁業の衰退および都市部と変わらぬ経済生活であり、都市生活の利便性へのあこがれと、若年者の一層の流出であった。

そして今や、過去の経済成長期に、農山漁村から都市に出てきた人々が住む団地が、都市の郊外化によって荒廃し、限界化しながら、都市そのものを過疎化へと導き始めている。つまり、都市そのものが人が自らそこに住み、生活している実感を得られる「社会」であることをやめ、人を排除する社会へと急速に転回しているのである[2]。

このような「街」や地域の画一化は、人を包摂するよりは、排除する方向へと作用する。昨今、「都市の郊外化」によって、各地の商店街はシャッター通りと化し、そこでは子どもたちが荒れ、高齢者が寝たきりになる傾向が高まることが知られている。商店街は、モノを売る単機能な街であったわけではなく、むしろ行き交う人々が挨拶を交わし、顔見知りの人々が会話し、子どもたちが遊び、高齢者が散歩し、誰彼となく井戸端会議が始まる、地元の人と人とを取り結ぶアメニティ空間として存在していた。いわば、商店街は、人と人との間を取り持つことによってモノが売れていた、多機能な「社会」であったといってよい。このような「社会」が地域から消えることで、人々は孤立し、社会から排除され、自らの存在を実感する場を失っていく。それはまた、その地域の経済的な衰退をも意味している[3]。

人々相互の関係が切断された社会では、市場が人と人との間を穴埋めしながら、サービスを提供し、それを人々が購入するようになる。たとえば、「デパ地下」と呼ばれる総菜産業や郊外型の大型コンプレックス店舗の隆盛は、そのことを如実に物語っている。この社会では、人々はすべて消費者であり、経済活動は、大手のサプライヤーから供給されるモノを、地域住民が消費者として購入するという一方的な流れを示すものでしかなくなる。そこでは、地域住民は「お客様」としてそのわがままなニーズを満足させられる対象となるのみであり、自ら地域の経済活動に参加して、地場の経済の循環をつくりだす主体ではなくなっていく。それはまた、郊外型大規模スーパーに家族連れがクルマで乗りつけ、賑やかな祝祭空間をつくりあげるが、その家族連れ相互はそれぞれが見知らぬ人たちであり、祝祭として繰り広げられる消費活動は、孤立した個人が、誰でもよい「私」に提供される商品を購入する一方通行の行為でしかないこととつながっている。地場の経済が、大手のサプライチェーンによって支配され、その地域は人々の生活そのものが画一的な消費生活へと再編されていくことになる。そこでは、地域の固有性を担保する文化そのものが根こそぎ解体され、人々の親密なつながりは切断されて、人々が誰でもよい「私」として孤立して存在する、顔の見えない、画一的な「ファスト風土」文化とでも呼ぶべきものが席巻することになる。

2

このような状況下での、地方の自立・分権の政策的・行政的推進である。しかし、それは、ほとんどその地域の活性化と呼ばれるものへと結びついてはいない。その原因の一つに、これらの施策が量的拡大を基本とした経済開発モデルの価値にもとづいており、当該地域の人々の日常生活に潜む文化的価値をとらえ、それを地域のあり方へと結びつけようとする論理を持たなかったことが考えられる。とくに、活性化を地域の自立とのかかわりで考えようとするとき、その地域とは行政単位つまり基礎自治体ととらえられ、その自立とは産業振興だとされる傾向が強く、企業誘致を基本とした外在的な発展論であろうと、それを批判的にとらえて、地域の固有の条件にもとづく経済の振興を説く内発的な発展論であろうと、さらにはそれらと結びつく形で地域のインフラを組み換えようとする都市工学的なアプローチであろうと、この論理が導くのは、経済発展を基本的な枠組みとする活性化論である。それはまた、行政や産業を基本にまちおこし・地域振興を考える場合に採用される枠組みでもある。そのため、それは、地域住民の生活が持つ経済的な側面とのみ強く結びつけられることで、既述のような地域社会の「ファスト風土」化を推し進めることにもなったし、経済的な規模の拡大が得られないとき、その振興策は失敗であったと見なされてきた。

このような地域振興策に対して、地域社会に生きる人々の生活の持つ文化的な側面、つまり地域の文化的な資源に注目してまちの活性化を考えようとする議論がある。それにはたとえば、各種の映画祭などイベント指向の試みから、「全村博物館構想」など町や村の日常的存在そのものを活用するもの、さらにはいわゆる「よそ者」を受け入れることで地域の持つ価値を変容させようとする「移民型」のものまで数多くある。しかし、これらの試みも、たとえば、イベント指向のものの中にはイベントそのものとして成功しているものもあるが、イベントと地域文化や継続的かつ日常的なまちおこし・まちづくりとの関連、つまりイベントの成果の住民生活への還元のあり方については不明確であることが多い。他方、全村博物館構想などは地域の特色ある日常生活に着目して日常性と継続性を維持する中で、まちおこし・まちづくりを試みるものだが、活性化という意味で具体的な成果があがっているとはいい難い。しかも、これらの文化資源への着目も、その活用の仕方が東京のコンサルティング会社が企画する画一的なものであったりすることで、文化的な「ファスト風土」化を起こしている例も少なくない。

これらの事例に対しては、従来の地域活性化の議論の枠組み、つまり経済的な活性化または量的な拡大を基本的な考え方とするまちおこしの観点からは、日常性の文化的価値とその経済効果に対する客観的な評価が不十分であることに起因するものだとの判断が下されがちである。しかし、これらの試みを行っている地域が、多くは過疎化・高齢化に悩む自治体やさらにその基層にある地域コミュニティであるという点で、従来の経済的な拡大を基調とする論理の適用には無理があり、まちづくりやまちおこしの論理は、日常性の文化的価値と生活における経済的効果とを架橋する人的価値の組み換えを要請するものであるといわざるを得ない面がある。つまり、新たなまちづくりの議論を進めるためには、従来の開発型の価値ではなく、拡大しないこと、ゆっくりであること、持続的であることなどを、地域の持つ文化とのかかわりで価値化し、日常生活における価値へとつなげ、それを新たな意味における経済価値へと展開していく論理の構築が求められるのだといえる。

3

これらのことからいえるのは、文化的な側面に着目し、文化資源を活用した地域の活性化を考えるという従来の議論では、「活性化」そのものが量的な拡大を志向する経済的な価値の枠組みと結びついているため、その議論は、この枠組みの中で「活性化」を評価しようとする、いわば固定的な性格を強く持ったものでしかないということである。このことは、文化的側面を重視した活性化の議論が、行政や産業を基本とする経済活性化としてのまちの活性化とは異なるアプローチをとっているかのように見えて、その実、基本的には経済活性化のアプローチと同じ性格を持っているものであることを示している。

このことはまた、どちらもが資源分配を基本的なアプローチの枠組みとしている、ということを物語っている。それゆえに、このアプローチでとらえられる地域の活性化は、すでに確立した価値観の枠組みを持つ地域の活動であったり、またはアプローチそのものがすでにある堅い価値観の枠組みにもとづくものであったりするがために、住民生活が持つダイナミズムをとらえて、価値化することができず、地域の「活性化」に結びつかなくなっているものと思われる。このとき、「活性化」そのものが分配と所有の論理で語られているのである。

いま問われなければならないのは、文化的な資源を人々の生活と結びつけ、新たな価値を創造する議論をいかにつくりあげるのかということであろう。それはまた、研究方法論的には、既存の確立した活動をとらえるのではなく、むしろ実際の活動への介入によって、まちづくり支援のためのプログラム構築の理論を生成し、かつ実際の活動によってそれを常に組み換えるという往還関係をつくりだすことだといえる。それはさらに、研究者が地域におけるさまざまなアクターと協力して、人々の日常性における文化的側面を尊重したまちおこし・まちづくりの実践に貢献する現場実践指向型の理論をつくりだし、持続的で文化多元的なまちづくり実践の論理を構築することでもある。

それは、分配と所有の論理でまちづくりをとらえるのではなく、むしろ生成と循環の中に、人々の生活を「ファスト風土」からすくい上げ、新たな価値を生み出し続け、生活を価値的に豊かにして、地域コミュニティを人々が生きるに値する〈社会〉へとつくりあげていく、実践のダイナミズムを創成することである。

4

上記のことが示しているのは、実践から理論を構築する必要があるが、対象にアプローチして理論を構築するための方法論を実践から導くことはできないということである。この場合、方法論とは、アプローチの具体的な手法、たとえばアクションリサーチや参与観察などの技術論をいうのではない。方法論とは、この技術論の前にあるもの、つまり技術を適用するときの構えのようなもののことであり、ここで問われるのは、その方法論を導くための、方法の前にあるものをどのように構築するのかということである。実践とは、むしろこの方法論に規定されるものとしてあるといってよい。

私たちはものを見、対象をとらえ、意味づけし、価値づけしようとするときに、すでにそのものを見、とらえ、意味づけし、価値づけするように、身体技法を獲得している。私たちはそれを後から知覚したと知覚するに過ぎない。少し面倒な議論になるが、知覚は知覚主体に先行して、知覚主体をつくりだすのであり、しかもその知覚はすでに環境によってつくられた身体技法によって傾向性が決められている、つまり知覚される客体そのものが、知覚によって決められている事後的なものでしかない(4)。

このことは、私たち自身が自らの身体技法にもとづいて、環境との間に入りつつ、自己をつくりだすが、その自己をつくりだす過程で、常に身体技法を組み換えながら、自分をつくりだしていることを意味している。私たちは常に環境との関係の中で、環境との関係をつくりかえながら、自分をつくりだし、自分が生きる環境を自らの「生環境」として構成し直している。つまり、〈わたし〉という主体は、常に自己の身体と環境との間の相互作用の後からしか生まれてこない。それが、知覚にかかわり、意識を形成するのである。これを、メルロ＝ポンティは「まなざしが対象に住みつく」という(5)。対象が対象化されなければ主体はあり得ず、主体が立ち上がらなければ対象はあり得ない。主体は、常に相互性を持った事後性として立ち上がるほかはないものなのだといえる。この知覚に先立って「ある」のが身体と環境である。そして、私たちは常に平衡的に「ある」ように、その関係を組み換え続けようとする。アントニオ・ネグリ風にいえば、私たちの主体と客体は、常に動的に組み換えられつつ、私たちの知覚によって知覚し直されている、過剰な存在論的不均衡、つまり常にズレを生み出しながら平衡状態になろうとして、動き続けているものなのである。

5

この事後性と動的平衡という過剰性は、〈コトバ〉そのものの性質と重なる。〈コトバ〉は身体にもとづく「発話」においては、個体的であっても、その持つ意味を基本とする「言語」としては集合的なものであり、しかも、それが言及できることは事前に決まっていながら、個体が言及したことを知覚できるのは事後的でしかないという性質を持っている。私たちは、「発話」した後からしか、何をいいたかったのか意識化できない。

私たちは、自分の思惟を意識化するためには「発話」するしかなく、しかしその「発話」される「言語」は私のものではなく、私が属する集団のものであるために、私の思惟は、事前に決められた集団に沈殿し、蓄積されている意味によって規定されるものとしてしかあり得ない。それはまた、私自身を私が属する集団のシンボル的な生環境に閉じ込めないではいない。私は、事前にいえるとわかっていることをいうことで、事後的にしか私を知覚できないということである。

そしてここに、「発話」が私の「身体」という固有性をともなうものであることによって、私の「発話」は、「言語」が私を私が所属する集団の過去と同じ表現行為へと沈殿させ、閉じ込めてしまう前に、過去の表現行為の残渣を破壊して、新しい表現行為を獲得することで、私を〈わたし〉へと、そして所属する集団を〈わたしたち〉へと立ち上げながら、新しい平衡状態をつくりだそうとする事態が現出することとなる。ここに主体が立ち上がるのである。〈コトバ〉は意味をともなう「言語」として他者のものでありながら、それが「発話」する〈カラダ〉を持つことで、事後的に主体を立ち上げ、客体を構成しながら、新たな主―客の相互作用の中で、常に新しく知覚する〈わたし〉を立ち上げ続けていく。私は、〈わたし〉であるために、つまり私が何を思惟し、何を知覚しているのかを知るためにこそ、過剰に「発話」し続けなければならないのである。〈コトバ〉は常に「発話」する私と社会との関係に裂け目つまり〈わたし〉という主体を立ち上げ続けることで、その関係を新たな〈社会〉へと組み換え、つくりだし続けることとなるのである。

そして、そのためにこそ、私たちは「他者」と出会わなければならない。それはつまり、「対象に住みついたまなざし」（メルロ＝ポンティ）である。私は私を〈わたし〉として立ち上げるためにこそ、私にとっての「真の他者」にならなければならない。しかも、「真の他者」を構成するのは、常に動き続けて私を知覚の主体へと構成しようとする、身体と環境との過剰で相互的な運動によって生み出される知覚を知覚する〈わたし〉なのである。

こういう対話的な関係こそが、私を〈わたし〉へと練り上げていくのだといってよい。

6

私たちが他者と出会い、他者が生活する〈場〉に触れるとき、そこでは、その私がこれまで所属していた集団とは異なる集団的な記憶を沈殿させ、異なる「言語」を持つ環境を体験することで、私自身の「発話」が促される。研究者も同様である。土地の人々と会話することはなくても、単にその土地を歩くだけでも、それまで慣れ親しんだ自分の集団とは異なる空気に触れることで、私の身体は「発話」しないではいられなくなる。そこには、何らかの身体の感じ――おもしろさ、居心地の悪さ、へえっと思う感じ等々――が、私に自分の身体を知覚させ、自分の思惟を知覚させることで、私は自分をその新たな環境における主体へと構成し直さないではいられない。そうしないと、私は自分を平衡的に保つことができなくなるとでもいうべき事態が招かれるのである。私は、自らの身体と対話的な関係に入らないではいられないのだといえる。しかも、これがさらに同僚や仲間との集団的な関係の中でなされることになる。

そしてさらに、このことがその土地の人々との「対話」として構成されるとき、私は、新たな「言語」を「発話」する個体との間での相互性を、〈コトバ〉によって、つまり自ら「言語」を「発話」することによって構成しながら、自己を新たな主体へと、常に相手話者との〈間〉で生み出し続けなければならなくなる。それが、私に情動を生み出し、私が相手を理解し、意味を構成しようとする運動へとつながっていく。私たちは常に、自己の身体に生まれた感覚を、自分の持つ「言語」によって「発話」することで、自己を知覚し、身体の変化を意味づけながら、相手との関係を組み換えて、その関係における知覚主体として自らを知覚しようとするのだといえる。

しかも、この知覚主体としての自己は、すでに相手話者を含み込んだ「発話」する〈カラダ〉として、自らの「他者」となっている。それはまた、他者との〈間〉にあって、他者からの承認を求める〈カラダ〉として、そこに立ち現れることになる。相互承認をめぐる闘争が、〈コトバ〉を媒介として行われることになるのである。ヘーゲル風にいうと、こういうことになる(6)。

そこでは、自己の存在をめぐる相互承認の闘争が展開されながらも、それはまた〈コトバ〉でなされる闘争であることによって、常に相手との関係を組み換えながら、自己をともに「発話」する主体として構成することを認めあう相互性として、立ち上がってくることになる。存在承認の闘争は、「発話」する〈カラダ〉の個体性という普遍性が基礎となって、私たちを私が〈わたし〉へと主体化する自由の承認の相互性へと媒介することとなる。私たちは、土地の人々の集団的記憶の沈殿である〈コトバ〉に触れながら、常に自分の〈コトバ〉を「発話」することで、それをともに組み換えて、知覚し、私を〈わたし〉として立ち上げることになる。それはまた、相手も同様である。ここにおいて、私たちは、異なる集合的な記憶を持ちながらも、そうだからこそ、それを語りあうことで、ともにその記憶の主体として立ち上がりながら、自分を〈わたしたち〉である〈わたし〉として立ち上げる自由を認めあい、私の個体の記憶を新たにしていくこととなる。

これこそが、〈わたし〉が私の生の主体となるということである。

7

研究者が、各地を訪問し、土地の人々と触れあうということは、このような私が他者とともに〈わたし〉となる、そして自分の身体が過剰な「言語」の「発話」を担うことで、生きる自分の主体を構成しつづける、こういう運動を、対象にかかわる研究者自身の中につくりだすことに通じている。このようにしてつくられた新しい〈わたし〉に、新たな切断面とでもいうべき自己対話の切れ込みを入れること、つまり私と社会との裂け目として構成される〈わたし〉を自己対話へと導く切断面をもたらすこと、これが、研究者が社会を記述することによってなされることで、私たちは省察的な存在として、〈社会〉を構成することになる。それは、私たちの身体に新たな自己の切れ込みを入れることによって、私たち自身が反省的で対話的な自己をつくりだすことで、改めて自分自身を「発話」する〈カラダ〉へと構成し直すことを意味している。たとえば、お世話になった人々に、研究成果をお返しする、そのために自分の論文が構成されるとき、研究者は、お世話になった人々との対話を自己との対話において行いながら、さらに同僚や仲間の存在を意識して、自らの論文を自分の身体から「発話」することへとつながっていく。そこでは、研究者が、自らの論文に自己の〈カラダ〉を「棲みつかせる」ことになる。そうすることで、その論文は、同僚や仲間との間にさらされることとなる。ここにまた、新たな集団的な記憶が立ち上がり、新たな〈わたしたち〉である〈わたし〉が生み出されていくこととなる。〈わたしたち〉として生きることのできる、〈わたしたち〉に支えられる、〈わたし〉とでもいうべき私自身が立ち上げられることとなるのだといってよい。

　研究者としてある社会にアプローチするという行為はまた、このような自己の立ち上げを研究者に要請し、研究者の〈わたし〉をその社会とのかかわりにおいて構成し、自己を主体として形成することと同義なのだといえる。つまり、ある社会を研究対象とする時点で、研究者の自己を組み込まない研究はあり得ず、その対象は、事前にその研究者の持つ身体的な構えによって選ばれており、すでに選ばれているという事実によって、事後的に研究者とその社会に住む人々との関係が研究者の〈わたし〉として構成され、かつその構成を通して〈わたしたち〉が立ち上げられ、研究者の自己が生み出されることになるのである。この意味では、社会を研究することは、きわめて自我形成的な営みであるといってよいし、研究者の自我論を組み込まない研究はあり得ないともいえる。ここにおいて、この営みはすなわち、〈学び〉である以外にはない。

　ここで問われるのが、このような研究者の自己を組み込んだ研究を構成する身体的な技法の前提となる視点である。

8

このことはまた、調査研究の対象がとらえられるとき、事前に獲得され、制約を受けている身体の技法、いわばハビトゥスを構築するための基本的な構えをどう扱うのかという問いを私たちに投げかけることになる。そのことはさらに、私たちが研究者として自ら対象にかかわるという場合、その自己を主体として認識するときの、対象との関係性を問い返すことだということができる。それは常に事後的でありながら、事前に制約を抱え込んだものとして、自己言及的であるほかはない。

このことはまた、研究者が研究対象とかかわるとき、自らを対象から排除することを意識し続けるという意味で、無限後退の関係、つまり観察を観察する関係に入ることを意味している。常に、研究者と対象との間には、区別し続ける再参入・再導入の関係、すなわち観察を観察し続ける再参入・再導入の関係が形成されざるを得ず、それは析出される課題や成果を細分化し、複雑化しつつ、対象を絞り込む、つまり縮減する方向へとしか進まない(7)。それはまた、観察対象を資源と見なしつつ、その資源分配を、資源にかかわる自分という形で常に自己を排除し続けながら、描くこと、つまりその対象を観察する自己を観察し続けるという分配の際限のない細分化を招くこととなる。それは、議論のいわゆる精緻化を導くことになる。しかし、この精緻化の論理では、分配の細分化そのものが観察する自己を排除することによってなされ続けるため、統合は細分化される対象から自己を排除し、神の目を持つ客観の主体と措くことによってしかできないが、初発の段階ですでに自己を排除しているという意味において、初めから統合を放棄しているものとしてしかあり得ない。

ここには極限の主観である客観が存在し、その客観視そのものが常に対象を細分化し、縮減する方向にしか働かないという制約を、観察者である私つまり研究者は抱え込んでしまう。この縮減していく対象から区分されている自己を区分し続けることで、研究者は客観つまり神の目を持つことになるが、そのことそのものが主観的に措定された自己の主体でしかないのである。

このような研究者の対象への立ち位置においては、対象は客観的に主体と同じ平面に立つものとして、そして主体が区分を区分し続ける、観察を観察し続けるという意味において、同一平面において縮減し続ける単純化されたモデルで理解されることとなる。それはまた、観察することによって方法が導かれるという、素朴実証主義的な観点が導くものでもある。ここに、研究が研究者の自我を組み込んだものであることの制約が存在し、それを意識しない客観主義の限界が現れ出ることとなる。

ここで問われなければならないのは、技術論的な方法のあり方ではない。問われるべきは、対象をとらえる場合に事前に制約され、しかも自己言及的にしか自ら意識することのできない視点とそれにもとづく記述の仕方である。このことが、調査研究から析出され、また構築されることで、初めて方法が技術として生かされ、論理が構築されることとなる。

本書で行われるのは、このような研究者と対象とのいわば往還関係によって構成される「社会を記述する視点」をめぐる理論的・実践的考察である。そこでは、この「視点」からとらえられる地域コミュニティに生きる人々が構成する〈社会〉のあり方は、動的プロセスとしての〈学び〉としてとらえられ、かつ〈社会〉を構成する個人の存在は〈学び〉そのものとして把握されることとなる。それはまた、生涯学習を基本的な枠組みとするものだといってよい。なぜなら、この個人と社会のあり方そのものが、その人の生涯にわたる存在を深く規定し、またその存在によって規定し返される相互関係を結んでいるからである。それはまた、地域コミュニティに生きる人々の生活が単一の同一平面上で営まれているのではなく、多様なレイヤーを持ち、人々がその間を融通無碍に行き交うことで、地域コミュニティの目に見えないダイナミズムを生み出しており、しかもそのダイナミズムが多重のレイヤーをネットワークすることでコミュニティの立体的な構造を生成していること、それが地域固有の文化を産出していることを析出しようとすることと結びついている。そしてここでは、地域コミュニティに生きる人々がその生活の主体として生きるとはどういうことなのかを、研究者自らを含み込んだかかわりの構造の中で、とらえようとすることの視点が問われることとなる。

本書が行うのは、このような重層的に入り組んだ個人と社会とのかかわりを生涯学習の研究として描き出そうとする試みである。

（1）三浦展『ファスト風土化する日本――郊外化とその病理』、洋泉社新書、二〇〇四年。
（2）三浦展『東京は郊外から消えていく！――首都圏高齢化・未婚化・空き家地図』、光文社新書、二〇一二年。
（3）新雅史『商店街はなぜ滅びるのか――社会・政治・経済史から探る再生の道』、光文社新書、二〇一二年。牧野篤『人が生きる社会と生涯学習――弱くある私たちが結びつくこと』、大学教育出版、二〇一二年など。
（4）M・メルロ＝ポンティ、竹内芳郎・小木貞孝訳『知覚の現象学 1・2』、みすず書房、二〇〇九年。モーリス・メルロ＝ポンティ、菅野盾樹訳『知覚の哲学――ラジオ講演一九四八年』、ちくま学芸文庫、二〇一一年など。
（5）同前。
（6）G・W・F・ヘーゲル、長谷川宏訳『精神現象学』、作品社、二〇〇八年など。
（7）たとえば、ニクラス・ルーマン、佐藤勉監訳『社会システム理論』（上・下）、恒星社厚生閣、二〇〇一年など。

第Ⅰ部　学びとしての社会

第1章　知の分配システムから生成プラットフォームへ

1　自己消費の過剰性

「私の周りには、自分を大切にできない子が多くいます。……その中でも、高校一年生の頃からの友人で、リストカットを一〇〇回以上繰り返す子との関係の持ち方については、講義を通して考えさせられました。」「その子は、中学校の頃のいじめがトラウマになって、高校一年の夏から不登校になりました。人格が解離して、突然言葉遣いが悪くなったり、幼児に戻って「何でお化粧するの？　幼稚園でしょ」などと言ってきました。その後、つきあっていた彼氏とも病気が原因で別れ、さらに荒れました。保健室登校まで何とかもってこれて、私は彼女と昼お弁当を外へ食べに行っていました。私たちが、卒業すると同時に、彼女は学校を辞めました。」「彼女からは、昼夜かまわず電話がかかってきます。メールも毎日きます。過食気味の最近は、毎日体重の報告メールがあります。彼女は、友人とうまくいかなかったり、恋愛でふられたり、アルバイトをはじめて上手くいかなかったり、そのたびにリストカットをします。この間は、リストカットした腕の写真をメールで送ってきました。共感的な他者として私がいることで、自分を認識できるのでしょうか。どうしたらよいのかわからなくなっています。(1)」

私たちが社会で生きるには、本来的に、過剰な自己の達成と事後的な自己認識との間に、自己が他者へと過剰に投げ出されているがために、自己が他者から自分へと還ってくるという往還の関係が成り立っていなければならない。しかし、今日私たちが直面しているのは、自他の往還関係のない自己消費、つまり自己に向けて一方的に提供される商品に自分の好み・嗜好を投影して消費し、またより直接的に自分の感覚を消費することで、自分をとらえようとする自分自身へのアディクションの多発である。

この自己消費の過剰性は、私たちが、自らを商品として流通させることでしか、自分を社会の中におくことができなくなっていることとかかわっている。人とつながるためには流通しなければならず、流通するためには孤立していなければならないのである。たとえばマルクスは、商品について次のように語っている。商品が使用価値を持つのは、それがある人の欲望を充足するからであり、それが有用性の根拠である。しかし、資本主義的生産様式の社会では、商品固有の有用性は後景に退いている。そうでなければ、交換＝流通ができないからだ。あるものなのにそのものを見るのではなくて、その背後にあるものを見ている。これが商品の本質である。商品の交換つまり流通は、まったく恣意的なものであり、偶然性に支配されたものであるから、交換価値が商品の中に固有に存在しているなどとはいえない。しかし、実際には商品が市場で流通している。そこには、商品を商品として互いにつなぐ何かがある。その何かとは、自然を加工して使用価値へと転化し得る、つまり商品を生み出す労働力および労働力を有する人間一般、そして労働力の投入量を衡量し、等価関係へと組み込む貨幣の存在である。商品の生産と流通が利潤をもたらすのは、労働力の回復がそのつくり出した使用価値つまり交換価値よりも少ない価値でなされ得るからである。人間関係を自明の前提としない価値の交換の場つまり市場は、物々交換のできる共同体内部ではなく、共同体と共同体との境界に発生し、その後、共同体内部を浸食する(2)。

商品化されている私たちの存在は、マルクスのいう意味での商品ではない。私たちは存在そのものが商品なのであり、労働力ですらない。商品としての私たちは、商品が市場で交換されるための、個々の商品の背後にある労働力という人間普遍のものを欠いている。私たちは、他の人との共通性を欠いており、つながることは困難なのだ。だから、私たちは恣意的な交換としてしか流通のしようがない。だが、恣意的なものを担保する共同性や共通の価値をもたないことで、恣意性こそが普遍化している。だからこそ、つながるためには、自分を選択してくれる消費者の気まぐれにつきあい、消費者の選好の裏側を読んで、自分を選択してもらえるように振る舞わなければならない。キャラ化はその一例である。

私たちは、はじめから流通することを強いられた商品としてある。私たちには、常に誰かからその価値を確認され続けることでしか自分を保つ手立てがない。まるで岩井克人のいう貨幣そのものである。岩井はいう。「貨幣が貨幣であるためには、それは人間による日々の売り買いによって、たえず貨幣として確認され、たえず貨幣として更新されていかなければならない。貨幣は日々貨幣にならなければならないのである」(3)。

為替市場のマネー、または金融市場の投機マネーであるといってもよいだろう。金本位制や不換紙幣を担保する強大な国家権力のように、マネーの背後にある大きな普遍的な物語がその存在を担保しているのではない。その時々のマネーの離合集散が差異をつくり、その差異が人々の選好を刺激して、短期的な投機の対象となって、価格の高まりを見せながらも、結果的にはゼロサム・ゲームを繰り広げているに過ぎない、価値の創造のない社会、その社会における商品としての貨幣。これが私たちのこの社会における姿に重なる。ある商品の表象の向こう側にある人間存在の価値である労働力の総和すなわちストックを、普遍的な流通のルートに乗せるための価格つまり貨幣による表象ではなく、単に人々の選好によってマネーが集中すること、すなわちフローで価格が上昇し、それが価値の高まりとして解釈される仕組みの中で、マネーとして使われることでしか、自らの存在の意味を確認できない。貨幣はすでにそういうものに変質してしまっている。そこではまるで、マネーを投機する人々の好みの量が価格として表象され、その人の価値を表現しているかのような錯覚が支配している。そこにあるのは、自分の価値を貨幣が表象するための、その表象の背後にあるものの欠落である。つまり、他者への共感力と想像力が失われ、〈わたしたち〉という感覚を喪失し、〈わたし〉をとらえることができなくなることと同じである。それは、ボクだけを見ていて！　という自己愛と通じている。商品を流通させるための制度であった貨幣は、いまや価格という記号として流通し、消費される商品なのであり、貨幣が表象していたはずの社会的な価値の創造と生産つまりストックはすでに終焉しているのである。

2　他者への想像力がもたらす自己認識

なぜ、私たちは常に他者から求められ、他者から見つめられ、商品やサービスを提供されることで、自分を消費することを、過剰に求めてしまうのだろうか。これは、市場がなぜ成立し得、なぜ必要なのかという問いと深くかかわっている。たとえば、マルセル・モースやレヴィ＝ストロースは、交換つまり市場発生の起源を次のようにいう。原始社会において、ある者が自分の共同体の外部であるモノを拾ったとすると、拾った者が負債の感覚を抱えてしまい、その負債を返済するためにも、より多くのモノを返そうとして、拾った場所により多くのモノをおく。すると、ほかの共同体の成員がそれを拾い、同じく負債の感覚を抱くために、さらに多くのモノをそこにおこうとする。こうして、過剰な贈り物の応酬が続くことで、それが次第に交換を組織する市場へと発展した。[4]

この話で興味深いのは、ある部族の者があるモノを拾ったとき、それが負債となるのはなぜかということとともに、お返しをするときになぜ別のモノが用意され、しかもそれが過剰なものだと判断されるのかということである。つまり、あるモノを拾って負債感を抱くのは、他者が持っていて自分にないモノを感知しているということであり、そこには欠損感としてしか感受し得ない他者の欲望への欲望が存在している。それはまた、他者に取り憑かれて、不自由になっている不快な感覚と同じである。そして、返礼としてのモノを過剰におこうとすることは、それが他者にとって欠損となるであろうという期待と、自分が拾ったモノよりも価値が高いだろうという予測とが働いている。このことは、自分に取り憑いた他者を祓うこと、さらには自分が他者に取り憑くことへと通じている。他者への想像力を働かせつつ、自分の満足へと還ってくる、その満足がさらに過剰に自分を表出しようとする駆動力の役割を果たしている。しかも、そこには、相手も自分と同じように受け止めるだろうという想像を可能にする、人間の普遍性への直観が働いているのである。

マルクスのいう貨幣と市場という制度は、モースやレヴィ＝ストロースのいう贈与＝交換が制度化されたものだが、そこにあるのは、労働力という普遍的な人間の力能の存在という幻想を基礎とした、他者への想像力がもたらす自己認識、つまり自己の欠損の感覚が生み出す他者への欲望が、商品を共同体の外部で流通させ、利潤をもたらすという構造である。この欲望の満足という形で商品の購入がもたらす充足とそれにともなう自己認識が、さらに想像力を媒介として他者の欲望を欲望することへと結びつき、消費への過剰な達成を生み出して、市場を拡大し続けるのである。

私たちは、他者との関係において、常に過剰に自分を〈贈与〉しつつ、他者から還ってくる自分を事後的に認識して、その事前と事後の落差の中に、自分とのコミュニケーションを成立させる、そういう仕方で自分への駆動力を強めていく、これが自己認識のあり方である。この〈贈与―答礼〉の過剰な関係は、私たちの自我の構造にかかわっている。自我の発生の当初から、私たちは、常に、〈コトバ〉を用いて自己を認識することしかできない。私たちは、〈コトバ〉が自分のものでありながら他者のものでしかあり得ないことによって、常に〈コトバ〉の自己言及性に制約された自分の言及できなさに苛まれ続けている。私たちは自分の言及できなさを事後的に知覚しつつ、その言及できない自分を言及しようとして、他者から言葉を与えられることを過剰に求めてしまう。つまり、他者を欲望してしまう。それは自己の他者化であり、その他者を取り込んで自分の欠損を埋めようとする行為である。私たちは、他者へと過剰に自分を移しつつ、自分を認識し返そうとする循環を繰り返さざるを得ない。〈贈与―答礼〉の循環は、自己を認識しようとする私たちの自我が他者を求めざるを得ず、他者へと自己を差し出さなければ自分をとらえることができないという自我のありように定礎されているのである。

市場は、〈贈与―答礼〉の過剰な循環を生み出すことで、〈わたしたち〉をつくりだすものとしてある。〈わたしたち〉への想像力が、私個人と他者とを結びつけることで、私は〈わたしたち〉の中にきちんと位置づいているという十全感を得ることができ、それが私を社会的な〈わたし〉として立たせることになる。私は市場において他者と交換可能な〈わたし〉であることで、〈わたしたち〉の中に位置づき、〈わたしたち〉の一員として役割を果たし、〈わたしたち〉を通して自己を見つめる、社会にきちんと立っている自分を獲得することができる。しかし、今や私が〈わたし〉であることの根拠が崩落しているように見える。市場が機能せず、人々の生の不安定化が招かれているのである。

3 「われわれ」の形成と「社会」の課題化

日本は自らを近代国家として構築する過程で、民衆を国民化し、均質で画一的な大量の労働力を育成し、また広大な統一市場を形成してきた。その装置として用いられたのが、学校であり、校区を基本的な単位とする民衆管理システムつまり地方行政制度の確立であった。近代日本における学校制度の導入は、一八七二年の「学制」に遡るが、それはまた一八七一年に戸籍法が制定されたことと無縁ではない。近代産業社会を基礎とする国家は、領土内の民衆を均質化して、国民化することで、経済発展と国家的統合を進めようとするが、その均質化の技術として発明されたのが戸籍であった。それは、幕藩体制下で独自の秩序を形成してきた身分的・地域的な仕切りを破壊し、すべての民衆を一元的に国家と結びつけ、国民として画一的に管理しようとするもの、つまり国家のもとの空間を均質化するものであった。しかも、この戸籍法の施行は同年に行われた廃藩置県による中央集権制の採用と表裏の関係をなしていた。つまり、近代国家を建設するに当たって、明治政府は領土内の空間を均質化しようとするが、それは民衆をすべて同じく土地空間上に登記する戸籍制度という新たな統治システムの導入と連動していたのである。

この国家空間への民衆の登記と表裏の関係をなしていたのが、民衆の生活時間を自然時間から時計時間へと組み換えて矯正し、近代産業に適応できる産業的身体を育成するとともに、自らが登記された国家が指し示す経済発展を価値化して自己の目的と見なし、国家への求心力を高めるように国民を育成する教育システム、つまり国民教育制度であった。ここにおいて、国民統治のシステムである地方行政制度と学校教育の基本的な枠組みである校区制が表裏の関係をともなって構築されることとなる。この制度では、国家の示す価値への接近と階層の上昇は、学校教育を通してよりよき国民となること、つまり自らをよりよい産業的身体を持ち、国家への忠誠心をより強く抱く国民として形成することによって、達成されることになる。学校では、すべての民衆とくに子どもたちは国民の予備軍として平等に扱われる。彼らは日常生活から切り離された均質な空間に囲い込まれ、属性をも拭い去られた上で、改めて国家的な価値を準拠枠とする形成と選別つまり競争の結果にもとづいて、国家システムへと分配されていく。それはまた、近代国家の基本的な制度である工場と軍隊という、民衆生活の場とは異なる均質空間を設定して、人々を定住させつつ、訓練し、国民へと育成する制度と通じていた。フーコーのいう「規律・訓練」であり、「生の政治」による均質空間の形成である。(5)

しかも、このシステムは、人々を国民化する過程で、同じく国民である他者を参照系としつつ、自らを律せざるを得ない存在としての民衆を育成することになる。日常生活を律していたはずの旧来の地縁共同体を失い、産業的身体を持つ国民となった人々は、自己を律する準拠枠を他者のまなざしに求めざるを得ず、自分が他者からどのように見えているのかを常に気にかけつつ、他者と同化しようとする同調圧力を自らにかけ続けることになる。社会のパノプティコン化であり、「生の政治」を実現する司牧者としての権力の形成である。そして、この司牧者権力のもとで民衆は「われわれ」として自らを律し、「われわれ」を通して「私」を意識することになる。他者すなわち権力の目を自らに埋め込みつつ、他者の目から見た自己を意識する、近代的な自我の形成がなされるのである。(6)しかしその実、この他者の目は権力化された自己の目である他はないのである。

学校教育と並ぶ国家の教育施策であった社会教育の出自も、このことと深くかかわっている。社会教育は概念としては、一八七〇年代末ごろから福沢諭吉の言論に見出され、八〇年代の初めには「社会の中流人士」の自己教育の意味で用いられ、日本資本主義の発展、つまり産業社会の担い手としての民衆の自己形成、すなわち「われわれ」の形成の方途として用いられている。これに対して、より下層の民衆に対しては教化が主張され、彼らは管理の対象ととらえられている。社会教育は、いわば福沢の「啓蒙と教化」の枠組みにおける啓蒙を担うものとして考えられていたといえる。その後、社会教育は学校教育の普及にともない、八〇年代を通して、学校教育を「補翼」するものとして位置づけられつつ、さらには保護者に対して、その子どもを学校に上げるよう促す就学督励としての役割を担うものとして施策化されていく。(7)

この就学督励としての社会教育の展開はまた、当時の日本社会の状況を反映していた。学校教育は一八八〇年に教育令の改正によって就学義務が強化されるが、八一年の松方デフレにより、生糸・米・繭の価格が下落し、農村は未曾有の経済不振に襲われ、また租税負担の増加によって多くの農民が小作へと没落していった。その結果、就学率は八三年をピークに低下していたのである。この状況を背景として、保護者に子どもの就学を督励するための教育として社会教育が重視されたのであり、その対象はいわゆる下層民衆であった。当時、社会教育に当たる言葉としては「通俗教育」が用いられたが、それは普通教育の重要性を平易な言葉で下層民衆に説くこと、つまり通俗的であることを意味していた。通俗教育は、その後、学校教育が普及するにともなって、その性格を変え、一八八〇年代半ば以降からは、「一般人民」に対する教育や風俗改良・社会改良的な内容をともなって、国民形成のための教育としての一翼を担うようになる(8)。

学校教育の普及は、都市における下層階層をも取り込むことになり、「われわれ」から排除されていた下層民衆が、学校教育を通して「われわれ」へと同質化されていくことになった。「われわれ」とは異質な存在であった下層民衆は、異質であるがゆえに認知され、排除される対象ではなく、同化され、均質化されるべき対象として認識されるようになるのである。一九二〇年代には、急速な産業社会の建設が生み出した大量の下層民衆は、排除の対象から、同化つまり教育による矯正と国民化が可能な民衆として見出されていくことになった。国家の内部に均質空間としての社会が形成され、民衆の均質化が見通されるようになったのがこの時期であり、ここにおいて、社会教育が通俗教育から行政用語としての「社会教育」へと転換することになる。文部省で通俗教育を管轄していた普通学務局第四課が社会教育課へと改編されたのは一九二四年のことである。いわば、「われわれ」が社会に広汎に成立したのが一九二〇年代のことであったといえる。

そして、注目すべきは、国内空間つまり社会の均質化が進展した一九二〇年代に、いわゆる住民の自治組織である町内会が大都市部から自発的に組織されて、全国に広がったという事実である。町内会は、範囲として互いに重ならず、その範囲の総和が限りなく日本という国家の領土に均しいという特徴を持っている[9]。それは、国家内部の社会と国家の領土とがその総和において均しい、つまり国家内部が町内会という社会に分節されながらも、それらが積分されることで国家という空間と整合的に調和していく、いわば小さな国家としての役割を町内会が担っていったことを示している。町内会は、国家内部の社会という空間の均質性を前提として成立しながら、国内空間の均質性を強化し、政治システムとしての国家を領土空間内部にくまなく普遍化していく装置として機能するのである。

ここに、明治期の町村と小学校区とが同じく単位として重ねられていたことの意味を見出すことができる。民衆は、自らを国民つまり「われわれ」化する二重の装置、つまり自らを国家内部の社会空間に定位する戸籍を基礎とする行政制度と自己を産業的身体とよりよき国民へと形成する学校制度という二重の装置によって、町内会という自治組織へと位置づけられ、国家の均質空間を強化する役割を自ら演じてきたのである。それが、自律的な主体としての国民であり、彼らはこのシステムにおいて、国家—地方行政—戸籍という体系の中で、学校制度を利用して、立身出世することで、よりよき国民として自己形成していくことが求められたのであった。

また、一九二三年の関東大震災を経て、二四年に文部省内に社会教育課が設置されて後、二五年には各府県に社会教育主事が配置されて、社会教育の行政的な展開が強化され、翌二六年には初等教育後の青年教育・訓練施設として青年訓練所が設置される。しかも、青年団や在郷軍人会さらには少年団や女子修養会などの社会教育団体・修養団体が、また明治末年から設立の気運が高まった学校後援会などの組織、このほか実業補修学校や青年訓練所などの教育機関が、小学区制を基礎に、小学校を中心に組織されていった。小学校とその校区である空間、つまり住民の自治組織である町内会をその範囲として、民衆教育・教化・修養の組織・機関・団体が幾重にも重ねられて、民衆を国民化するとともに、国民を住民化しつつ、均質な地域住民を自治的に形成するシステムが構築されたのである(10)。

小学校は、一九〇〇年の「小学校令施行規則」改正で就学校指定つまり学区指定制度に改められており、二〇年代に至る過程で、公立小学校が地域社会の中核的教育機関として機能し始めていた。そこに社会の成立にともなう社会教育的な措置が重ねられることで、小学校区＝町内会は民衆の自治的な均質化空間として機能することになったといえる。「われわれ」の空間が成立したのである。このような均質空間の民衆への浸透は、逆に、均質化できない人々つまり朝鮮人や中国人、社会主義者、精神障害者など、いわば非組織・非定住の「非国民」をあぶり出し、かつ不可視なものとして排除することにもなった(11)。いわば、共同幻想としての「われわれ」に近隣の住民としての実質を与え、かつ均質化できない人々を不可視化して排除することで、親密な「われわれ」をつくりだし、それを改めて「われわれ」としての国民へと回収する仕組みが構築されたのだといえる。

社会教育は、均質化の対象を、学校教育の及ばない下層貧困層にまで拡大し、社会問題を解決可能つまり矯正可能なものとして再編し、人々を国家内部の社会へと結びつけ、配置していく役割を担うものとして機能した。そして、そのさらに下層には、「われわれ」から排除された「非国民」が配置つまり隠蔽されることで、社会の均質性が保たれる構造がつくられてきたのである。

4 社会の裂け目と社会教育

他方、このように仮構される均質な社会は、常に自ら裂け目をつくりだし、それを縫い合わせ続けなければならない宿命を背負ったものでもあった。たとえば、町内会と呼ばれる自治組織は町村と重ねられ、かつ学校区と重ねあわされることで、国家内部の社会を均質化する機能を担ったが、それはまた地域の住民が持つ擬似地縁共同体的な意識を内包しつつ構成されざるを得ず、それが常に社会の均質性を脅かさないではいないのである。このことはまた、一九〇六年に神社合祀によって、神社の氏子区が小学校区とほぼ重ねられて、民衆管理のシステムへと組み込まれたこととと無縁ではない。民衆の自治はまた、地縁共同体的な宗教的なるものに定礎されていたのである。そこでは、学校を中心とした自治民育が進められるが、国家的な価値を注入されることで、自らよき国民として立身出世しようとする民衆である個人は、地域社会を一つの枠組みとする地縁共同体的な意識とはズレを生じざるを得ず、そこに国民である個人の中に住民が立ち現れる契機が孕まれることになる。それはまた、国家神道がその統治システムにおいては、国民と住民というアンビバレントな価値を含み込んでいたことを示している。つまり、同じく社会において国家と町内会がズレ始めるのである。それはまた、「われわれ」が国民としての自分以外の部分を抱え込んでしまわざるを得ないものであること、つまり過剰なるものであることをも示している。

また、社会の階層上昇の唯一の手段であり、人材の社会的分配制度としての学校が普及することで、民衆は学校を利用して、生活改善の欲求を満たそうとする。それは一面で学校への人々の意識の集中と価値観の画一化、さらには学校へのアクセスの平等な機会の保障を通して、均質な国民という幻想を組織し、「われわれ」を形成する。しかし反面で、学校における過度の進学競争が社会的な秩序を乱し、「われわれ」はある一つの価値基準によって相互に排斥し合う相対的な序列へと組み換えられてしまい、不安定な集団として構成されざるを得ない。均質性が平等・公平から一様序列性へと転化するのである。集団を安定させ、均質性の仮構を維持するためには、それまではより下層におかれていた人々を均質化の対象者として召還せざるを得ず、また経済発展し続けることで、民衆の階層上昇への欲求を満足させ続けなければならないのであり、それが困難な場合、社会的な選抜つまり差別が強化され、社会不安をかきたてざるを得ない。「われわれ」の仮構は常に動揺せざるを得ないのである。

さらに、都市部における町内会が農村部に展開するが、それはその地域に残る地縁共同体的な規制や宗教的なるものに強く影響された組織として構成されざるを得ない。このことが産業社会の秩序と齟齬を生じるとともに、経済の発展・拡大による市場経済の農村部への浸透によって、人々が都市労働者として離村し、また商品経済に組み込まれることで、地縁共同体の解体が進み、それが町内会の紐帯を切断していく。それを補塡するために、農村部の行政が住民への福祉を向上させなければならず、そのためにさらに農村部が商品経済に組み込まれ、市場化することで、町内会を支える地縁結合を解体せざるを得ないという矛盾した循環を抱え込むことになる。また、都市部では、農村からの大量の労働者によって匿名性と流動性が強まり、町内会の結合は動揺せざるを得なくなるのである。

近代産業社会を基礎として構築される国家は、民衆を均質空間に位置づけつつ、産業的身体へと形成して、国民化つまり均質化・画一化することで、国家目的としての経済発展と個人の目的としての生活改善の欲求とを実現しようとするが、それが逆に、均質空間の前提である人々の国民としての紐帯を切断するために、常に福祉的な課題を抱え込まざるを得ない。すなわち、経済と福祉は常に矛盾を来さざるを得ないが、そこに国家システムとしての学校教育が組み込まれることで、経済と福祉の問題は各個人の生活様式とその認識つまり文化（国民文化）の問題へと組み換えられ、管理と統制は規律と訓練へと変換されて、「われわれ」という意識と新たな紐帯を生み出すことになる。

しかし、「われわれ」は「われわれ」であるがゆえに常に相対的な序列化への圧力にさらされ続けざるを得ず、その圧力を縮減するためにこそ、常に均質化に向けた新たな不利益階層の備給と社会的な選抜つまり差別の強化がなされる必要に迫られるが、規律と訓練という教育にかかわる課題は経済発展による階層上昇をともなわなければ民衆への訴求力を持つことは困難である。「われわれ」が「われわれ」として均質化されればされるほど、その均質性は序列性へと転換されてしまい、その転換を再度平等性へと転化するためにこそ経済が問われなければならず、その経済は地縁結合の紐帯を解体するために、福祉が問われなければならず、その福祉を新たに結び直すためにこそ、改めて「われわれ」の均質性つまり文化が求められる。このような相互に矛盾しつつ自動的に展開するダイナミズムが近代国家には組み込まれているのだといってよいであろう。そして、このダイナミズムは、戦後のサラリーマン社会とでも呼ぶべき企業中心の社会にあって、企業が家庭をも取り込んで都市内のムラ的結合とでもいうべき均質化された空間として形成され、それが福祉機能を担うことで、人材の社会的選別と分配を担う学校の校区である地域コミュニティにおいて、より鮮明に見られ、また機能してきたものと思われる。

学校教育を補填しつつ、民衆の国民化を促し、かつ地域コミュニティの生活レベルにおいて経済と福祉と文化がつくりださざるを得ないズレを修復しながら、均質性を生み出し、その均質性を次のズレへと橋渡しする、つまり社会の均質性と裂け目を相互に媒介するもの、それが社会教育なのであった。

今日私たちが直面しているのは、既述のような近代産業国家のダイナミズムの終焉である。このダイナミズムの不全化は、基礎自治体とその基層を構成する地域コミュニティにおいてこそとらえられる必要がある。なぜなら、このダイナミズムが実際に機能し、国家内部において社会をつくりだし、それが経済発展と国民の生活の改善、そして福祉の向上を実現しつつ、豊かな国民文化を生み出してきた現場が基礎自治体であり、基層の住民自治組織だからである。

5 「われわれ」の解体と「私」形成の困難

このダイナミズムの終焉により、基礎自治体の再編が急速に進められている。それがいわゆる平成の大合併であり、それが招来した現実の姿は疲弊しきった自治体とそれを支えてきた住民自治組織の解体である[12]。課題化されるのは、地域コミュニティにおいて人々の生活を支える基本的な経済と福祉の機能の組み換えと再生、人々の生活から生み出され、それを支えている様式としての文化の発掘・再評価と創造、そしてそれらの基礎であるべき人々の存在にかかわる認識つまり存在の自由への相互承認の形成と、その認識に支えられる他者への積極的なかかわりの創造という、互いに絡みあう要素をとらえ、それを改めて地域コミュニティのあり方として構成することである。

このとき注目すべきは、近代産業国家のダイナミズムの結び目に位置づいてきた社会教育とその展開された形である生涯学習の基礎自治体におけるありようである。たとえば、合併町村地区の疲弊に苦しむ愛知県豊田市は、合併を機に、分権型都市への移行を模索し、旧豊田市を含めた全市において都市内分権を実施するための組織体制を整備している。その核となるのが、各中学校区に一館設けられた生涯学習施設としての「交流館」である。豊田市は従来から交流館を地域コミュニティ行政の中核施設として位置づけ、その整備に力を入れてきたが、合併後は、交流館は地域の住民が学習し、より直接的に自らの地域のあり方にかかわって、自治的な地域づくりを進めるための拠点として整備されつつある[13]。しかし、この施策では、交流館を拠点として育成・組織される新たなアクターが都市内分権によって後退する行政サービスを補塡・代替するという性格を否定できない。それはまた、基礎自治体の疲弊を招いた近代国家の枠組みを継承することに他ならない。

従来の日本社会においては、国家のもとの社会という空間を均質化することで、民衆を国民化し、かつ彼らを住民として管理するシステムが採用されてきた。そのシステムの基層には、町内会などの地縁的自治組織の論理が組み込まれ、国民としての一般意志と住民の相互承認関係をつくりだしてきたといってよい。この関係の中では、国民は自らを「われわれ」として形成することで、「われわれ」を通して自己を認識し、他者の目から自分を見つめることで「私」を生み出すことが可能となっていた。そこでは、「われわれ」を通して自己を認識する言語、つまり国語によっては意識化できない残余としての「私」が、その地縁的な自治組織や集団によって担保されるという関係をも形成していた。それは、価値の画一化と均質化による普遍的自己の形成とともに、その普遍に解消できない自分を担保する、つまり社会的に十全に位置づき、そこに存在する固有の自己を認識し、相互に承認しあう、存在の自由への承認関係をその〈場〉において形成することと同じであった。この〈場〉とは社会であった。

しかし、学校を通して普遍としての国民である「われわれ」を形成するシステムは、一九八〇年代後半以降、機能不全を露呈している。リストカットや鬱の社会問題化などは、社会において自分であることへの疲労によってもたらされたものであるといってよい。すでにこの社会では、学校という知の分配と再配置システムを通して、自らを普遍的な国民へと形成していくという、時間軸の一貫性にもとづく自我の構築と統合ができなくなっているのである。それはまた、この社会において「われわれ」という他者が存在しなくなったこと、その他者を通して自己を見つめるまなざしを持つことが困難となったことを示している。「私」は社会においては形成されなくなったのである。(14)

これに対して、二〇〇〇年代にさらに「私」が存在することを困難とするような事態が進行した。「私」の固有性を担保するものとしてあったはずの社会とその基盤である地縁的な自治組織が、経済構造の変容や少子高齢化・人口減少・過疎化そして平成の大合併にともなって、機能不全を起こし、解体しているのである。すでに社会という〈場〉すなわち空間は存在せず、知の分配と再配置によって個人の社会的な存在の十全性を確保することは困難となっている。これはまた、個人のアイデンティティを担保する家庭や企業・地域社会という中間集団の崩れとしても現れている。[15] 自我形成の根拠としての空間が失われ、人々の精神が浮遊し始めているのである。

均質な価値としての国民つまり「われわれ」の解体と人々を社会に位置づける〈場〉の崩落は、内面の自由の拡大とは裏腹に、人々に自由の放棄を迫り、自己をこの社会において十全に位置づけつつ、自らの存在を他者との関係において認識する術を失わせることになる。ここでは人々は国民でも住民でもなくなり、国家の信念体系も解体し、かつ人々は労働することで自らをこの社会に位置づけようともしなくなる。ここでは、自由の争奪戦が自己責任の名において行われることになる。そして、この過程では、自己愛的な風潮が強まり、存在の身体性が解体して、個人は極めて不安定な状態となる。本章冒頭に示した若者の状況がそれを象徴的に示している。

6 「つながっている」感覚の消費

このような若者たちの存在のあり方はまた、「われわれ」の構成の急激な変容を示している。たとえば、オタク系文化の象徴として扱われることの多いアニメ『エヴァンゲリオン』（以下『エヴァ』）の分析においても、テレビシリーズ前半の『エヴァ』は大塚英志のいうところの「物語消費」の特徴を持っていた、つまり『エヴァ』の背後にあるより大きな物語（たとえば所与としての「人類補完計画」）と自分とを結びつける鍵を求めて、オタクたちはその細部にこだわり、ディーテールの消費を繰り返していたといわれる。[16] それは、市場を流通する商品の背後にある「見えない資産」を共有しようとする、いわば「われわれ」であることの〈場〉をともに享受することでつながっていようとする志向性を持っていたといってよい。自分を超えたより大きな世界観つまりシステムにアクセスするためにこそ、彼らは『エヴァ』を視聴していたといってよいであろう。しかし、その後、『エヴァ』の後半部分は主人公の内面の描写に終始し、大きなシステムにアクセスするための断片でしかなかったものが、前景化していく。そこでは、大きな物語であるはずのシステムは後景に退き、主人公の内面の物語が紡ぎ出され、東浩紀のいう「データベース消費」へと進んでいった。そこでは、「オタク系文化では、大きな物語の凋落と反比例するように、作品内のドラマへの関心がますます高まってきた」、「まさにこの矛盾にこそ、データベース消費を担う主体の性質がもっともはっきりと現れている」といわれる。[17] 作品を視聴する「自分」についての言説の一方的な表出が、オタク系文化の主流となっていったのである。

社会的規範や神・超自我という大きな物語すなわちシステムへのアクセスによる自己の確立や社会化ではなく、自らの生理に即して〈いい〉こと、[18] つまり自分の物語の自己語りが過剰なまでに行われることになったのである。『エヴァ』は、「視聴者のだれもが勝手に感情移入し、それぞれ都合のよい物語を読み込むことのできる、物語なしの情報の集合体[19]」となったといってもよい。自己と作品との間のデータベース的な交わりによって自己を表出することによる自己と他者との構成的関係への希求である。それは、常に自己がデータベース的に作品の細部に萌え続け、その自己を表出し続けることで、自己と作品との関係すなわち萌えを構成し続けるという、自己意識と萌えとの十全な一体化の間断なき再構成を意味している。

この『エヴァ』消費のあり方はまた、ウェブ上のニコニコ動画の消費のされ方と酷似しているといわれる。[20] ニコニコ動画は動画再生のタイムラインにコメントを挿入できる機能を搭載することで、動画の内容よりも「つながっている」という臨場感を共有するOSとして作用している。ニコニコ動画は、動画を再生することで、コメントを読みまたつけるという本来非同期な行為を擬似同期性として再現して、「祭り」を再生し続けることができる〈場〉として機能している。しかも、この祭りの〈場〉を共有しているという感覚は、匿名の参加を前提に、閉じられたコミュニティを成立させている。『エヴァ』の消費が新たな物語消費つまり自己の物語の表出と共鳴の消費であるように、ニコニコ動画も祭りの〈場〉の共有という感覚を消費する形をとっているのである。

その上、ニコニコ動画は、作品の複製や二次創作だけでなく、作品を受け取る主体そのものを複製する技術として成立している。あらゆる時間と場所において、動画を再生することで祭りの〈場〉に参加する主体を構成することができ、それが他者と「つながっている」〈わたし〉として再生され続けるのである。解離し多重化した〈わたし〉が〈わたしたち〉であることを超時間的・超空間的に消費し続ける構図が形成されているといってよい。それは作品に対峙する主体の「いま・ここ」性を、ニコニコ動画は超時間的・超空間的に「いつでも・どこでも」再生できることを意味している[21]。

ここに社会は存在しない。そこでは、自己と作品との間の萌えの関係こそが「つながり」を構成して〈わたし〉を表出し、〈わたしたち〉を構成し続けることになる。〈わたし〉は回帰的に自分を語り続けること、作品を視聴する自分を作品への萌えとして語り続けること、つまり私において作品を存在せしめることにおいてのみ、生成され続けることになる。「つながっている」と感じられることが消費され続けるのである。

7 〈コトバ〉がつくりだす過剰な〈わたし〉

ここでは、世界は自意識の問題であり、完全なる主観の問題へと還元される。このとき、その主観である自己は世界の外側にいて、世界を解釈する、つまり世界をコントロールする側にいる。それはまた、ハイデガーのいう超越論的主観主義にも擬せられるものである。そして、そこに、新たな〈わたしたち〉が立ち上がる契機がもたらされる。ハイデガーは人間を「存在」の「現れる」〈場〉であるとして「現存在」と呼び、現存在がある以上、存在は「ある」という[22]。つまり、存在は形相でしかなく、その形相はあるとはいえないが、人間の了解の企てによって、存在が人間に与える存在者の総体としての世界が、意味連関の総体として現出することになる。世界は客観的に存在するのではなく、世界化するのだ。存在者の総体としての世界は、人間の了解という企てによって、生成し、成立するのであり、そこには人間の他者との相互性または共通性が前提されている。すなわち、人間そのものが「現存在」として、自らの理解し得ない何ものかによって投げられてあるということ、ただ事実として、いまここに「ある」ということである。これはまた、岩井克人のいう貨幣の性質と同じであり、データベース化され、遍在する神によって自らの器官や感覚を刺激されて、自己消費、自己の嗜癖化を誘導される私たちの姿そのものである。

ここでは、世界は現存在の投企によって世界化しているに過ぎず、そこに存在の根拠はない。ここに新たな相互関係が生まれる。つまり、現存在の了解と存在者の現れは分断不可能である以上、存在そのものが存在者を現存在へと〈贈与〉することで自らの存在を隠すことによってしか現れることができないという相互依存関係である。現存在は、存在者を語ることによって、その根拠としての存在を無根拠として指し示すために、この世に〈贈与〉されたことになる。

この相互性には、〈コトバ〉が介在している。私の完全な受動性は、その存在が超越的な他者によって投げられてあるということであり、その投げられてあるということの了解が〈コトバ〉でなされることによって、その受動性は二重の意味で完全なものとなる。つまり、自らがそこに自己の了解を超えた事実として存在させられているということ、そしてその存在させられているということを了解するための〈コトバ〉そのものが自分のものでありながら、自分のものではなく、自分を超えた何ものかのものでありながら、その何ものかのものではないという超越性を持ったものであること、すなわち私が〈コトバ〉を用いる時点で、すでに私は私でありながら、私ではなく、〈コトバ〉を用いて存在者を語ることそのものが、私の行為でありながら、私の行為ではないという、完全なる受動性とその受動性によって規定される完全なる主観性によって受動的に決定されているのである。

ハイデガーは、世界とは〈コトバ〉によって埋め尽くされた秩序であるといい、また現象とは〈コトバ〉の文脈の連関であり、世界とはそのような物語の意味連関の全体性であるという。それゆえに、私は〈コトバ〉によって世界を存在せしめる現存在であるとき、私自身は常に世界を了解して存在せしめる何ものか、つまり世界から自らを排除するものとしてあらねばならない余分な何ものかとなる。私が現存在であるためには、常に世界と他者にとっての余剰であり続けなければならず、常に現在の文脈から排除され続けなければならない。「現存在の本質は、そのつどその存在をおのれの存在として存在しなくてはならないこと」[23]にあり、現存在は〈世界—内—存在〉であるというのは、私は常に世界にあって文脈を構成していながら、そこから自ら排除していくものとしてあらざるを得ないことを示している。他者が他者として現れる、つまり私が自ら現存在として他者を投企するのは、文脈的な意味連関を超え出たときである。[24]

このとき、他者は、私にとって「否」をいい得る存在となる。つまり、他者は私の〈コトバ〉によっては認識され得ない、概念化できない存在として、意味を構成するようになるのである。そして同時に、このとき、私は〈コトバ〉で他者を投企するがゆえに、私自身が私によって概念化できない部分を抱え込むことになる。レヴィナスは、このような他者とともにあるということが私たちの根源的な事実であるという。[25]他者は私たちと同等の地平にいるのではなく、常に手の届かない高みにいる。この関係において、私は〈コトバ〉で他者を投企するがために、常に認識できない他者を自己のうちに抱え込まざるを得ず、自己そのものが自己にとっての過剰性としてあらざるを得ない。他者は常に私を超えたものとしてあり、私が他者を投企することで、他者は私を現存在として立たせるとともに、私において存在しようとし、その時点で常に他者は私が認識し得ないものであると同時に、私は他者との関係にあるまさにそのときにすでに過剰に他者に呼びかけてしまう、つまり他者に対して〈純粋贈与〉を行わざるを得ないものとしてある。〈コトバ〉は、私以前にすでに私と他者とを架橋してしまっているのである。

レヴィナスはこの事態を「自己回帰」と呼び、こう述べる。「思い出のほうが過去のこの不朽性、自我の自己回帰に立脚しているのである。が、新たな瞬間すべてのうちで沸き上がる思い出は、過去に対してすでに新たな意味を与えている」[26]。記憶は〈コトバ〉の産物である。〈コトバ〉は、私以前にこの世界を構成し、他者を生み出し、記憶以前に私に宿り、私を他者に否応なく〈贈与〉し、他者を否応なく私に〈贈与〉しているがゆえに、私は他者を投企することで、現存在としてあり得る。私が〈コトバ〉によって現存在となるとき、私はすでに記憶以前の〈コトバ〉において他者との〈関係態〉となっているのである。そのため、私が現存在となるとき、それは常に自分の自分を超えた、意識以前の、無始原の自己への回帰となって、新たに自己を表出せざるを得ない。それはまた、私が内部に他者を宿し、その他者を〈コトバ〉が駆動することで、自己を他者との〈関係態〉へと常に組み換え続ける、プロセスとして私自身を構成し続けていくことと同じでありながら、「この回帰は現在の瞬間に重くのしかかる」のである[27]。

多元化し、商品化され、また自らの存在論的な時間と空間を失ったかのように見える私たちは、実は〈コトバ〉によって深く他者と結ばれており、それが新たな自己の立ち上げと新たな空間・時間の立ち上げへと私たちを誘う。データベース化されて、遍在する超越的な神から器官と感覚を刺激され、自ら商品化されていってしまう私たちは、〈コトバ〉が私に他者性を抱え込ませざるを得ないものであることによって、神に対して「否」を突きつけつつ、他者との〈関係態〉としての自己を構成し、かつ常に組み換えて、世界の形相を切り取ることで自己を立ち上げ続けていくプロセスとしての存在へと自らを移していく。他者との〈関係態〉つまり〈わたしたち〉である〈わたし〉は、常に自らの過剰性を引き出しつつ、新たに世界を文脈化し続けることで、次の関係態へと変化し続けていくプロセスへと展開するのである。

空間と時間は普遍的システムではなくなり、〈わたしたち〉が構成し続け、構成され続けるプロセスとして生成し、〈コトバ〉によって私が過剰に他者に〈贈与〉され続けることで、過剰に〈答礼〉が還ってくるような展開を示す〈場〉となる。この〈場〉においては、私は自分を他者に過剰に〈贈与〉して、他者との関係に入らざるを得ないが、同時にその私は〈コトバ〉によって他者という過剰性を抱え込んでいるがために、常に自己をその関係から排除し続けざるを得ない。それゆえに、〈コトバ〉が媒介する知もシステムによって分配されるものから、流通し、変容し、循環し、生成するもの、プロセスそのものへと転生することとなるのである。

8 知の自生プラットフォームとしての教育

ここにおいて求められるのは、このような知の循環と生成・変容のための、つまり〈わたし〉が〈わたしたち〉でありながら、〈わたしたち〉ではない〈わたし〉であり得るような〈場〉すなわちプラットフォームの生成と、従来のようなブラックボックス化した結果としての知を伝えるシステムではなく、知の生成と循環を形式知・集合知として提示しつつ、ログの文脈を〈わたしたち〉である／でない〈わたし〉が共有できるような〈コトバ〉として構成し続けることのできる関係性の構築である。

それは、これまでの学校のような知の伝達システムではなく、むしろOSの上に他のOSが無数に展開し、その上に無数のソフトが自生的に稼働して、全体を構成しつつ、それを常に変化させ、組み換え、構成し続けているウェブコミュニティのようなイメージに代表される〈場〉であり[28]、また地域社会において、解体が進む基層自治組織に替わる新たなアクターを無際限に育成しては、社会に送り出し、さらにそのリカレント教育を引き受けることで、地域社会をさまざまなアクターで埋め尽くしつつ、自律的なコミュニティを構成し続ける公民館や生涯学習施設のような〈場〉である。

それは、共身体性にもとづく新たな自己の生成を契機にした学習という営みの構築であり、また地縁的自治組織を基盤とする個人の存在の〈場〉の解体に対応する新たな人的なネットワークの構築であり、この両者を重ね合わせることで、知の循環と生成を生み出し、それが人々の生活の地平における生産、すなわち自他の〈関係態〉である自己の生成を導くことで担保される個人の存在を構想することでもある。前者については、たとえば、生涯学習の分野で唱えられているペダゴジーとしての教育からアンドラゴジーとしての学びへの転換が検討されてよい。そこでは、自己決定学習と生活課題から紡ぎ出される新たな知、そしてそれらと融合すべき組織学習論やアクションラーニングから導かれる「未来創造型自己の形成」つまり「無意識の学び」という神経レベルの知の創発理論が新たに主張される[29]。知を分配し、再配置するのではなく、自己の存在そのものにおいて、自己の存在を認識し得る知の生成とその他者との間での相互循環、そしてそれを駆動する過剰な自己の生成が見通されるのである。それはたとえば、筆者たちが行った社会人のためのキャリア再設計セミナーの実践に見られるような、自己のとらえ返しによる生きる意欲の獲得や、中高年者向けのセミナー事業において見られた参加者の学びの事後性と過剰な自己の生成および学びの楽しさに駆動される過剰な〈わたしたち〉の生成などに、一つの可能性を見ることができる[30]。

後者については、地縁的自治組織の解体に直面して、いくつかの基礎自治体で進められている基層自治組織の再構築の動きがとらえられる。たとえば、地域のＮＰＯやボランティア組織など、地縁関係に制約されない、志や楽しさに根ざした価値志向性の強い団体を地域コミュニティに組み込むことで、地域社会をさまざまな価値で覆う柔軟で曖昧なアクターを育成し、それが従来の地縁的自治組織の破れを修復しつつ、次の破れを誘発して、さらにその破れを修復することで次の破れへと移行していくという住民自治を組織化する動きがある。この破れとは、アクターと地域社会との関係に切断面を入れ、アクター自身が省察的に自己を地域社会との〈関係態〉として立ち上げ続ける契機のことをいう。この〈場〉では、公民館を中心とした住民の学びが、知の循環と生成によって次々に新たな地域コミュニティの破れ目をつくりだし、そこにさらにボランティア組織などの柔軟な住民組織がかかわって、地域を組み換えていくという循環運動が起こっている[31]。

この両者が結びつくことでさらに導かれるのは、人々が生活の地平において生産の主体となることで自らを生成し続ける社会のあり方である。たとえば、近代産業社会における生産手段と労働力の所有をめぐる分断にもとづく知の分配ではなく、コンピュータのパーソナル化とモバイル化が知の分配と所有関係を劇的に変容させ、クラウド・コンピューティングに見られるような知の生成・循環手段の大衆化がさらに、生産手段のパーソナル化をもたらして、生産関係を構造的に組み換えていく筋道の構想と、それが導く新たな〈わたし〉とその〈わたし〉が紡ぎ出す〈わたしたち〉を生成し続けること、そのあり方が問われる必要があるのである。そこでは、人々は知を生成し、循環させる空間を構築していく、変化し続けるプロセスとして自己を形成していくことが示唆される。知は固定した、分配されるものではなく、生成し循環する過程で柔軟に組み換えられ、新たなものへと生成していく変成するものとなり、主体も生成され続けるものとなる。

そして、このような知の変容は、自由であることの意味をも変化させる。自由を所与であり、分配されるべきものと見なし、自由享受の対立を回避するために、超越者（リヴァイアサン）をおいたホッブズ、また自然状態において自然法が貫徹し、人々は対立を回避すると見なしたロック、さらに社会の外部に人々の間の一般意志を措定し、万人の万人に対する闘争という自然状態を否定したルソーを経て、絶対的な善を措定しつつも、それを個人の信念においてとらえることで、信念対立が生じることを不可避としたカントが共通善を構想したとすれば、そこからさらに、自由の分配のあり方を、超越的な一般意志に頼らず、存在と自由を享受する自由の人々の間における相互承認を求めたヘーゲルに至る過程で重視されるのは、市場の形成と人々の間に形成される普遍的な〈わたしたち〉という観念であり、〈わたしたち〉を通して民衆相互の自由の享受と所有の対立を止揚する国家システムである。ここでは、自由を分配する制度としての学校がとらえられる。学校は知の分配と再配置を平等に行う制度として構築されることで、人々の知へのアクセスを平等化し、その知を利用して自らの利益を得る自由を保障する、つまり内面の自由を不可侵のものとして措定するシステムとしても機能してきた。学校は知の分配を平等化することによって、各個人の自由追求の対立を内面の価値追求の自由へと組み換えて、相互に承認し、その相互承認を通して、人々が社会に十全に位置づいているという感覚を強化するように機能してきたのである。

しかし、いま問われているのは、むしろ、自由を〈わたし〉と結びつけつつ、〈わたしたち〉を生成していく自由へと組み換えることである。それは、スピノザ的に多重な自己が誘導する社会において、その都度、他者と関係を結びつつ、自己を生成し続ける、つまり自己を享受し、所有する、すなわち認識し、確立するのではなく、自ら生成し続ける自由を相互に承認し続けること、商品の流通と分配によって、所有や享受を求めるのではなく、自らそのものが生成し続けることで過剰に自由であり続けるような、文化的な存在としての自己の生成である。ここにおいて知は分配され、所有されるものではなくなり、自由も分配され、享受されるものではなくなる。つまり、〈わたし〉は普遍的な国民として社会に配置され、その位置において自らを他者を通して認識し、その存在の十全性を感受するのではなく、自ら他者を組み込んで生成し、変化し続けることで、常にアモルファスに他者とかかわりつつ、自己を〈関係態〉として組み換えていく、そうすることでこそ改めて自己をこの社会に位置づけていく存在つまり〈わたしたち〉として、自ら生成するものとなる。

普遍的な「われわれ」の「私」を前提に知の分配を担ってきた教育は、今や、生成するものとしての過剰な〈わたし〉が構成する〈わたしたち〉を前提に、学校という制度を超克して、生成し続ける知のプラットフォームとして自らを組み換えることが要請されている。

(1) 筆者の大学での講義における学生レポートによる(一部改変)。
(2) マルクス、エンゲルス、向坂逸郎訳『資本論(一)』、岩波文庫、一九六九年。
(3) 岩井克人『貨幣論』、ちくま学芸文庫、一九九八年、一五四—一五五頁。
(4) たとえば、マルセル・モース、有地亨訳『贈与論』、勁草書房、一九六二年。クロード・レヴィ=ストロース、福井和美訳『親族の基本構造』、青弓社、二〇〇一年など。
(5) ミシェル・フーコー、田村俶訳『監獄の誕生 規律と処罰』、新潮社、一九七七年など。
(6) 同前。
(7) 松田武雄『近代日本社会教育の成立』、九州大学出版会、二〇〇四年。
(8) 同前。
(9) 西澤晃彦『貧者の領域——誰が排除されているのか』、河出書房新社、二〇一〇年、一一五頁。

(10) 葉養正明『小学校通学区域制度の研究――区割の構造と計画』、多賀出版、一九九八年。
(11) 西澤晃彦、前掲書、一一六頁。
(12) 牧野篤他「過疎・高齢地区における住民の生活と今後の課題――豊田市合併町村地区調査報告」、東京大学大学院教育学研究科社会教育学・生涯学習論研究室『生涯学習・社会教育学研究』第三三号、二〇〇九年。牧野篤「過疎化・高齢化対応コミュニティの構想――三つの事例より」、東京大学大学院教育学研究科社会教育学・生涯学習論研究室『学習基盤社会研究・調査モノグラフ一』、二〇一〇年。東京大学大学院教育学研究科社会教育学・生涯学習論研究室による飯田市への訪問調査（二〇一〇年三月一七日―一八日、七月二一日―二三日）など。
(13) 牧野篤他、二〇〇九年、同前論文。
(14) 牧野篤『〈わたし〉の再構築と社会・生涯教育――グローバル化・少子高齢社会そして大学』、大学教育出版、二〇〇五年。
(15) 牧野篤「生活様式の変容と社会教育の課題」、日本社会教育学会編『講座・現代社会教育の理論Ⅰ　現代教育改革と社会教育』、東洋館出版社、二〇〇四年。
(16) 大塚英志『定本　物語消費論』、角川文庫、二〇〇一年。
(17) 東浩紀『動物化するポストモダン』、講談社現代新書、二〇〇一年、一〇九頁。
(18) ジル・ドゥルーズ、鈴木雅大訳『スピノザ――実践の哲学』、平凡社ライブラリー、二〇〇二年。
(19) 東浩紀、前掲書、六一頁。
(20) 濱野智史『アーキテクチャの生態系――情報環境はいかに設計されてきたか』、NTT出版、二〇〇八年。
(21) 同前。
(22) マルティン・ハイデガー、細谷貞雄訳『存在と時間』（上）（下）、ちくま学芸文庫、一九九四年。
(23) 同前書（上）、四八頁。
(24) 同前書（上）（下）。

(25) エマニュエル・レヴィナス、合田正人訳『全体性と無限——外部性についての試論』(改訂新版)、国文社、二〇〇六年。
(26) 同前書、四一八頁。
(27) 同前。
(28) 濱野智史、前掲書。
(29) 三輪建二『おとなの学びを育む——生涯学習と学び合うコミュニティの創造』、鳳書房、二〇〇九年。マルカム・ノールズ、三輪建二・堀薫夫監訳『成人教育の現代的実践——ペダゴジーからアンドラゴジーへ』、鳳書房、二〇〇二年。P・センゲ、O・シャーマー、J・ジャウォスキー、野中郁次郎・高遠裕子訳『出現する未来』、講談社、二〇〇六年。C. Otto Scharmer, *Theory U: Leading from the Future as It Emerges: The Social Technology of Presencing*, Berrett-Koehler Publishing, 2009 など。
(30) 牧野篤『シニア世代の学びと社会——大学がしかける知の循環』、勁草書房、二〇〇九年。
(31) 牧野篤他、二〇〇九年、前掲論文。牧野篤、二〇一〇年、前掲論文。東京大学大学院教育学研究科社会教育学・生涯学習論研究室による飯田市への訪問調査(前掲)など。

第2章　動的プロセスとしての〈学び〉へ——〈学び〉として存在する個人と社会

1　市場が国家を超える時代

1　市場と国家

私たちは、都市農村を問わず、すでに市場が国家を超えた時代と社会に生きているといってよい状況に措かれている。(1)この社会においては、私たちは自らの生存の権利を主張する相手としての権力を失ってしまう。万人の万人に対する闘争状態を回避するために措定された絶対王権、そして絶対王権の恣意的な権力の行使を制限するために措かれた自由権、さらにその自由を行使する主体の生存と生活を保障するために設定された社会権と、その社会権を主張するための積極的な自由権、そうしたあらゆる権利を私たちが主張し、保障されるべき、訴え先としての権力を失ってしまっている。つまり、私たちが生きる社会では、公権力と呼ばれる権力の「公」性が摩滅し、否定され、機能不全を起こしているといってよい一面が前景化しているのである。

そして、それに替わって、グローバル市場という新たな権力が、私たちに自由であることを強要する。しかもそれは、社会権を保障することのない自由の誘惑として私たちに強制されるものとしてある。自由はいまや私たちが権力に向かって主張し、要求して、保障されるものとしてあるのではなく、権力によって私たちに強制されるものとしてあるといってよい。

この市場権力は、いわばフーコーのいう「生権力」（民衆を生かす権力、社会権保障としての権力）としての現代福祉国家[2]を解体し、人々が自由であるための平等を保障すること、つまり人々が自ら自由であるためにこそ平等を必要とし、それを公権力に対して主張する自由を確保することで、ある境界内の均質性と平等、そして民主主義を保障するという意味における公権力すなわち国家の枠組みを崩壊へと導いている。しかも、それはさらに、ホッブズのいう万人の闘争状態を回避するための社会契約の締結先である強権、つまりリヴァイアサン[3]をも否定して、私たちに自由であること、すなわち万人の万人に対する闘争を強迫的に求めるものとしてある。

2　自己責任論と権利保障

市場が国家を超えたこの社会にあっては、国家が市場を安定させようとすればするほど、国家は市場に奉仕することとなり、その国家の下にある国民であるべき人々は自らの権利保障の主張先である権力を失うことになる。それはたとえば、昨今の日本における雇用不安と就職難の実態に鮮明に現れている。日本では、社会権としての労働権を自らの国民に保障する権力を、国家はすでに失いつつある。

たとえば、国家の通貨である「円」は、変動相場制に移行して後、国が単独で為替レートを管理することができなくなっている。「円」は投機の対象となり、金融市場で円買いが進むと円高が昂進し、輸出主導型の産業を圧迫して、株価を下落させ、かつ産業の国内から海外への移転を促し、雇用が減るという事態が生じている。国家ができるのは、通貨発行権を行使して、通貨供給量を調整し、市場の好感を引き出しながら、為替レートを調整することだけである。

またたとえば、国民である人々の生存権（＝社会権）を保障するために、福祉を手厚くしようとすればするほど税収の困難に見舞われ、増税が生産拠点の海外移転を促すことで、雇用が減少し、人々の生活の基盤である労働権の保障ができなくなり、生存権そのものを守れなくなるという悪循環を生み出している。

しかも、この悪循環の中で、資本金一〇億円以上の大企業は二〇一〇年度に二六六兆円という史上空前の内部留保を生み出している（二〇〇〇年比九〇兆円の増加）。その背後には、生産拠点の海外移転と雇用の不安定化（非正規化）、そしてそれらがもたらす人々の生活基盤の動揺が存在している（民間企業労働者の平均年間賃金は、二〇〇〇年度の四六一万円から二〇一〇年度には四一二万円へと減少している[4]）。内部留保を切り崩せば、雇用の拡大は可能だとの議論はあり得る。しかし、資本が国境を自由に移動し、しかも少子高齢化で国内市場が縮小している上、技術の海外移転が急速に進むとともに、この二〇年間、技術革新を忘れた企業は新興国の激しい追い上げにあっており、すでに家電品などの技術は韓国に追い抜かれているといわれる。日本の製造業はすでに、技術開発や設備投資によって自らの製品の優位性を確保しようとはしなくなっているのであり、その面での雇用の創出もしなくなっているのが現状なのではないだろうか[5]。その上、貿易摩擦回避のための製品の現地化率の拡大が求められる今日、生産と消費の国内市場の優位性は失われており、同じ製品を製造するのに高賃金体質の日本国内で雇用を維持する理由は、公器としての自己認識を持たない資本つまり企業にとっては存在しないといってよい。しかも、国内で大量生産・大量消費を基本とする化石資源消費型の経済構造を来るべき高度な知識社会（高付加価値社会・高度消費社会）へと組み換える人的資源の育成はほとんどなされていないのが現状であり、人材の優位性も失われている。

この状況の背景には、経済のグローバル化という政策が存在する。すでに一九七〇年代末から八〇年代にかけて、アメリカでレーガノミクス、イギリスではサッチャーリズムと呼ばれた政策、日本では戦後政治の総決算を叫んだ中曽根内閣の規制緩和政策が、それにあたる。その本質は、国家の経済政策を財政（福祉による所得の再分配と国民の忠誠心の調達）から金融に切り換え、金融自由化（金利を下げてだぶついたマネーを投機に回すことで景気の浮揚を図る政策）を進めることにあったといわれる。その基本的な施策が、アメリカ一極体制を補完するＧ７またはＧ８と呼ばれる政策協調体制であった。この結果、一国の経済が不況に傾くと金融緩和が行われ、余った資金が世界市場を駆け巡って投機マネーとなり、バブルを引き起こし、またリスクをヘッジする金融派生商品が大量に生み出されて、景気の循環がバブルによって主導されることとなった。その後、バブルがはじけると、さらに金融緩和を行い、またバブルを派生させるという循環が繰り返されることとなる。その結果、国内市場だけでなく世界市場においても、景気を回復させようとすると格差が拡大していくこととなった(6)。

日本では、一九八五年のプラザ合意以降、各国の協調によって円高ドル安基調が定着し、円高不況を恐れた政府が低金利政策を実施し続けたことによって、大量のマネーが国内市場でだぶつき、また国内市場に流れ込み、不動産や土地への投機を繰り返し、バブルを発生させることとなった。このバブル崩壊後、日本は二〇年にわたる長い構造的な不況に喘ぐこととなるが、その後もミニバブルの発生を繰り返しては、崩壊するという事態を繰り返し、国内の格差は拡大し続けている。この金融自由化政策が破綻したのが、二〇〇八年のリーマンショックであった。その後、いわゆるファンドは各国の通貨を狙い撃ちして、格付け＝為替を操作しながら、利ざやを稼ぐ動きを示している。

いまや国家は、国民である人々の労働権のみならず、生活そのものの保障にも無力を呈しており、このような状況下で、国内にいる国民である人々は少ない雇用のパイを奪い合う闘争をしかけられている。しかも、それは、個別化・差異化の議論と重ねられることで、自己責任論と手を結び、就労できない原因はすべて個人の資質へと還元される様相を呈している。

こうした状況を、最も敏感に感じ取っているのは、時代の先端にいる若者たちであろう。筆者の教え子の大学生たちは、二〇〇〇年代初めに、すでに次のように語っていた。(7)

「「自己責任」という言葉も最近よく耳にする。いつの間にか何が起きても、自分で責任を負わなければならないという社会の空気を感じている。まわりの人や社会は助けてくれない、という何かピリピリした空気が流れているようだ。それを一番感じているのは、私たち若者かも知れない。失敗したら、責任を負わないといけない、失敗したくない、一度失敗したらやり直しがきかないと思いこんでいる。」

「格差社会がどんどん広がり、世間は人を勝ち組、負け組という分け方をはじめた。若者は、自分たちなりにそれを解釈し、将来に不安を覚えているのだ。このままだと、自分はどうなってしまうのか、どうしなければならないのか、よくわからない。だけど何とかしないと自分も負け組になってしまう。」

「だから、人と比べてマシな自分を見つけようと死にもの狂いなのだ。」

そして、ここに巣くうのが「自己啓発病」と呼ばれる、能力開発など個人資質の向上を説く新自由主義的な自助論である。(8)

3　分配・所有から生成・構成へ

このような社会状況に対して、注目されているのが社会関係資本（ソーシャル・キャピタル）論である。社会関係資本については、パットナムの議論をはじめとして、諸説ある。ここで、それらを十分に検討する紙幅はないが、どの議論も基本的には社会のあり方を、分配と所有のシステムとして議論しているように思われる。

社会関係資本とは、概念的には、協調行動を基本として、結果的に社会的信頼を高めることになる、自発的に社会にかかわろうとする個人や団体の多様さおよび人間関係の豊かさを意味する、人と人との関係性の資源である。パットナムは、それを人々の「調整された諸活動〔協調的な行動のこと……引用者〕を活発にすることによって社会の効率性を改善できる、信頼、規範、ネットワークといった社会組織の特徴」と定義している。[9] 彼はそれを、次のように分類している。つまり、同質性・均質性を基本とする結合型か異質な人や組織を結びつける橋渡し型か、また形態としてのフォーマルな組織かノンフォーマルな集まりか、また信頼についての「厚い信頼」と「薄い信頼」、そして志向性としての内向性か外向性か、である。その上で、パットナム自身は、社会の信頼を上げることが社会の効率性を高めることにもなるとして、橋渡し型・ノンフォーマルな集まり・薄い信頼と外向性を重視する立場をとっている。[10]

またたとえば、ウルコックによれば、社会関係資本は、形態によって次の三つに分けられるという。つまり、親密な同質性を基本とする結束型、コミュニティへの帰属などの緩やかな結びつきを基本とする橋渡し型、そしてコミュニティの外部にある人々が信頼をもって結びつくことを基本とするはしご型・関係型である。[11]

さらに、OECDはこの概念を、「グループ内部またはグループ間での協力を促す共通の規範や価値観、理解を伴ったネットワーク」と定義している。[12] これに対して、発展途上国の社会開発において社会関係資本の活用を試みる世界銀行は、パットナムやコールマンらの議論を検討しつつ、社会関係資本を「諸個人の相互関係を規定し、経済的社会的な発展に寄与し得る、制度や関係や態度そして価値を含み」、「社会を個人の集合体以上のものとするような、個人の関係や信頼、そして「市民」の責任という常識として表現されるような共通規範である」とより広い定義を与えている。[13] 信頼感やネットワークとともに、制度、社会の仕組みの役割が強調されたものとなっているのである。

パットナムは、社会関係資本の「信頼」「規範」「ネットワーク」については、「社会的信頼は、相互に関連する二つの源泉——互酬性の規範と市民的積極参加のネットワーク——から現れる可能性がある」とし、「互酬性」を、等価交換と同時性を特徴とする「均衡のとれた」「特定的」互酬性と一時的な不等価交換であっても、将来的な便益の返礼を期待する「一般化された」互酬性との二つに分け、一般化された互酬性の規範が社会関係資本の生産的な構成要素となるという[14]。彼はいう。「社会関係資本の試金石は、一般的互酬性の原則である」[15]。

反面、従来の社会関係資本をめぐる議論では、パットナム以外に、ナン・リンの議論[16]においても概ね、それが構成される社会的過程についてては十分に言及されてはいないように思われる。そこでは、社会関係資本は、パットナムのいうように「公共財」として理解されていようとも[17]、分配され、所有・蓄積される政治的権利のようなものとして解釈されており、その社会的過程を相互関係として描いてはきたが、動的な移行・構成として論じてはこなかったのではないかと考えられる。この論理では、分配と所有によって、相互関係のあり方が変容するというブレークスルーを描くことはできるが、社会を構成的つまり想像的・生成的に変化させ続けるダイナミズムを描くことはできないといってもよいであろう。それはまた、この社会を個人を基本にとらえようとする個体主義の観点にもとづいているものだといえる。

しかし、既述のような社会状況に至ることで、私たちは、いわば、自然権主義にもとづいて個体主義的に社会の生成つまり相互関係をとらえるのではなく、個人の存在そのものが遂行的・構成的に社会そのものであるような、常に変化し続けながら、個体そのものが社会であり、社会そのものが個体であるような〈共〉的な存在を構築する運動として〈社会〉を描くことが求められているのだといえる[18]。いま私たちが立ち至っているのは、むしろ、分配と所有のシステムとしての国家が自壊し、個人が国家を媒介しない形でグローバル市場と直結し、大きな物語が解体して、小さな正義が乱立する社会になっているということである。

それは、いいかえれば、ネグリ＝ハートのいうマルチチュードの身体性（人間の類的普遍性）にもとづく「欲望」

が既存の分配と所有のシステムである国家に対抗することによって、「愛」（他者への配慮とそれにもとづく想像力）が普遍として立ち上がりつつ、分配の静的システムを構成的なシステムへと組み換えるというよりは、小さな正義が乱立する中で、どうやって身体の普遍性に媒介される「愛」の構成的な社会をつくりだすのかが課題化されている[19]ということなのである。

4　権力形態の変化

このような社会状況においては、権力の形態も変化する。その典型が、いわゆる環境管理型権力と呼ばれる権力形態の出現である。ここでは、規範権力としての国家が溶解し、共同幻想としての国家＝国民も分解していく。つまり、国家は大きな父として、私たちに規範を示し、私たちがその規範を内面化することによって国民となり、国民となることで生活の保障を得られる、いわば資源分配によって求心力を高める権力であることを自らやめており、社会規範の解体と社会の分散化が導かれるのである。

この社会状況は次のようにいってもよいであろう。つまり、権力が普遍的な規範として成立せず、人々はその規範を内面化し、いわば他者の目を自らに埋め込むことで規範を超自我として成立させ、自律的な自我を形成し、他者とともに国民として形成されるのではなくなり、誰かから見られているという意識を共有しつつも、規範が示されないことで、どのように自己を形成していったらよいのかがわからないまま、他者と異なること、つまり個別性と差異性が強調され、それが評価の対象となることで、共通の規範を形成することなく、他者を蔑むことで自らの優位性を確保しようとする個人が乱立する状況が招かれるということである。これはまた、比喩的にいえば、社会に「父」が存在しなくなることと同義であり、人々は「父」が示す規範に同化することで、自我を形成し、おとなになることから、

「父」が不在となることで、成長も成熟もしない、他者との比較によって自らを優位に置こうとする、孤立した幼児の状態であり続けることになるのである。

それゆえに、ここでは、私たちは国民であることを否定され、いわば政治的に丸裸な孤立した「自由」な個人として（集合概念である国民としての権利行使ができない存在として）、国家を超えた市場という権力に対峙することを余儀なくされる。しかもそれは、対峙でありながら、直結され、同値されているという感覚をもたらすものとしてある。個人が普遍と直結して、全能感に支配され、抽象的実存としての具体的な根拠（つまり、それぞれの社会集団における具体的な役割に根ざした充足感）を解消されながら、万人の万人に対する闘争が、個別の普遍性すなわち小さな正義の闘争として組織化されるのである。そこでは、個人である人々は小さな神または小さな父として振る舞い、互いに傷つけ合うことが求められることとなる。この小さな神・小さな父である個人の闘争を組織するのが環境管理型権力である。

ここでは、権力は個人によって相対化されることはない[20]。権力はいわば、闘争する個人の間に存在するのであり、そこでは小さな神・小さな父である個人があたかも普遍権力として振る舞い、他者を抑圧することとなる。この権力の場においては、人々はどのような存在のあり方をとろうとも、否応なくその場にコミットメントさせられてしまう。ここでは、権力の場からの退却、たとえばひきこもりでさえも権力へのコミットメントのあり方として評価される。出口のない社会がもたらされるのである。

規範価値もロールモデルも失った、小さな正義を振りかざす、小さな神・父としての個人が相互にいがみあい、監視しあう、不機嫌な社会がもたらされる。権力は、まさにこの相互監視の中に居場所を見つけることになるのである。

このとき、私たちが自らの生存と生活を護るために、既存の行政システムの中にあって問わなければならないのは、私たちの生活を保障する行政的なシステムである基礎自治体と国家との関係であり、かつ基礎自治体と住民との関係である。しかもその場合、住民生活の地場における基層自治組織のあり方が問われる必要がある。なぜなら、経済構造の転換によって、企業が人々の帰属と生活の基盤を保障し得なくなった今日、人々の帰属を含めた生存と存在の基盤を担保すべき最後の砦は、地域コミュニティにおける住民としての人々の相互関係のあり方だからであり、その関係を人々の有用感が組織されたものとして実体化していたのが基層自治組織だからである。日本の自治制度は、この基層自治組織がさまざまな団体を形成して、住民自身によって担われることで機能してきたのであり、基礎自治体の団体自治は、この住民による基層自治組織における団体自治によって支えられていたのである[21]。

しかし、昨今の日本社会の構造的な組み換えは、この基層自治組織を解体することで、社会全体の分散化と流動化を促進する、すなわち市場が国家を超える形で、住民である人々を個人へと分断・分散化した上で、個人と市場とを直結させる構造をつくりだすこととなっている。つまり、日本は行政的な統治構造を、国民であり住民である人々を個別化・分散化させ、国家的・行政的な関与から放置することで、市場へと直結させるあり方を採用したのだといえる（これは、または、市場のグローバル化によって、このような構造を採用せざるを得なくなったのだ、といってもよい）。このことはまた、従来の国家―自治体を構成する行政権力が住民である人々に資源分配つまり利益誘導を行うことで、凝集力を高めていたことと深くかかわっている。いまや、行政権力は資源分配＝利益誘導によって住民である人々の生活を保障することは困難となり、しかもその状況下で、国家からの自立を迫られることとなっているのである。ここにおいて、自治体間競争がしかけられ、大規模な合併を含めた合理化と自治体内部の分権化により、住民である人々が自治体経営のリスクを背負うことが求められることとなったのである。基礎自治体の存続による住民生活の保障そのものが、自己責任へと組み換えられたのだといってよいであろう。

しかし、それはまた、逆説的には、国家から放置される個人が、「地場」の基層自治組織のあり方を、住民として他者とともに生きる関係をつくりだすものとして再生することで、基層の住民組織がコミュニティとして、市場へと直結されるのではない個人の存在を生み出し、さらには既存の市場とは異なる論理を持つ人々の生活の〈場〉つまり関係性を生み出し、それが基礎自治体を住民主体の経営へと組み換えていく可能性が生まれているということでもある。そして、ここにこそ、改めて国民である人々の生存権を含めた権利を保障する政治のあり方を問い、その政治を担う権力を構想することの可能性が見えてくるのだといえる。

2 動的プロセスとしての〈社会〉へ

1 生成の動的プロセスとしての社会

このような状況下、私たちが考えなければならないのは、以下のようなことなのではないか。つまり、旧来の国家を前提として、国内市場つまり国民経済を基本的な枠組みとする構造の中で、政治的な権利を含めた資源分配（それが結果的に経済的な資源分配をもたらす）を、国民と呼ばれる人々が公権力と呼ばれる権力主体に要求する社会のあり方（これはすでにほぼ不可能となっている）ではなく、またすでに市場が国家を超え、グローバル化する中で、人々がいわば集合概念である国民としてではなく、個人として市場と直結されながら、国家を媒介とせず、その市場において個別の正義を振りかざして互いに闘争することの自由を強いられる社会でもなく、市場において、相互に承認しつつ、結びつき、新たな「自由」を生成する〈社会〉のあり方を、自らの生活の「地場」で構想し、模索すること、である。このことは、いわば国民としての権利の行使が不可能となった時代において、ホッブズのように自然権を自然法との対立の中に措く[22]のではなく、またロックのように自衛のために自然権と自然法が調和すると考える[23]のでもなく、つまり諸個人の対他者性を基本的な存在形式として、分配と所有を基本に個人の権利の保障を考えるのではなく、むしろ自然状態であることが相互に高めあいつつ調和することである社会を構想し、それを実現することが、個人の権利保障であるようなあり方を構築することを私たちに求めているといってよい。

このことは、次のような問いを私たちに突きつけることとなる。つまり、個人を前提とした資源の分配と所有すなわち自由を保障されるための静的な分配システム、つまり個体主義的な近代国家（現代福祉国家を含む）としての従来の社会を、個人を前提としながらも、その個人が自らの自由をつくりだすために、自由の生成の自由を他者との間で相互に認めあいながら、新たな構成としてつくりだし続けることで、それが新たな価値を生成し続ける、つまり個人が相互承認関係においてつくりだす対象でありながら、個人が他者との構成において価値を生成し続ける〈場〉でもある、いわば価値生成の構成的・動的なプロセスである〈社会〉へといかにして組み換えるのかということである。

2　プロセスとしての〈市場〉

それはたとえば、社会の外側に、権力を措定しない一般意志を見出し、それが人々の間に共有されている状態を自然状態として措き、万人の万人に対する闘争を退けたルソーの社会契約説[24]のように、その〈場〉に存在する人々の多元的な対抗性という関係性の中にこそ一般意志に通じる相互に尊重しあう関係を見出し、互いに認めあいながら、新たな生活の価値を生み出し続けることを保障しあい、その関係そのものが〈社会〉として成立するような相互性をつくりだすことの可能性を問うことと重なる。そして、この問いは、たとえば私たちの遠い祖先がホモ・サピエンスになって以降、「分かち合う心」を発達させ、所有をめぐる闘争を〈贈与〉つまり〈交換〉によって回避しつつ、より多くの人々が生存できる社会を構成してきたことを明らかにした最新の学際的な研究の成果ともつながるものである。(25)しかも、文化人類学の知見は、この〈贈与〉=〈交換〉の互酬性こそが、実は人間が他者に対する想像力と共感力を発達させながら、他者の目を通して自らをとらえることによって可能となり、それが人々の闘争を抑制しつつ、〈交換〉の互酬性による共存、すなわち〈市場〉を媒介とした〈社会〉の形成へと導いたことを教えている。(26)その鍵は、想像力と相互承認関係なのである。

しかしその後、この互酬性にもとづく〈交換〉=〈市場〉は、所有すなわち私有と独占のためのものへと権力的に組み換えられ、権力によって内と外との境界線が引かれることによって、人々は外側の他者に対する想像力と共感力を切断され、敵対しあう関係へと組み換えられていった。その背後には、食料生産を基本とする生産という行為と余剰生産物の発生とが存在していた。(27)余剰生産物の生産と所有をめぐる生産手段と労働力の独占および搾取が、境界内部では剰余価値説として、境界内外では交換価値説として、後にマルクスによって課題化されるように、その価値の占有をめぐる闘争が繰り広げられる事態が生まれるのである。(28)〈市場〉は〈交換〉の場から略奪の場・搾取の場へと変質し、万人の万人に対する闘争が組織される市場となる。

それゆえに、上記の問いにかかわっては、今日、権力的な保護から見捨てられ、リヴァイアサン以前の自由を自らが普遍と結びつくことで強要され、小さな普遍の争いを強制される私たちが、その自由を行使しつつ、それを新たな相互承認の自由へと組み換え、多元的な対抗性の中に普遍性を見出して、常に新たな価値を生み出し続けながら、自らも変化し続けるダイナミズムをつくりだすことが求められることとなる。なぜなら、このような闘争は、社会構造的かつ歴史的に形成されてきたものであり、私たちの本性から必然的に導かれるものではないからである。

私たちにリヴァイアサン以前の闘争としての自由を強制する市場は、資源分配と所有をめぐる闘争を私たちにしかける分配システムとしての市場である。リヴァイアサン以後の私たちの自由を保障する体系としての国家はその市場を組み込み、飼い慣らしたものであり、その意味では分配と所有のための静的なシステムであったといってよい。フーコーのいう「生権力」はある意味でその最高の形態であった。私たちは、この市場において、欲望を認めあい、所有を承認しあうことで、リヴァイアサンの恣意的な権力行使を抑制する民主国家つまり集合概念としての国民が構成する国家を形成していたのである。ここでは、国家が規範権力として機能することで、人々の共同幻想を強化し、国民が集合概念として成立し、国家への求心力を高めることとなっていた。

これに対して、いまや、市場が国家を超え、国家から放置されて、分配システムとしての市場によっていわば自然状態としての自由を分配されることで、私たちは、それを分配と所有の自由から生成と循環の自由へと組み換え、価値の生成プロセスでありながら、価値の生成によってつくられるプロセスでもある〈市場〉である〈社会〉を、その内部につくりだすことができる可能性を手にしているといえるのではないか。そこでは、つまり、個人と個人との相互関係が価値を生み出すプロセスでありながら、そのプロセスそのものが〈市場〉=〈社会〉であり、かつその〈市場〉=〈社会〉がさらに次の価値を生み出すプロセスとして作用するという、個人と社会とのある種の互酬性が見出されることとなる。自由をつくりだすことの自由を相互に承認する関係に定礎された、人々の生きる場所を基盤とした、新たなコミュニティを構想することができるのである。

3　個人――個体から関係態へ

これはまた、規範権力としての国家の溶解とともに幻想共同体としての国家が分解していくのではなく、規範権力としての国家が溶解することによって、多元的対抗性と自由の相互承認とによって新たな承認関係を共同幻想として立ち上げ、その共同幻想が、市場権力が求める闘争つまり市場の暴走を防ぎつつ、新たな価値を生み出すプロセスとしての〈市場〉を構成するような、新たなコミュニティの構想を可能とするといってもよいであろう。

このとき、このコミュニティは、均質性と画一性が支配する平等を原則とする分配のシステムではなく、むしろ多元性と異質性が覆う対抗的な関係性が価値を生み出し続ける生成のプロセスとしてのコミュニティとなる。そこでは、ルソーのいう一般意志を体現した人々が、スピノザ的に多重化し、変化し続けることで、常に生成のあり方を組み換え続けるプロセスとして生まれ出てくることとなる[29]。多元的・対抗的であるがゆえに普遍的であるという関係性が、常に生まれ出ることによって構成され続けるのである。ここでは、個人と社会との関係すなわちコミュニティは、分配と所有をめぐる自由の静的なシステムではなく、生成と循環をめぐる自由の相互媒介的な動的なプロセスとしてとらえられる。

このことはまた、個人の存在を個体としてとらえることから〈関係態〉としてとらえることを要請する。つまり、個人の存在は、ホッブズやロックが想定したような個体としての物質的な存在から、「欲望」という身体性を媒介することで〈市場〉を形成し、その〈市場〉を介して相互に慮るという想像力を開発することで、「欲望」の多元的・対抗的な関係が抗争・闘争（奪いあい・潰しあい）、つまり分配をめぐる争い）から表現（高めあい・助けあい、すなわち生産・生成をめぐる過剰性）へと展開する〈共〉的なプロセスへと移行するのである。

ここでは、ネグリ＝ハートのいうマルチチュードの「欲望」と「愛」の「構成的な権力」が倒立した形で示されることとなる。ネグリ＝ハートはマルチチュードの身体性にもとづく「欲望」が規範権力への抵抗を組織し、その構成的（集団的・社会的）な「欲望」の展開すなわち抵抗が規範権力の再生産へと帰着しなくなるとき、そこに規範権力の持つ共同幻想をマルチチュードの「愛」へと組み換えて〈共〉的な過剰性へと移行する自由が形成されるとする(30)。しかし、今日の私たちが置かれた状況は、規範権力が自壊することによって権力からは放置された諸個人が、個体性をもとにした闘争をしかけられる過程で、むしろその個体性が持つ身体性という普遍性を媒介とした「欲望」に駆動されることで、他者への想像力を生み出し、それを介して、私たちが他者と〈共〉にある自己を表現する過剰な自由を承認しあう関係、つまり分配と所有ではなく、生成と共有・循環を生み出す駆動力つまり過剰性を構成することとなる可能性を示しているのである。「欲望」が「愛」へと転化する、その媒介として生まれる〈共〉的な過剰性として存在することが、個人のあり方となるのである。ここでは、個人は個体ではなく、他者との〈間〉に生成する〈関係態〉となる。

4　基礎自治体——コミュニティ・ネットワークの結び目

そして、ここにおいて、基礎自治体は、既述のようなコミュニティによって構成されながら、国家とコミュニティの間に介在して、国家的な関与から放置される人々によって構成されつつ、彼らを保護し、自らが変化し続けるコミュニティ・ネットワークの結び目すなわち〈共〉的な構成物として機能せざるを得なくなる。

ここでは、学びの概念も変容を迫られる。学びとは、知的資源の分配と所有を意味するのではなく、人々が相互の関係性つまり〈社会〉において、相互に影響を与え合い、相互に変容しあいながら、自らの生活を自らの意志でつくりだし続けること、そのプロセスそのものが生きるということであり、生きることそのものが〈社会〉であるようなあり方を意味するもの、つまり〈学び〉となる。〈学び〉とは、人が他者と〈共〉に生きる動的なプロセスのことであり、そこで生まれる過剰性の関係つまり〈社会〉のことなのである。そこでは、個人は〈社会〉であることで個人となり、〈社会〉は個人と同値されることで〈社会〉となるような、互酬的な媒介関係がコミュニティとして生成し、このプロセスそのものが人々の〈学び〉として生まれ出てくることとなる。つまりここでは、個人の存在は、生活の営みという意味において、コミュニティでもあり、〈社会〉でもあるのであり、個人の私的な営みである生活そのものが〈社会〉的な公の営みでもあるという、相互に媒介し合いながら、変化を促し合う〈共〉的な関係が形成される。この関係そのものが〈学び〉なのであり、それは個人の存在のあり方でありながら、〈社会〉そのもののあり方でもあるのである。個人は、〈関係態〉なのである。

3 〈学び〉としての〈社会〉へ

1 生涯学習をめぐる課題――〈学び〉と〈社会〉

日本における生涯学習をめぐる課題とは、いわゆる欧米的なコンピテンシーに収斂するものではなく、むしろ社会の最も基層にある生活圏における住民の自治に深くかかわるものとして展開している〈学び〉を、いかにして新たな〈社会〉の構成へと結びつけていくのかということであるといってよい。それは、いかにしてこの社会を、既述の意味における〈学び〉の営みとして構成するのかということである。

いま課題化されるべきは、従来のような知識や技術の分配を基本とした、人々を管理する制度である静的な行政システムそのものを組み換え、動的であるがゆえにその地域社会に住む人々が十全にその役割を果たし、その存在を他者との関係において承認し合い、その生を全うでき、そうすることで常にその地域の形態が変化し続ける、いわば関係性のプロセスとしての〈社会〉へと構築していくことである。それは、動的であることで平衡状態を常につくりだし、自らが変化し続けることで、地域住民の生活を保障し、彼らの人としての尊厳を認め、その存在を承認し続けることのできる〈社会〉の生成を、そのイメージも含めて、考え、実現することである。

この〈社会〉とは、旧来のような共同体規制から解放された自由で孤独な個人が、顔の見えない市場において生産と消費を繰り返す不安定な市場社会ではない。それは、人々が相互承認関係にもとづく、地域社会に十全に位置づいているという感覚を基礎にして、他者との関係を十全に生きているという自由を獲得しながら、他者との〈関係態〉である自己が常に関係を組み換え、よりよい生を全うする営みを続けることが生産と消費であるような構成を持つことになる。つまり、そこでは、人々が常に他者との関係において、自己を生成し続けることで、安定的で、しかも動的な、常に移行し続けることで、人々の生活基盤である経済と福祉そして文化を人々の実存において結びつけ続ける〈社会〉が生まれることになる。この〈社会〉はまた、住民の生活改善を実現し続けるダイナミズムを生成し、自らのものとするものでもある。

2 〈共〉的圏域としての〈社会〉

この〈社会〉とは英語のアソシエーションまたはソサイエティに近いものである。しかし、それはまた、パットナムやコミュニタリアンが主張するような経済領域とは強いかかわりを持たぬ、政治的な公共圏における異議申し立ての「市民社会」「地域共同体」ではない[31]。それは、既存の政治的・経済的な領域の内部にありながら、それらを住民の生活レベルにおいて組み換え、新たな社会構成をつくりだす圏域として生まれ出てくるものだといった方がよいものである。つまり、パットナムやコミュニタリアンのいう「市民社会」「地域共同体」は、「国家」を前提とした画一的な規律が支配する領域における権利の政治的な分配を基礎として構想されたものだといえるが、本書でいう〈社会〉とはその一律の規律を組み換え、政治と経済の領域を多元性に支配された新たな圏域として構成するものとして構想されるものなのである。この意味で、この〈社会〉とは、民衆の生活レベルで、公―私の二分法にもとづく権利の政治的な分配を要求する領域ではない。それは、民衆相互の関係に息づくことで、常に動的に変容しつつ、民衆の家計と深くかかわる経済領域をも組み込んで、公―私の間を媒介する〈共〉的圏域として生まれ出ていき続ける中間項的な領域なのである。

このような〈社会〉のあり方を模索し、実現し続けていくためにこそ、地域住民の〈学び〉を保障し、その拠点を整備する生涯学習が果たすべき役割を突き詰めていくことが求められる。つまり、普遍的・一般的概念である国民を、改めて固有で多元的で個別的な住民個人として位置づけ直しつつ、彼らが新たな主体へと自己生成することを行政的に支援すること、すなわち〈学び〉が地域課題となったことを意味している。このとき〈学び〉とは、従来のように一律の学校教育制度を通して教育を受ける権利を分配することではなく、それぞれ固有であり個別である住民が、固有性と個別性を持つ他の住民との〈間〉で、自らをその生活の主人公として生み出し続けるその営みそのものをいう。個別・固有のものでありながら、他者との関係性の中にある、自己をつくりだす営み、これが〈学び〉として自治体行政の課題となったのだといってよい。

しかも、この場合、自治体とは、既述のようにコミュニティ・ネットワークの結び目に位置づく〈共〉的権力なのであり、それは常に自ら組み換わりながら、住民自身によって担われる構成的な権力となっている。つまり、それは、富の再分配を行いつつ、住民を保護し、忠誠心を調達する行政的な規範権力すなわち分配のための静的なシステムではなく、住民自身の〈学び〉によって構成され、変化し続けることで、住民の相互承認関係を生み出し続け、その関係において住民生活を住民が相互に保障しあうような、動的な構成的権力であり、かつ住民の相互承認関係を組み換え続けるプロセスとして生み出され続けるもの、すなわち住民の〈学び〉そのものとして表現される過剰なものとなるのである。

3　動的プロセスとしての〈社会〉

このことは、個人の生活という私的領域が、政策課題という公的領域の対象になりながらも、そこに他者との関係つまり〈社会〉における主体の生成といういわば〈共〉的な領域が新たに介在することで、私的であることがすなわち公的でもある新たな圏域を人々の生活の「地場」において構築すること、つまり従来の分配を基本とした静的な社会の構成を、生成を基本とした動的な構成へと組み換えていくことを意味している。それは、個人の生活が政策的な統治の対象となるということではなく、政策的な課題が個人の生活によって組み換えられ、かつ個人そのものが他者とともに組み上げるものとしてあるようになるということである。ここに、〈学び〉が住民自治の課題としてとらえられることになるのである。

それはまた、動的であることで平衡状態を保ち得るプロセスとしての〈社会〉のあり方を、地域住民の生活の「地場」で構想しつつ、それを学習論として構成していくことに等しい。それは、地域住民が、自らを〈社会〉に十全に位置づけ、他者との相互承認関係を構築することで、〈社会〉を〈学び〉に定礎される多重なネットワークで覆われる、常に変化し続けながら住民の生活を十全に保障し得る体系へと、自らの力によって構築していくことを意味している。

それゆえに、ここにおいて、〈社会〉を構成する人々が〈学ぶ〉人々であることによって、〈社会〉と〈学び〉とは同値されることになる。〈社会〉とは〈学び〉によって自らを他者との関係において変革し続ける人々によって構成されるものであり、そうであることで変化し続けるものでありながら、この人々が他者との〈間〉に構成する〈学び〉の関係そのものでもあるという構成を取ることとなる。つまりは、個人の個体化的存在のあり方が身体的な「欲望」を通して、〈関係態〉へと構成されるとき、個人の存在そのものが〈社会〉であり、その〈社会〉を構成する営みすなわち〈関係態〉としての個人の存在そのものが〈学び〉となるのである。それはまた、〈学び〉の〈贈与〉＝〈交換〉の関係であり、そのプロセスであることと等しい。

4　共同性の過剰としての〈社会〉

1　「共同幻想」としての〈社会〉の構成

このような個人の存在の構成のあり方は、また、具体的な地域社会における共同性の展開のありようを物語っている。それをたとえば、筆者らが調査に入っている長野県飯田市の公民館と住民との関係に見ることができる。(32)

飯田市の公民館は、行政区として市役所の支所に相当する地域振興センターが置かれている地区（合併自治体である飯田市の合併前の町村単位）に一館ずつ、市内に全二〇館配置され、そのさらに基層の住民自治組織の単位に、公民館分館が置かれている。分館は、地域住民によって経営される自治公民館であり、飯田市内に一〇三館が設置されている。この分館は、地元の人々が「分館」と呼ぶ場合には、それは施設を意味していながらも、分館を核にして行われるさまざまな地域の活動や行事を包含しているある種の空間概念であり、またその地域の人々の関係性の概念、そして活動の概念である。「分館」とは建屋だけではなく、むしろ地域の団体であり、その団体とは自治を担う自らの地域そのものであるといってよい。その一つの表現が、住民からごく自然に語られる「分館をやる」という言葉である。聞き取りの過程で、住民たちはごく自然に「分館をやっててね、よかったことはね」「分館やってるとねえ、地域のことがよくわかってくるんですわ」などと語っている。

このことはまた、「分館」が地域の経営と表裏一体となっていること、つまり「分館」をうまく取り回すことが、すなわちその地元を自治的に経営し、住民自らの生活を住民相互の関係の中で安定的に営むことにつながっていることを示している。

そして、この「分館」の館長などの「お役」を担うことを、人々は、次のように語っている。

「最初は、お母ちゃんなんか、あんた分館長なんか絶対やらんどいてよ、家が大変だから、っていっていたのに、一番最初に説得されちゃって、あそこまでいってくださるんだから、やらんといかんっていいだしてね、これで家の中が分館長モードになっちゃうわけ。で、分館長を受けるでしょ。そうしたら、あんただけに負担は回さんっていってくれて、地域の先輩たちが支えてくれる。自分も、それまで分館の役員をやってきて、こうしたらどうやとか、ああしたらどうかとか、あれこれ考えるところはあったし、あの人ならこれが向いてるとか、この人ならこんな仕事がいい、っていうことも見えているんで、館長になったらそういう人たちを口説いてね、一緒にやってもらう。そうすると、区のみんなが支えてくれるし、自分の考えが実現していくようになるのよ。こうなると面白くてね。そりゃあもう、大変ですよ。でも、こうなると、次はこうしよう、今度はああしよう、ってどんどんアイデアが出てくるようになる。もうやめられんですわ。」

たとえば、吉本隆明は「人間はしばしばじぶんの存在を圧殺するために、圧殺されることをしりながら、どうすることもできない必然にうながされてさまざまな負担をつくりだすことができる存在である」といい、「共同幻想」もまたこの「負担」の一つであるという[33]。飯田市の公民館「分館」も、住民にとっては「共同幻想」つまり「負担」の一つであるといってよいであろう。この「分館」をめぐっては、吉本の言葉を借りれば、家族とくに夫婦という「対幻想」が「共同幻想」へと組織化され、それが個人の存在のあり方である「自己幻想」へと展開し、さらにそれが改めて「対幻想」を経由して、「共同幻想」へと収斂する筋道を、このインタビューへの応答からは読み取ることができる。

吉本は、「共同幻想」は「自己幻想」の逆立ちした形で現れ、「対幻想」が解体されるところに生まれるというが[34]、それは飯田市の公民館「分館」をめぐる共同性のあり方においては、ある意味で、「共同幻想」へと開かれた「自己幻想」が「対幻想」を媒介として、その「対幻想」を分解する、つまり「お母ちゃん」を「共同幻想」へと組織化することで、「家族」を「共同幻想」へと開き、かつ「お役」を担うインタビュイー自身の「自己幻想」つまり「面白くて」「やめられない」自己認識へと還っていく循環を形成しているといってよいであろう。ここでは、この自己認識は、共同体で営まれる「分館」という地域経営の個体的な表現、つまり「共同幻想」が「自己幻想」へと凝集して表現されている、すなわち逆立ちした構成を取っていると見える。この循環において、常に意識されているのは「お母ちゃん」の両義性である。「対幻想」としての「家族」の中心であり、「お役」を拒否する根拠でありながら、また「共同幻想」に開かれて自己実現という「自己幻想」に取り憑かれた人々から「共同幻想」へと導かれて、「家族」という「対幻想」を「分館長モード」という「共同幻想」へと切り換える役割を担っているのである。

その上、この循環の関係においては、分館長を引き受け「共同幻想」を担い、「自己幻想」に取り憑かれている夫を「家族」で受けとめながら、つまり「対幻想」において引き受けて、その「自己幻想」を解きながら、改めて「共同幻想」へと展開する循環器の役割を「お母ちゃん」が果たしているのである。それゆえに、飯田市の公民館「分館」をめぐる地域社会の人間関係においては、「お母ちゃん」は「副」の地位に位置づきながら、常に「共同幻想」を担う夫によって意識され、「共同幻想」と「自己幻想」との間の循環を決定づける役割を担っている、つまり「対幻想」を「共同幻想」と「自己幻想」との間に介在させ、相互に媒介することで、常に解体しつつ、再生する関係性、すなわち動的なプロセスとして構成しているのである。

2 可視化と身体レベルの認識

しかも、この公民館「分館」の「共同幻想」は、さらに公民館の活動として組み込まれているさまざまなイベントによって、可視化され、言語化される仕組みを有している。「分館」では、多様な活動が展開され、地域の住民が日常的に動き回り、相互に触れあい、認めあうという、ある種の身体レベルの触れあいと承認関係が形成されるような仕掛けが組み込まれている。「分館」とはこの身体レベルの住民の自治活動のことであるといってよい。

それはまた、住民が自分をその活動の中で実感し、自分が他者に支えられ、他者を支えているという、言葉を介さない認識＝身体レベルでの実感が、地域活動を支えていることを示すものだといってもよい。言語を介さない人々相互の結びつきをつくりだし、人々の生活そのものが自治的な活動であり、その自治的な活動が生活を安定させ、相互承認関係をつくりだし、人々が相互に見守り、配慮しあいつつ、つながっていく。このつながりの中で、人々が行き交い、活動に参加し、相互に認めあうことで、地域のリーダーが育成され、抜擢される。しかも、そのリーダーは地域住民のために働くことでこそ、その存在を認められるのであり、また住民がリーダーを支えつつ、自らが地域生活の維持・改善に深くかかわっていくのである。この活動の過程で、住民が互いの生活に深くかかわることで、互いに慮る関係において、自治が営まれ、それそのものが生活であるという関係がつくられる。「分館」には、人々が動き続けることで定常化するとでもいえるような静かなダイナミズムが組み込まれているのである。

そして、この動き続けることで生活が安定していくというダイナミズムを、目に見え、人々が自らの身体の存在を実感することで、身体レベルの認識へと組み換えるものが、イベントだといってよいであろう。各「分館」でこれでもかと用意されている多様な行事・事業は、この日常的に直接目に見えない静かなダイナミズムを、住民相互の関係性の中に浮き上がらせ、身体レベルの相互性を目に見える認識レベルにまで引き上げる作用を及ぼしているといってよい。ここに、「分館」が館つまり施設として可視化されていることの意味が存在することとなる。

こうして、静かなダイナミズムが人々の生活を安定させ、維持していくことになるのである。表面的には、変化がなく、保守的に見える地域コミュニティは、その実、常に住民の身体レベルの相互承認関係をつくりだす装置を起動させ、人々がダイナミックに動き続けることで、この静かな日常生活を、相互に支え合いながら、維持することが可能となっているのである。

3　言語表現の過剰性と〈社会〉

しかし反面で、このような言語化されない身体レベルの合理性は、習慣化しやすく、マンネリ化を起こしやすいことも否めない。それはまた、身体レベルの立ち居振る舞いを形式化し、形式の伝承という形で、その運動を停止してしまう危険と背中合わせのものである。つまり、生活の形式という文化の持つ身体性と身体の持つ自然の合理性という立ち居振る舞いの形式が、身体の持つ自然が担保する合理性によって定礎されるのではなく、また身体の持つ自然が日常生活の形式を組み換え続けるのではなく、日常生活のできあがった形式が身体の自然を抑圧するとき、その生活におけるダイナミズムは終焉を迎える危険を自ら生み出すこととなる。

これを避けるために必要なことが、身体の合理性を言語化し、言語を介した認識を通して、他者との交流を進め、自らの身体の自然を、常に他者にさらしながら、覚醒しておくこと、である。ここにこそ、言語による表現の意味が存在する。

しかも、言語は基本的に過剰なものとして、それを発する人々を表現へと駆動し続けざるを得ない。言語は、常に事前に表現できることしか表現できないが、何を表現するかは事後的にしかわからないという制約を抱えている。しかも、言語を習得し表現する力能を持つ身体そのものを直接表現することはできない。常に、事前に制約されたものとして事後的にしか、しかも言及できることしか言及できないという束縛を抱えたものであるがために、言語は他者との〈間〉に介在しつつ、言語を発する人を他者との〈間〉に生成し続けることしかできない。言語は社会的なものとして、人々を制約し続けることで、人を他者との〈間〉で新たに生み出し続けることになる。ここに介在するのが、身体性という普遍性としての「欲望」である。人は自らの「欲望」を言語化し、自己を認識しようとすることで、他者との〈間〉に自らを生成し続けることとなる。人は、言語によって他者との〈関係態〉となるのであり、また〈社会〉を構成するのだといってよい。

それゆえに、この言語を発する主体は常に欠損、つまり自らの言及のし難さに苛まれることで、過剰に自己への言及を求めてしまうことになる。それは、常に過剰に言語表現しつつ、他者との〈間〉に自己を生成し続けなければならないことと同義である。それはまた、言語が自己のものでありながら、自己のものではなく、他者のものでありながら、他者のものでもなく、社会のものであることによって、人が自己を言語によって〈関係態〉として構成することと同じである。そこでは、人は他者とともに、「共同幻想」を言語として表出することで、自らを「共同幻想」を担う存在として生成しているのである。

ここにおいて、「共同幻想」が理性の表出つまり「愛」の構成的関係として意識化されることで、人々の結びつきが強化されるとともに、〈学び〉が人々の存在そのものでありながら、〈社会〉そのものでもあるという構成を、地域コミュニティがとることになる(35)。

その上、この「共同幻想」をより高次なメタ認知へと導くことで、〈社会〉は常に言語を媒介として、外の〈社会〉と交流しつつ、自らの「共同幻想」を組み換えて、外の〈社会〉との「共同幻想」をつくりあげていくこととなる。たとえば、飯田市の基層自治組織に備わっている「よそ者」を喜ぶ慣習などは、その一例である。飯田市の地元には「風土」という言葉がある。「土」としての地元住民が「風」としてのよそ者と交流することで、相互に変容を来たし、その変容をあらたな自己認識へと組み込むことで、「土」である地元コミュニティは常に新たな自己認識に支えられ、しかも他者との〈間〉で〈学び〉の〈贈与〉=〈交換〉関係そのものとして構成されることで、〈共〉に学ぶ〈社会〉へと組み換えられているのである(36)。

5 関係の過剰としての個人

1 多元性と多層性を生きる

しかも、私たちはここで、次のことに気づかざるを得ない。つまり、日常のある種の無意識の相互関係を身体の感覚レベルの認識に組み換えること、そしてそれをさらに言語的な認識へと意識化することは、一人ひとりの住民が、多重化された現実生活の層において、それらを横断するかのように存在しているのにもかかわらず、常に人々はそのうちの一つの層で生活しているかのような感覚に陥っているが、人々に改めてその層とは異なる層に存在している自らの存在を意識化させることへつながっているということである。

これは、たとえば、地域住民相互の関係が相互に抑圧的に働くことによって、その地域社会が守旧的なしきたりを保持することで、変化の乏しい、因習にとらわれた社会として維持されてきたという観点に対して、新たな視点を導入することになる。つまり、それはその社会の一つの層の姿でしかなく、むしろ、その層を含み込んで重層的な人々の相互関係のあり方が組織されているがために、その地域社会が、内部の人的な静かなダイナミズムを持ち得、そのダイナミズムによってこそ、維持され続けてきたこと、そういうことを、常に住民相互の間で身体化し、言語化することで確認しあう機制を有していることを意味しているのである。

このことは、表面的には因習にとらわれた守旧的な層そのものが実は、他ならぬ守旧的な層が持つさまざまな仕組みによって、自らを人々が身体的な認識として異なる層へと組み換えて拡張し、さらにそれが言語化されることによって、さらに他の層へと拡張していく機制を持っていることを示している。これはまた、地域コミュニティが、イメージとしては同一平面上において価値多元的な対抗的関係を形成することで、新たな価値を構成していくという互酬性に定礎された生成的な構造を持っているということだけでなく、むしろ、多重な平面において、一つの地域コミュニティがそれぞれに展開しており、一つのコミュニティは、多元対抗的な構成を持つだけでなく、「拡張現実」[37]とでも呼ぶべき多重性をもって構成されていること、そしてその多重性を構成する各層がそれぞれに相互に交流することで、地域コミュニティのダイナミズムが形成されていることを示唆しているように思われる。

たとえば、筆者が企画し、実施してきた中山間村支援事業に、愛知県豊田市で行われた「若者よ田舎をめざそうプロジェクト」がある[38]。この取り組みでは、全国から公募した若者一〇名を現地に住まわせて、「農的な生活」を実践し、中山間村の持つ人間関係や自然環境そしてその土地が蓄積してきた生業の文化を発掘して、新たに価値づけしつつ、都市と農山村との交流を促すことで、新たな農山村の価値をつくりだす試みを進めてきた。そのリーダーは、次のように語っている。

「僕は、夏祭りが好きです。どんどん小さくなってしまって、お年寄りばかりになってしまったコミュニティですが、こんなところでもしっかりと夏祭りが受け継がれていて、僕たち若者を受け入れてくれます。夏祭りのどこが面白いかって、みんな、打ち合わせの時には、そんないい加減なあ、と思うような話し合いでも、いざ櫓を組んで、お祭りだっていうときになると、ちゃんとそれぞれの役割があって、あうんの呼吸で、見事にお祭りを成功させている。しかも、みんな興奮状態で、お祭りを楽しんでいる。嫌々だなんてことはこれぽっちもない。そんなところに、地元の底力を感じるからです。このお祭りが、日頃のいろんな助け合いのあうんの呼吸を整えているのではないかと思います。だって、地元のおじいおばあの生活力って、僕たちがびっくりするようなことを何事もないようにしてやってしまうのですから。ここにも、お互いのあうんの呼吸が生きていると感じます。」

ここでは夏祭りは、人々の日常のさまざまな活動があうんの呼吸でうまく回っている、そのことを人々が身体レベルで感じ取るための重要なイベントとして機能している。お役だから仕方がないといって出てきながらも、あうんの呼吸でやって、楽しんでしまう、その結果、日々の営みがそれこそお互いのあうんの呼吸において、何事もないかのように、なされていく。地元の人々は、よそから来た若者たちが、「びっくりするようなことを何事もないかのようにやってしまう」、そういう生活力を持っているのである。

その意味では、地元の人々は、これまでの守旧的で、閉塞的な農村という層とは異なる層で、彼らの生活をダイナミックに営んできたのだといえる。このことは、人々がそれこそそれぞれの生活の価値観を持ちながら、多元的に相互に交流し合うとともに、それが新たな文化的な発掘を経て、新たな価値の形成へと結びついていくというときに、その文化が蓄積され、発掘されてくる「地層」は、今日私たちが外部にいて、農山村を見ている地層とは異なる地層であることを示唆している。むしろ、今日、若者たちがとらえ返そうとしている「びっくりするような」生活技術と文化とは、土地の人々が生きてきた多重な層の中に埋め込まれてきたのであり、その層では人々が相互に交流し合いながら、ダイナミックに動いてきたのであるが、進歩や発展・発達を価値とする近代産業社会に生きる人々は、その層を意識化することができず、地域コミュニティをある種の都市的な近代化の一面においてしかとらえることができなかったがために、地域コミュニティを殺すことになってしまっていたことが示されているといってよいだろう。

2　近代産業社会から消費社会・知識社会へ

しかも、このように地域コミュニティをとらえることは、地域コミュニティが過疎化し、高齢化してしまって、既述のような静かなダイナミズムを失って、衰退していくところと、そうではなく、細々とではあっても、静かなダイナミズムを維持しつつ、コミュニティを保持してきているところとに分かれてしまうことの原因を指し示すことにもなるように思われる。既述のようにとらえられるコミュニティではあっても、実際には、支援事業が必要となるように、衰退し、若者たちが地域から出ていって帰ってこない、過疎高齢化の現実に苛まれている。しかも、その現実は、現在の高齢者たちの親の世代からすでに「現実」であった。今日、地元の顔役としてコミュニティの維持に腐心している高齢者たち自身が、実は、親たちから、もう農林業では食っていけないから、都市に出てサラリーマンになるように諭されて、故郷を離れ、都市で会社員や公務員であった人々なのである。地元に残った人々も、ほとんどが教員や郵便局員、村役場の職員として残ったのであって、家業であったはずの農業は第二種兼業であった。その彼らが、定年を迎え、親の介護や田畑の保持のために帰ってきて、今日、地域コミュニティのリーダーとして役割を担っているのである。しかも、その彼らの子どもや孫たちは、都市で生まれており、故郷はすでにこの農山村ではないし、将来、帰ってくる可能性はほとんどない。その意味では、農山村の衰退をいうのであれば、彼らの親の世代にしてすでにそうであったといわざるを得ない。

そうであるとすると、農山村を含めた地域コミュニティを因習にとらわれた守旧的な閉鎖的で、変化のないコミュニティであるととらえてきたのは、外部の都市的な文化を持った社会の主流を形成してきた人々（これを社会一般の価値観と呼んでもよい）だけではなく、当事者である農山村の住民たちでもあったといわざるを得ないであろう。しかもそのような観点と子どもを都市へと出すという行動は、社会経済構造の変化にともなって、衰退していく農山村にあって、子どもの将来を考えて、よりよい生活をと願った親の思いを反映したものでもあった。

むしろ、ここでとらえられるべきことは、このような農山村であっても、今日生き残っているのは、古くさい立ち後れた閉鎖的な農村と見られる層とは異なる層で、人々が営々と築いてきた生業の文化が蓄積され、人々がいきいきと交流し合い、地域がダイナミックに動くことで、変わらない日常が維持されてきた層が存在するからであり、しかもその層で生活しているのは、これまでの農村がとらえられていた層で生活しているまさにその人々であること、こういうことが見え始めているということである。

それはまた、こういってもよいであろう。従来のいわゆる近代産業社会においては、国家の枠組みを基本として、大量生産・大量消費に対応した画一的で均質な労働力であり消費者である大量の国民を育成することと社会の単一の価値観の醸成とが相まって、きわめて均質で価値一面的な社会が形成されてきた。このような社会にあっては、国民である人々の生活は均質化され、人々が平等に扱われることで、権利の分配と所有が経済の分配と私有と同値されて、人々の生存と生活は国家権力によって「保障される」べきものとして措かれていた。フーコーのいう「生権力」の庇護の下に、人々は自らの生活を他者と平等な関係の中で営み、分配された諸権利を行使することができていたのである。

このような社会では、社会を覆う価値は一面的となり、農山村は近代産業の発展から取り残された遅れた地域と見なされ、その地域に住む人々もその土地から離れて、都市の賃金労働者となることが、自らの生活の向上を保障するものであり、また農山村に存在するしきたりその他の束縛から自由になることが近代化だと意識されることとなったといってよいであろう。その土地に住む人々そのものが、価値一面的に自らをとらえる枠組みに縛りつけられていたのだといえる。

これに対して、既述のように、今日の日本社会は産業社会であることをやめ、価値多元的で対抗的な消費社会さらには知識社会へと移行し、一面的な価値観に覆われた社会ではなく、それを解体しつつ、民衆一人ひとりの価値観がそれぞれ異なることによって、それらが対抗的な関係を結ぶことで、新たな価値をつくりだそうとする社会へと移行している。このような社会では、たとえば農山村に対する視点も多様化し、従来の一面的な因習にもとづく共同体規制に縛られた、閉鎖的で停滞した地域社会という評価から、環境親和的で、さまざまな生業の文化を蓄積してきた、いわゆる産業社会に対する新たな価値を生み出し得る場所として再評価されることになる。そこでは、共同体規制に対する観点も、旧来のような人を束縛し、いわゆる個人の自立や自我の形成を抑圧する（つまり反近代的自我的な）因習ではなく、むしろ環境を保全し、農林業を共同で維持しつつ、自らの生活を共同で営むためのルールであったと見なされることになる。農山村の生活のあり方が、近代的観点をくぐりぬけることで、新たに価値づけられるのだといってよい。

そして実際に、既述の「若者よ田舎をめざそうプロジェクト」のように、若者たちが地元での生活のルールを尊重し、自ら率先して地区の「お役」を担うことで、地域住民に受け入れられ、地域コミュニティが新たな価値を持った「農的な生活」を送ることのできる〈場〉として再生することにつながっていくのである。そして、この〈場〉を、彼ら若者たちは彼ら自身の言葉によって言語化し、発信し、農山村と都市との交流を組織して、常に新しい文化にこの農山村の文化をさらしながら、新たな農的生活の文化を構成し、生み出し続けているのである。ここに、この「むら」が持つ多重な平面が深くかかわっているのである。

ここでは、従来の価値平面における人々の営みにおいて、その平面がある意味で解体を始め、価値が多元化し、対抗的な互酬の関係をつくりだしていくということだけではなく、むしろ新たな消費社会の価値の中で、それまで一面的な価値平面で構成されているととらえられていた社会が、実は多重な層から構成され、人々がそれらを軽やかに行き来して生活していたことが見えてくるようになったという点が重要である。

3 「ここではない、どこか」から「いま、ここ」へ

そして、このような価値平面の多重性の発見は、社会が平面的に分散化していくというイメージから、さらに立体的に「読み替え」られていくというイメージへの転換を導くことになる。それはまた、権力形態としては、「父」としての権力つまり規範を示し、保護してくれる権力、すなわち価値規範を示し、それに従順であることで一人ひとりの生活を保障する、つまり生存権を分配し、所有を許す権力（フーコーのいう「生権力」はその究極の形）から、私たち一人ひとりが小さな正義としての規範を振りかざしながら、相互に対抗的に存在することを許す一方で、常に見

ていながら規範を示さない、いわば基準を示さず、人々を相互監視の網の目の中に組み込みつつ、権力への敵対行為を取り締まる環境管理型権力へと移行している社会のイメージをもたらすことになる。そこでは、構成員一人ひとりに権力に参加し、互いに抑制し合うことが求められることとなる。

この環境管理型権力が支配する社会においては、価値が多元化するために、従来の規範権力が示すような価値を内面化しつつ、それを乗り越えて新たな価値を獲得しようとする個人の成長・発達つまり自我の形成は望めなくなる。つまり、社会そのものが成長や成熟を拒否する社会へと転換することになる。その上、このような社会では、既存の価値を乗り越えることである種の達成を遂げるという社会全体のブレークスルーに相当する「革新」や「変革」は不可能となる。つまり、人々が「父」としての権力を乗り越えて、新しい社会を実現し、新しい社会規範を確立して、新しい父を得るという、社会全体の一新はあり得なくなるのである。

規範権力が覆っていた時代、私たちは、その社会を乗り越えるべき「理想」を抱いて、社会の変革を求め、よりよい生活を夢見ることができた。大澤真幸のいう「理想の時代」である。その後、「父」としての規範権力が自壊する過程で、私たちは乗り越えるべき父を失いながらも、その外部にもう一つの現実としての仮想現実を見つけ出そうとし、そこに自らの存在の意味を託そうとしてきた。大澤のいう「虚構の時代」であり、さらにそれは「現実への逃避」つまり仮想現実への現実からの逃避、またはどちらもがリアルの時代へと転回していくのである[39]。この時代は、しかし、いずれもが現実社会の〈外部〉が存在すること、つまり「ここではない、どこか」へのブレークスルーや仮想現実への逃避が信じられ、また求められた時代でもあった。

しかし、いま私たちが生きている環境管理型権力が支配するこの社会には、すでに〈外部〉へのブレークスルーは存在しない。それは価値の多元性と対抗性による互酬によって新たな価値が生成し続け、しかも統一的な価値を求めない価値相対的な社会なのであり、そこではある価値の生成はすなわち価値の多元化の平面において解消され、新たな価値は理想も仮想現実も構成することはないからである。つまり、私たちは〈外部〉を失った社会に生きざるを得なくなっているのである。

ところが、このような〈外部〉を失った社会において、価値が多元化することで生まれてくるのは、同一価値平面の分散化と対抗という事態だけではなく、むしろこの価値平面を多重化しようとする運動である。これを宇野常寛は「人間の想像力は〈ここではない、どこか〉に誘うためのものではなく、〈いま、ここ〉にどこまでも潜ることでそれを読み替え、拡張していくものとして機能する」[40]という。

たとえば、「住み開き」[41]という実践がある。カネや効率性という近代産業社会の価値観によって役割が決められた空間ではなく、「もてなす側／もてなされる側といった関係性を超えて、フラットなコミュニケーションの回路が生まれる空間」として、「個人宅を代表としたプライベートな空間を……無理せず自分のできる範囲で自分の好きなことをきっかけにちょっとだけ開」くことで、「小さなコミュニティが生まれ、自分の仕事や趣味の活動が他者へと自然にかつ確実に共有されていく」のだという。[42]この実践例としては、たとえば東京都世田谷区の「岡さんのいえＴＯＭＯ」や同北区の「まれびとハウス」などが紹介されている。「岡さんのいえ ＴＯＭＯ」は、昭和二〇年代から近所の子どもたちに英語を教えていた故・岡ちとせさんの家を、親族が地域に開放している「まちのお茶の間」で、地域の育児をしている人たちが集まったり、日替わりカフェをしたり、コンサートや即興演劇をしたりと、人々それぞれがそれぞれのやりたいことを持ち寄って、人々の交流をつくりだす拠点として活用されている。この拠点を支援する仕組みとして、財団法人世田谷トラストまちづくりが準備した「地域共生のいえ」支援事業が活用されている。[43]「まれびとハウス」は、マンションの一室をシェアする若者たちが、自ら企画を立てて、客を呼び込みつつ、人の流れをつくりだす「ふらっと寄れるプラットフォーム」として運営されている。たとえば、写真美術館、黒めがねナイト、シュウカツ系サロン、映画上映会、料理教室など多岐にわたる[44]。

これらの実践は、たとえば宮台真司が、いまやこの社会は「終わらない日常」と化し、人々は社会に「外部」を持つことができなくなり、ブレークスルーを失ってしまい、この抑圧的な日常から永遠に逃れることができなくなってしまう「オウム以後」の世界に生きなくてはならなくなったといい、この社会を生き延びるために「まったり」と過ごすことを提唱したことと似ている[45]。宮台のいう「まったり」とは「意味」からの逸脱、つまり社会の一面的な価値が形成している社会的な意味から逸脱することで、自らの生きる感覚を取り戻せということであり、その感覚を基本とする社会の島宇宙化、つまり価値の多元化と相互不干渉による社会からの逸脱こそが、意味にとらわれず、自らの生きる実感を与えてくれるものとなるという主張であった。それはまた、一面で、この社会の分散化と多元的対抗化をいい当ててもいる。

宮台のイメージする社会は、単一の平面上における島宇宙の分散的存在というものに近い。しかし、「住み開き」のイメージは、既存の支配的な価値が覆う社会の層はそのままにしておきながら、つまりそれを分散化させるような組み換えを行うのではなく、その層において存在する既存の条件を活用しつつ、それを異なる層において拡張してしまおうとする志向性に貫かれているように見える。つまり、この社会を多重に構成している層を可視化し、私たちが日常において意識し、自らが存在していると思い込んでいる層から、さらに異なる層へと潜り込み、その層を活用して、既存の層に存在しているものに、異なる存在のあり方を付与することで、社会を拡張しようとする、または私たちが認識している現実を拡張しようとする運動であるといってよい。

それは、また〈外部〉を失うことで、その〈外部〉からの目を通して自らをとらえ、〈外部〉へのブレークスルーと現実社会の更新という進歩や発展を喪失した私たちが、〈外部〉のない〈いま、ここ〉で、そこに深く潜り込むことで、価値平面を多重化し、新たな価値をつくりだし続けていくこと、すなわちある種の「社会のn次創作」をし続けることへとつながっている。

そして、この基盤となるのは、宇野のいうように、私たち自身の他者への想像力であり、それがこの社会を多重にしかも無限に読み替えていきながら、他者との流動的な交流を続けることで、常にこの社会を多重なものとして読み替え、組み換え続ける運動が展開されることになる。これを、宇野は「拡張現実」と呼んでいる(46)。

この他者への想像力に定礎された社会の多重な解釈と創造こそ、〈学び〉によって生み出されるものでもある。そして、この〈学び〉とは、既述のようにコミュニティつまり〈社会〉のあり方と同値されるものであり、この〈社会〉そのものが重層的な構成を取ることとなるのである。

4 〈学び〉=〈社会〉=個人の存在

この〈学び〉が基礎自治体におけるコミュニティつまり〈社会〉として、住民の基層自治組織へと生成されるとき、この基層自治組織つまりコミュニティは、人々の文化的な結びつきこそが、人々の「欲望」を通した「愛」の表現として、新たな地域の経済を生み出す、既存の市場と併存し、その市場を利用しつつ、自らの独自性を担保し、その独自性のゆえに他者と多元的対抗的な関係を形成しながら、新たな価値をつくりだし続け、自らも変容し続けていく、価値の生成プロセス、つまり新たな〈市場〉へと展開することとなる。しかも、この〈市場〉とは既存の市場と併存する新たな層を構成するものであり、このプロセスとしてのコミュニティが構成するネットワークの結び目が基礎自治体として編成されることによって、基礎自治体そのものが、多重化した社会の結び目として、構成されることとなる。ここにおいて、基礎自治体はコミュニティの成員である人々が文化的に結びつくことによって生成される経済活動の〈場〉つまり〈市場〉すなわち関係性のプロセスとして、自ら生成し続けるとともに、社会を重層的に構成するものとなる。この〈市場〉がコミュニティを基盤として、常に相互に媒介しつつ、おのずと生成し、変成し続けることで、既存の市場と併存するもう一つの〈市場〉の構成が多重性として見通されることとなる。いわば、国家を超えた市場の内部にあって、しかもそれは国家の内部にあって、権力を措定しない、価値を創造し続けることを承認し合う自由を認めることで生成され続ける小さな〈市場〉が、多元的、対抗的かつ重層的に、そして普遍的に構成されるのである。

ここにおいて、権力は宙づりになり、その普遍性は否定される。権利は権力によって分配されるものであることを終え、人々によって創造され、人々が〈共〉に保障し合う、しかも常に過剰に次のものへと変化し続ける関係性へとその性格を変えていくことになる。それは、あらゆる規範に対する過剰として表現される、規範権力の再生をもたらすことのない、相互性における過剰な変化つまり多重性をもたらす存在論的不均衡として表現されるものとなるのである。

それはまた、言語化による過剰性、つまり理性の過剰として表現される。常に、個体的な存在が、身体的な「欲望」を通して他者に対する想像力を生み出し、そうすることで〈共〉的に存在しあうというとき、そこには言語の持つ個体間を媒介する力が作用し、人々自らの身体的な「欲望」を関係性へと意識化する、つまり言語化することで、自らを〈関係態〉として措定することへとつながっていく。人々は、自らが他者との〈間〉で生成する意識化された、言語によって過剰に表現される〈共〉的な存在となるのである。この〈共〉的な存在こそが、この社会を多重に読み替えつつ、新たな価値の平面を創造し続ける主体となるのである。そして、権利はこの〈共〉的な存在である人々によって生み出され、保障される、過剰な、常に組み換えられる相互承認の関係性として構成されることになる。

権利が、人々が〈共〉に想像力に媒介されて、創造し、保障しあう過剰な関係性として生み出されるこの〈市場〉は、たとえば消費者が生産過程に関与しつつ、自らの価値を実体化することで構成し、過剰に展開していく新たな市場経済のあり方と通底している[47]。これはまた、坂口恭平のいう「態度経済」とも通じている概念である。坂口は、人々が生き延びようとすることを想像しつつ、徹底した贈与によって、人々が互いに生き延びるような〈市場〉をつくりだすこと、人の感情や知性などの「態度」が組み込まれた「交易」によって、人から必要とされることが生きる技術となるような経済のあり方を「態度経済」と呼ぶ。この「態度経済」においては、「交換」ではなく人と人とが社会に生きようとする「態度」を理解しあいながら、相互に扶助しあう関係つまり「交易」が人々を結びつける〈場〉として構成されることになる[48]。そこでは、価値を実現することの自由が人々相互に承認されつつ、人々がそれぞれに自由かつ過剰に価値を創造しあうことで、価値の〈共〉的な創造が駆動され、新たな〈市場〉が形成されていくことになる。

ここにおいて、基礎自治体は、「生権力」つまり統制・保護の権力としての行政ではなく、コミュニティ相互の結び目にあって、常に住民によって組み換えられ続けることで、自らコミュニティの網の目を豊かに構成していく循環的で構成的な権力へと変成していく。そして、それはまた新たな〈市場〉を構成するものとなるのである。この〈市場〉はその地域の固有のものであり、それが相互にネットワークを形成することで、多元的で多重な、豊かな地域経済を生み出し、そこに雇用をつくりだすことへとつながっていく。

しかも、この新たな〈市場〉が多重なネットワークを組みながら、それそのものが常に組み換わり続けて、過剰性の〈関係態〉として自己を表現し続けるもの、これが国家として再措定されることとなる。市場が国家を超えた時代に、新たな〈市場〉＝〈社会〉がコミュニティの動的ネットワークとして国家を構成しつつ、市場を組み換えていく可能性が見通される。その基盤とは、〈学び〉すなわち言語の過剰性に媒介される関係性のプロセスとしての個人、つまり〈関係態〉いいかえれば〈社会〉的な存在である。そしてそれはまた、近代産業社会がつくりだしてきた「一」なる存在としての自己を、過剰であるがゆえに、多重であり、多重であるがゆえに多層で、そうであるがゆえに過剰な〈関係態〉が常に形成され続けるプロセスとして構成し直すこととなる。私は関係の過剰としての〈社会〉的な自我として自らを構成し直し続ける〈関係態〉として、この社会に存在し続けることとなるのである。そこでは、私の自我とはこれまで述べてきた意味における〈学び〉のプロセスに他ならない。

（1）宇野常寛『リトル・ピープルの時代』、幻冬舎、二〇一一年。
（2）ミシェル・フーコー、田村俶訳『監獄の誕生――監視と処罰』、新潮社、一九七七年など。
（3）トマス・ホッブズ、水田洋訳『リヴァイアサン』、岩波文庫、一九九二年など。
（4）全労連労働総研編『国民春闘白書〈二〇一二〉』、学習の友社、二〇一一年。
（5）松島大輔『空洞化のウソ――日本企業の「現地化」戦略』、講談社現代新書、二〇一二年。同書では、日本企業の現地化が国内の本社を養う形で資金還元があり、それが技術開発や設備投資に回されて、新たな知識産業の形成に向かうとされるが、現状では、このような資金の還元による新たな雇用の創出は進んでいないといわざるを得ないのではないだろうか。しかも、新たな知識部門への投資が進められても、それが従来の製造業のような裾野の広さを持つとは考えられず、大量の雇用を生み出すことは不可能に近い。
（6）金子勝・神野直彦『失われた三〇年――逆転への最後の提言』、NHK出版新書、二〇一二年。
（7）筆者の名古屋大学教育学部における授業での学生レポート（二〇〇二年度）より。

（8）宮崎学『「自己啓発病」社会』、祥伝社新書、二〇一二年など。
（9）ロバート・D・パットナム、河田潤一訳『哲学する民主主義——伝統と改革の市民的構造』、NTT出版、二〇〇一年、二〇六—二〇七頁。
（10）ロバート・D・パットナム、柴内康文訳『孤独なボウリング——米国コミュニティの崩壊と再生』、柏書房、二〇〇六年。
（11）ジョン・フィールド、矢野裕俊監訳『ソーシャル・キャピタルと生涯学習』、東信堂、二〇一一年。
（12）http://www.oecd.org/insights/37966934.pdf（二〇一二年八月一四日参照）。
（13）The World Bank Social Development Family Environmentally and Socially Development Network, *"The Initiative on Defining, Monitoring and Measuring Social Capital: Text for Proposal Approved for Funding"*, June 1998.
（14）ロバート・D・パットナム、河田潤一訳、前掲書、二一二—二一四頁。
（15）ロバート・D・パットナム、柴内康文訳、前掲書、一五六頁。
（16）ナン・リン、筒井淳也・石田光規・桜井政成他訳『ソーシャル・キャピタル——社会構造と行為の理論』、ミネルヴァ書房、二〇〇八年など。
（17）ロバート・D・パットナム、河田潤一訳、前掲書、二一一頁。
（18）社会の自己変容を分析するルーマンの社会システム論そしてその核心をなすオートポイエーシス（自己組織化）をはじめとする社会学がとらえている社会の構成は、基本的には自然権主義を背景に持った個体主義的な社会のあり方であり、社会学がとらえるソーシャル・キャピタルも同様に社会における個体相互の関係性を基本に構成されている。それゆえに、社会は自然権の分配と所有をめぐる静的なシステムでしかあり得ず、そこでは常に所有の権利をめぐる抗争が前提されることで、社会契約のあり方つまり相互関係のあり方が課題化されることになる。つまり、自然権という所与の前提を置くことで、人々はその分配と所有をめぐる争いを繰り広げ、その調停のために、社会契約を結ぶそのあり方がシステムとして構築されるという観点をとることとなる。ここでは、分配と所有のために常に社会契約を結ぶという「関係」性つまり対他者性から自由になり得ないことになる。いいかえれば、常に権力は個人の外部に措定されなければならなくなるのである。この観点については、ルソーの社会契約説においても、超越権力は措定されないが、各個人がそれぞれ対他者性を持って対峙しつつ、契約を結ぶという観点を共有している。しかし、私たちが立ち至っているのはこのような対他者性としての権力が措定されなくなる社会における個人の存在が問われるという状況なのである。

(19) アントニオ・ネグリ、マイケル・ハート、水嶋一憲・酒井隆史他訳『〈帝国〉――グローバル化の世界秩序とマルチチュードの可能性』、以文社、二〇〇三年など。
(20) 宇野常寛、前掲書。
(21) 牧野篤『人が生きる社会と生涯学習――弱くある私たちが結びつくこと』、大学教育出版、二〇一二年。
(22) ホッブズ、水田洋訳、前掲書。
(23) ジョン・ロック、加藤節訳『完訳　統治二論』、岩波文庫、二〇一〇年。
(24) ルソー、桑原武夫・前川貞次郎訳『社会契約論』、岩波文庫、一九五四年。
(25) NHKスペシャル取材班『ヒューマン――なぜヒトは人間になれたのか』、角川書店、二〇一二年など。
(26) マルセル・モース、有地亨訳『贈与論』、勁草書房、一九六二年。クロード・レヴィ＝ストロース、福井和美訳『親族の基本構造』、青弓社、二〇〇〇年など。
(27) ジャレド・ダイアモンド、倉骨彰訳『銃・病原菌・鉄――一万三〇〇〇年にわたる人類史の謎』（上・下）、草思社文庫、二〇一二年。
(28) マルクス、エンゲルス編、向坂逸郎訳『資本論』（一～九）、岩波文庫、一九六九年。
(29) スピノザ、畠中尚志訳『エチカ』（上・下）、岩波新書、一九五一年など。
(30) ネグリ＝ハート、水嶋一憲・酒井隆史訳、前掲書。
(31) ロバート・D・パットナム、柴内康文訳、前掲書。

(32) 東京大学大学院教育学研究科社会教育学・生涯学習論研究室と飯田市公民館との共同調査(二〇一一—一二年度)。
(33) 吉本隆明『改定新版　共同幻想論』、角川ソフィア文庫、二〇一二年、三七頁。
(34) 同前書。
(35) 以上、たとえば牧野篤『認められたい欲望と過剰な自分語り——そして居合わせた他者・過去とともにある私へ』、東京大学出版会、二〇一一年など。
(36) たとえば、東京大学大学院教育学研究科社会教育学・生涯学習論研究室飯田市社会教育調査チーム『開かれた自立性の構築と公民館の役割——飯田市を事例として』(学習基盤社会研究・調査モノグラフ2)、二〇一一年。また同『自治を支えるダイナミズムと公民館——飯田市の公民館分館活動を事例として』(学習基盤社会研究・調査モノグラフ4)、二〇一二年など。
(37) たとえば、宇野常寛、前掲書。
(38) 牧野篤、前掲『人が生きる社会と生涯学習——弱くある私たちが結びつくこと』。
(39) 大澤真幸『不可能性の時代』、岩波新書、二〇〇八年。
(40) 宇野常寛、前掲書、四一四頁。
(41) 日常編集家・アサダワタルの命名による(アサダワタル『住み開き——家から始めるコミュニティ』、筑摩書房、二〇一二年、一四頁)。
(42) アサダワタル、同前書、一四頁。
(43) 同前書、二二—二四頁。
(44) 同前書、三八—四一頁。
(45) たとえば、宮台真司『終わりなき日常を生きろ——オウム完全克服マニュアル』、筑摩書房、一九九五年など。
(46) 宇野常寛、前掲書。

（47） たとえば、筆者がかかわって実践を進めているものづくりプロジェクトＭＯＮＯ－ＬＡＢ－ＪＡＰＡＮの community-based fabrication の試みなど。また、ニール・ガーシェンフェルド、糸川洋訳『ものづくり革命――パーソナル・ファブリケーションの夜明け』、ソフトバンククリエイティブ、二〇〇六年。ニール・ガーシェンフェルド、中俣真知子訳『考える「もの」たち――ＭＩＴメディアラボが描く未来』、毎日新聞社、二〇〇〇年。

（48） 坂口恭平『独立国家のつくりかた』、講談社現代新書、二〇一二年。

第3章　〈学び〉を課題化する社会

1　生涯学習を課題化する社会

「地獄にはご馳走がたくさんあり、長い箸が用意されている。それは長すぎて、自分の口には入れられない。だから亡者たちは、目の前に食べ物があるのに、飢えて争う。これが地獄です。そして天国は地獄の隣にある。天国にもご馳走がたくさんあり、地獄と同じように長い箸が用意されている。そう、実は天国は地獄とまったく変わらない。」「天国では、長い箸で他人に食べさせてあげている。そして自分も他人に食べさせてもらう。地獄の亡者は自分のことしか考えない。だからご馳走を前にして飢えて争う。」（海堂尊『極北クレイマー』下、朝日文庫、二〇一一年、二二八頁）

日本の「社会」が壊れている。

それは、人々が自分の存在を確固たるものとして実感できなくなるという実存の動揺と、人々の価値観が多様化し、流動化することによって、社会的な紐帯が切断され、社会的統合が喪失するという二つの課題が結びつくことで招かれている現象である。そして、この二つの課題の背後には、それらをもたらす三つの大きな問題が存在している。

その一つは、急激な少子高齢化の進展とそれにともなう人口減少、およびそれらが引き起こす国内市場の縮小と経済構造の変容である。日本は今日、高齢化率二五パーセントを超える超高齢社会の中にある。日本の高齢化は、実は近年に始まったものではない。それは、一九七〇年代からすでに進行していた。日本社会は、高度経済成長を謳歌し、先進国に肩を並べた一九七〇年に、高齢化率七パーセントを超える高齢化社会に入り、その後、九四年には高齢化率一四パーセントを超える高齢社会へ、さらに二〇〇六年には高齢化率二一パーセントを超える超高齢社会へと、急速な高齢社会化の道を辿ってきた。そして、それは一九五〇年代の急激な少子化・出産抑制を背景に持っている。一九四七年に四・五ほどあった合計特殊出生率は、六〇年には二・〇にまで低下し、その後、多少の変動はあるが、二〇一〇年には一・三九にまで低下している。その結果、一九九〇年代以降、急激な高齢化が進展するとともに、とくに二〇〇〇年代に入ってからは、高齢化と人口減少が社会的な問題、なかでも社会保障制度の問題として人口に膾炙することとなった。事実、今日すでに日本の総人口（日本国籍を有する者）は減少を始めており、現在一億二八〇〇万人ほどの総人口は、二〇五〇年には八〇〇〇万から一億人に、二一〇〇年には四〇〇〇万から六〇〇〇万人ほどになると予測されている。高齢化率は今後上昇し続け、二〇三〇年代に三〇パーセント、四〇年代には四〇パーセントを超え、その後、高原状態を続けることが予測されている。しかも、高齢者のうち七五歳以上の後期高齢者の割合が今後急速に増えることが予想されており、たとえば、二〇三〇年には首都圏で高齢者が一〇〇〇万人を超え、そのうち六〇〇万人以上が後期高齢者となるといわれる。

このように急速に高齢化し、縮小する社会は、また旧来のような製造業中心の大量生産・大量消費の経済構造に対して、その転換を求めることになる。つまり、日本社会は、少子高齢化によって安価で活力のある労働市場が縮小するだけではなく、そこに人口減少とくに生産年齢人口の急減が重なることで消費市場が急速にしぼんでいく時代を迎えているのであり、旧来の第二次産業中心の経済にとっては、生産・消費ともに魅力がなくなっていくのである。

しかも、これまでの経済発展を基調として設計されている社会保障制度つまり世代間の支えあいにもとづく高齢者福祉を基本とした社会保障制度は、少子高齢化・人口減少そして市場縮小の社会においては、機能不全を起こさざるを得ない。人々の生活保障そのものが危機に直面するようになるのである。

第二は、経済構造の変容または転換である。日本社会は、ここ二〇年間構造的な経済不況に覆われたままである。その大きな外的要因は、一九八五年のプラザ合意以降の円高基調の国際環境だといってよいであろう。このプラザ合意によって誘導された円高ドル安の為替環境は、当時世界最強と呼ばれた日本の製造業に大きな打撃を与えることとなった。つまり、護送船団方式と呼ばれるような国家の庇護の下で、アメリカ市場を中心とした輸出が主導する製造業中心の経済発展の構造から、内需拡大による経済発展へと経済政策の舵を切る必要に迫られ、国内はサービス業中心の大衆消費社会へと大きな転換を進めることとなったのである。その結果導かれた一つの帰結がバブル景気とその終焉による、長期の不況である。

内需拡大型の大衆消費社会においては、人々の個性が煽られ、社会的な価値観が多様化、流動化するとともに、雇用の形態も日本型雇用と呼ばれた終身雇用・年功序列の慣行が崩され、フリーターと呼ばれる新たな就労のあり方が社会的にもてはやされることとなった。また輸出主導型経済発展の終焉にともない、従来、大量の雇用機会を生んでいた製造業は海外への移転を余儀なくされることとなり、国内の労働市場は流動化し、人々の価値観が一層多様化するとともに、終身雇用によって守られていた人々の帰属が失われていく社会が出現するのである。

このような構造変容の動きは、バブル景気終焉後の九〇年代から二〇〇〇年代に入ってもとどまることはなく、社会はさらに個別化、流動化の度合いを深めており、人々の価値観にとどまらず、その実存そのものが曖昧化する社会が生まれているのである。

第三は、行政的な社会システムの転換である。つまり、上記のような大きな構造変容にともなって、日本社会では従来のいわゆる「国」中心の中央集権的社会構造から、「地方」への分権による分散型行政の社会構造へと転換が進められることとなった。それはまた、多様化し、流動化する社会経済構造の変容に対応する行政システムをつくりだすことであり、かつ経済構造の変容にともなって悪化する財政赤字を国民の負担へと転嫁しつつ、国民でありかつ住民である人々を行政参加へと動員する仕組みづくりでもあった。

その基本となるものが、一九九九年から二〇一〇年まで進められた大規模な市町村合併つまり平成の大合併である。この合併によってそれまで約三三〇〇あった基礎自治体は一七〇〇にまで圧縮されて行政区域が拡大された結果、人々の生活圏への行政的な関与が後退するとともに、それまで人々が帰属し、自ら住民として自治に参加していた自治会や町内会が衰退し、人々の地縁的な結合や結びつきが切断される事態が招かれているのである。

この平成の大合併によっても、人々の個別化と社会の流動化が招かれ、人々の帰属をめぐる実存の動揺と社会的な結合の動揺との二つの動揺が招かれることとなったのである。

人々の実存の危機と社会的な統合の危機、この二つの危機に対処するために政策的に重視されているのが、生涯学習である。日本では、政府が、最低限の保障を除いては、国民保護をやめる時代がやってきており、その代替策として進められているのが、地方分権であり、生涯学習と自己責任論とを結びつけ、国民である住民を自発的な行政参加へと動員することなのである。

ここで問われているのは、いわゆる欧米的なキー・コンピテンシー論による市民の社会への参加や就労ではなく、むしろ地域コミュニティに生きる住民がいかにして自らの社会を生きるに値する〈社会〉へと構成し直していくのかということである。そこでは、〈学び〉の概念そのものが、知識や技術を学ぶことだけではなく、むしろ人々自らが生きることをいかにして社会において主題化していくのか、他者との相互の承認関係の中で、いかにして自分をこの社会の構成員として立たせながら、社会そのものを組み換えていくのかという課題とかかわる、自己形成の営みとなる。日本においては、生涯学習は、この〈学び〉をめぐって課題化されているのである。

2 日本における生涯学習政策・行政の動向およびその特徴

1 市場主導型の行政へ——生涯教育から生涯学習への転換

日本では、「生涯学習振興整備法」が一九九〇年に制定され、生涯学習の推進が奨励された。生涯教育の概念と実践が一九七〇年代に導入され、普及が試みられた後、八〇年代の教育改革の過程で、とくに臨時教育審議会において強く主張された学習のサービス化とサービス提供者の多様化、つまり学習の官から民への移譲と市場化が推し進められた。この法律の制定は、このような動きの一つの結節点であった。以下、生涯学習政策が生涯学習の市場化から社会的な統合策へと展開してきたこと、およびそれが実効性を持たないでいることを、社会的な背景を追いながら概観しておきたい(1)。

生涯学習市場化の直接的な端緒は、一九八一年の中央教育審議会答申「生涯教育について」である。そこでは生涯学習の概念は次のように定義されている。「今日、変化の激しい社会にあって、人々は、自己の充実・啓発や生活の向上のため、適切かつ豊かな学習の機会を求めている。これらの学習は、各人が自発的意思に基づいて行うことを基本とするものであり、必要に応じ、自己に適した手段・方法は、これを選んで、生涯を通じて行うものである。その意味では、これを生涯学習と呼ぶのがふさわしい」。そして、生涯教育を次のように概念定義している。「この生涯学習のために、自ら学習する意欲と能力を養い、社会の様々な教育機能を相互の関連性を考慮しつつ総合的に整備・拡充しようとするのが生涯教育の考え方である[2]」。

生涯学習は、一九八〇年代の初頭に、個人の自発的意思にもとづく学習であるとされ、個人が学習する意欲と能力を養うとともに学習の条件を整備するのが生涯教育であると、政策的には定義されたのである。学習が個別化・生涯化されることで、教育概念は行政的には、個人の必要に対応する形で、意欲や能力など個人の内面と深くかかわりつつ、機会の提供・条件の整備という市場化の方向へ歩みを進めることとなった。その後、八〇年代を通して、バブル経済へと向かう好景気に踊らされる日本社会に随伴するように、激しく変化して流動化し、個性を煽られて浮遊する個人を対象として、とくに成人に対する学習機会の供給が政策的に推進されることとなる。その方向を決定づけたのが、一九八七年に最終答申を出した臨時教育審議会（臨教審）である。

臨教審は、変動する社会への対応として、個性重視の原則と学歴社会の弊害の是正を打ち出し、教育改革の方向性を「生涯学習体系への移行」として示すこととなった。そのあり方として「自主的な学習活動」の推進が唱えられ、それは「人々の生きがいや充実した生活につながるもの」とされ、「各人がそのニーズに応じて主体的に学習を進めること」が生涯学習の基本であるとされた[3]。

ここにおいて、生涯学習は、各個人の生きがいや充実した生活という消費的な意味あいを強調されるものとなり、自己決定・自主性・個性などがキーワードとして付与されることとなった。

そして、一九九〇年には、中央教育審議会によって答申「生涯学習の基盤整備について」が出され、そこでは生涯学習推進の留意点として、次のように述べられている。「生涯学習は、生活の向上、職業上の能力の向上や、自己の充実を目指し、各人が自発的意思に基づいて行うことを基本とするものであること」。「生涯学習は、必要に応じ、可能な限り自己に適した手段及び方法を自ら選びながら生涯を通じて行うものであること」。「生涯学習は、学校や社会の中での意図的、組織的な学習活動として行われるだけでなく、人々のスポーツ活動、文化活動、趣味、レクリエーション活動、ボランティア活動などの中でも行われるものであること」(4)。各個人の必要に応じて、自発的意思にもとづいて、個人的な充足を目指して行われ、またそれを奨励するものとして生涯学習がとらえられているのだといえる。その上で、民間教育事業者の役割への期待と行政的な支援の必要性が提唱されるのである。

同年、当時の文部省と通産省とが手を携えて前記の「生涯学習振興整備法」が制定され、生涯学習は、市場を形成し、流通する、極めて個人的な消費的商品として、政策的に位置づけられることとなる(5)。そして、教育行政は、消費的商品としての学習を流通させるための施策を推進することをその役割とされることとなった。

2　個人の自立から社会的統合へ

しかしその直後、バブル経済がはじけ、日本社会は、急激な不況へと歩みを進める。個性が叫ばれ、個人消費が煽られ、人とは違うこと、自らを充足させることが第一とされた狂乱の時代は急速にその勢いを失い、社会が激しくしぼんでいく時代に入るのである。

その後、生涯学習審議会の一九九二年の答申「今後の社会の動向に対応した生涯学習の振興方策について」では、消費的商品としての生涯学習の性格を継承しつつも、そこに「社会の活力」、「ふれあい」や「交流」など、改めて学習が社会と結びつけられるとともに、学習の持つ人と人とを結びつける力を強調する文言が加えられ、またリカレント教育やボランティア活動、青少年の学校外活動など、個人中心の観点から社会に目を向けようとする観点への移行が示されることとなる。同答申はいう。我が国が「社会の活力を維持していくためには、次の世代においても、人々が常に自己の充実や生きがいを目指し、自発的意思に基づき、生涯にわたって学習に取り組むというライフスタイルを確立していくことが望ましい」。「人々は、生涯学習において、仲間と互いに教え合い、励まし合って、学ぶ楽しさや喜びを周囲の人々に広げていくこともできる。生涯学習を、学ぶ人自身の個人としての生きがいとするだけでなく、家庭や職場や地域において、人々が共に学び、協力し、励まし合って生涯学習に取り組んでいくことで、家庭や職場や地域が生き生きと活気にあふれ、充実し、発展していくことが期待される[6]」。

この背景には、バブル経済がもたらした新たな社会状況、つまり社会の分断と個人の孤立化、環境問題や外国人労働者などの内なる国際化の問題など、新たな社会的な課題に対処するために、社会の再統合が求められ始めたという事情が存在する。自立した個人の自己実現とともに社会の再統合が課題化される、つまり自立した個人による社会的統合の再生が生涯学習の課題として浮上してくるのである。

この動きが大きく進展し、個人の自立よりは社会的な統合が改めて前面に押し出されたのが、一九九〇年代後半から二〇〇〇年代に入る世紀転換期であった。それは、地方分権改革の議論が生涯学習政策・行政の位置づけを変えたことによってもたらされることとなった。一九九八年、生涯学習審議会は「社会の変化に対応した今後の社会教育行政の在り方について」を答申するが、それは、社会経済システム改革と地方分権改革の動きが、生涯学習にまで波及したことを示すものであった。この答申は、社会教育を生涯学習行政の一環に位置づけた上で、その規制緩和・分権を唱え、地方自治体の実情に合わせた柔軟な組み換えを可能にしようとするものであり、なかでも、それまで社会教育法体系下で必置であった公民館運営審議会の設置を弾力化し、また民間教育事業者との連携を促すなど、従来の規定の弾力的な運用を提唱するものであった[7]。

さらに、この答申で注目されるのは、地域づくり・まちづくりに地域住民の参加を促すとして、次のように述べられていたことである。「住民の最も身近な社会教育行政を行う市町村は、住民参加の下、地域に根ざした行政を展開する必要がある」。「住民が共同して行う地域づくり活動を支援するなど地域社会の活性化に向け、社会教育行政は重要な役割を持つ。今後の社会教育行政は、住民の個々の学習活動の支援という観点のほか、地域づくりのための住民の社会参加活動の促進という観点から推進する必要がある(8)」。住民の「参加」によるまちづくりに向けて、既存の社会教育行政を再編成・組織化し、それを生涯学習へと連接しようとする指向性が示されたのだといってよいであろう。

そして、このことは翌年の生涯学習審議会答申「学習の成果を幅広く生かす」に、より明確に示されることとなる。同答申はいう。「生涯学習の成果を活用して社会の諸活動に参加することは、個人の喜びであると同時に、社会の発展にとってても必要なこととなってきている」。「生涯学習における生きがい追求が創造性豊かな社会の実現に結びつくようにしなければならない(9)」。個人の自立を基本とした消費主義的な学習が、社会へと結びつけられて、とらえ返されているのである。その上で、同答申は生涯学習における学習成果を、個人のキャリア形成、ボランティア活動、そして地域社会の発展に活かすことを提唱するのである。

3 「平成の大合併」と自治体の再編

一九九八年は、日本の自殺者数が対前年比八五〇〇名の急増を見、以後二〇一一年まで一三年間連続して三万人を超えることになる初年であった。そして、この年をめぐっては、一九九六年から始まった金融自由化いわゆる金融ビッグバンによって、戦時配給制を基本とする日本経済の「護送船団方式」が解体され、九七年には北海道拓殖銀行が破綻するなど、それまでの日本社会を枠づけてきた社会経済秩序が動揺する一方で、地方分権改革が進められ、旧来の利益誘導型の政治・行政から地域住民に対する不利益分配型の政治・行政へと社会システムが切り替えられていく転換点としての位置づけをなし得るものであった。

この転換点に続くのが、一九九九年から二〇一〇年まで続けられた基礎自治体の合体・編入、いわゆる平成の大合併であった。この大規模な合併は、利益誘導・動員型政治の不要化を意味している。民衆意識を動員し、国民経済を発展させるとともに、国家的な凝集力を高めるための利益誘導としての政治が終焉を迎え、一方で国民を国家的な保障から切り離していくこと（＝利益分配の停止）が、他方で国民に増税を基本とする「痛み」を分配し、受け入れさせる政治が求められることになる。不利益分配型社会への移行である。

さらに、グローバリゼーションの進展と不利益分配型社会への移行にともない、たとえば規制緩和の実施によって、地元の商店街がシャッター通りへと変わり、地場産業が衰退し、かつ企業などの中間集団が人々の帰属を保障しなくなり（リストラ、新規採用停止など）、また物質的な飽和社会が出現するなどにより、人々の意識は、個別化しつつ、自らを普遍へと媒介する中間集団を失って、緩やかな全体へと文化的に結びつけられていく傾向を示していくようになる。

一つの「正義」（ロールズ）が支配する秩序だった社会は解体され、多元的な抗争を基本とする社会へと、国内社会が移行していくのである。合意を形成するための分配を基礎とする社会、人々の平等性を基礎とした合理的な財の分配にもとづく安定した社会から、政治に文化と感情が持ち込まれることによる非合理性が前景化され、決定不可能性を基本とする不利益分配の社会へと社会が移行するのであり、社会の不安定化が常態化することになるのである。

経済的な国家の枠組みの変容は、政治の枠組みの変容を招くことになる。それは、端的には、議会制民主主義（いわゆる自由民主主義）の動揺・解体として現れる。政治的な自由主義（人権論など「普遍」的ヒューマニティに基礎をおく）言説と、人民主権的な民主主義（デモスに基礎をおく「境界」の線引きを必然とする）言説との矛盾が激化し、政治が不安定化するとともに、社会の分散化が促されるのである。国家の枠組みや国家と個人との間のさまざまな中間集団において、自由と民主の両者が接合されていた仕組みが解体し、個人が普遍と直結しつつ自由な存在として立ち回るとともに、文化的な同質性をもって異質を排除する不安定で不確実かつ不寛容な社会が到来するのである。

これを回収するのが、劇場型政治として民衆個人と指導者を直結させる政治の個私化であり、かつ自治体における住民の行政への「参加」である。政治の個私化は、指導者と国民一人ひとりを感覚的に直結させつつ、国民の感情を動員する手法であり、従来型の利益分配型政治である政党政治を解体に導き、人々が感情的に不利益を受け入れる仕組みをつくりだすことになる。それはまた、昨今のグローバル化の進展において、国家の為政者が国民をいわゆるグローバル企業へと売り渡すことを、国民そのものが求めてしまうという動きへと直結している。自治体における住民の行政参加は、不利益の分配を、住民自らの「参加」による分配であると意識させる機能を担っている。ここにおいて、政治における理性は後景に退くこととなる。

地方分権とは、基礎自治体に対して強制的に不利益を分配する政治的動きだといってよい。地方交付税や補助金を削減されることで、基礎自治体は不利益の分配を受け入れざるを得ず、自治体においては従来のような地元利益の誘導による動員行政はすでに実行不可能となっている。基礎自治体は合併を繰り返しつつ、住民の「参加」を求めざるを得ない状況に追い込まれるのである。

しかも、合併し、分権化された後も、自治体は不利益を住民へと分配し続けるとともに、財政基盤が脆弱なために、都市内分権（自治体内分権）を進め、住民の自発的な意思による行政参加の建前をとりつつ、行政サービスを後退させ、住民自身の自己責任による穴埋めへと切り替えていく必要に迫られる。基礎自治体は利益の分配による住民意識の動員ではなく、不利益を受け入れさせるために、意識啓発による住民の自発的な参加を求めざるを得なくなっているのである。

4　「生涯学習のためのまちづくり」から「生涯学習によるまちづくり」へ

そして、このような状況に呼応してか、二〇〇四年の中央教育審議会生涯学習分科会の審議経過報告書「今後の生涯学習の振興方策について」では、次のような論理が展開されている。まず、従来の生涯学習が「現在の社会の要請に必ずしも適合していない」として、生涯学習が「社会の要請」に応えるべきものであることが明示される。そして、「生涯学習振興にあっては、個人の需要と社会の要請の両者のバランスを保つことが必要である」と指摘され、続けて「社会を形成する自立した個人の育成が課題であると同時に、自らが社会づくりの主体となって社会の形成に参画する「公」の意識を持つことが重要になっている」と述べられるのである(10)。

その上で、生涯学習が総合行政的性格を持つものであること、生涯学習行政や関連施設・機関の取り組みが社会の要請に応えていないこと、生涯学習関係機関の連携強化と学習成果の活用によって、地域社会の活性化を促すことなどが述べられる。つまり、これまでの「生涯学習のためのまちづくり」から、住民を生涯学習によって組織化し、自治体行政に参加させることによる、「生涯学習によるまちづくり」へと大きく転換する論理が示されているのである。「市町村においては、社会の要請と地域住民全体の多様な需要の双方に対応した学習機会の提供、図書館の整備など地域住民の生涯学習の支援、生涯学習を通じた地域づくり等を、地域住民の声によく耳を傾けることなどにより、地域住民等と協力して、主体的に実施することが期待される」のである(11)。

そして、この論理は、平成の大合併という地方分権の動きの過程においては、「社会の要請」を「当該自治体の要請」へと読み替え、住民の行政への「参加」を促しつつ、住民の自律的な自治への動きを封じ込める一方で、人々の多様な学習を統合して、社会に活かしていこうとする生涯学習が、その手法と内容、より具体的には実践において、極めて細分化された多元的で多様な選択を可能とするものへと、行政的に組み換えられていくことを示している。生涯学習が自己責任論に回収されるとともに、住民各個人の責任において行政参加を進め、社会的要請に応えて、安定的な社会を再構築することが求められているのだといえる。この論理の中では、生涯学習行政は、一行政部局である教育委員会の手を離れ、総合行政として首長部局主導で行われるべきものへと転換していく。このことは、昨今、多くの基礎自治体で、生涯学習を教育委員会の所掌からはずし、総務部や企画部など首長直轄に近い部局の所管へと移し替えていることに端的に示される。そして、この背後で、国政レベルでは、総務省が生涯学習政策への関与を強めてきているのである。前記報告書においても、生涯学習を「日本を作り直そう」などとのキャッチフレーズとともに、国民運動として展開してはどうかとの意見があったことがとくに紹介されている。

その後、二〇〇六年一二月の教育基本法改定、そして二〇〇八年の学習指導要領全面改訂に呼応するように、同年二月には中央教育審議会答申「新しい時代を切り拓く生涯学習の振興方策について」が出されることとなる。この答申は、顕著な特徴を備えたものであるといってよい。つまり、新学習指導要領がOECDのPISA型学力を強く意識した上で、基礎学力の重視と総合的学習を再編した問題解決の「能力・態度」の育成を重視し、その背景に知識基盤社会と持続可能社会という社会観を明示していることとほとんど対応するかのように、この答申でもあるべき社会観として知識基盤社会と持続可能社会が明示されて、それが「知の循環型社会」と命名されるとともに、個人の「学ぶ意欲」を支援するための社会的な施策の展開とその際の留意点が明記されているのである。そこでは、従来の個人の消費的な学習が「個人の要望」としての「変化に対応し、社会を生き抜く力」つまり「生きる力」として括り返され、「社会の要望」とのバランスをとることが第一に重視される。その上で、「学校」「家庭」「地域」が「地域の課題・目標の共有化」にもとづいて、個人の「新たな学習の需要」を掘り起こすとともに、課題の解決と目標達成のために個人の「学習成果の活用」が進められること、この両者の間に循環が形成されることが「知の循環型社会」であると明示されるのである[12]。

自由で自立した個人を前提としていたはずの消費市場型の生涯学習は、ここにきて、「自立した個人」による「自立したコミュニティ（地域社会）の形成」が「持続可能な社会」と結びつけられることで、「自らのニーズに基づき学習した成果を社会に還元し、社会全体の持続的な教育力の向上に貢献する」「知の循環型社会」構築のための方途としてとらえ返されることとなったといってよいであろう。個人の自立的な学習の需要は、改めて地域社会の需要へと包摂されつつ、個人による地域社会の再編・統合が課題化されるのである。そして、この地域社会とは、端的には基礎自治体であると読み替えることが可能である[13]。

さらに、二〇一一年一月に出された中央教育審議会生涯学習分科会「生涯学習・社会教育の振興に関する今後の検討課題等について」では、「学びを通じた個人の自立と「絆」の再構築」が謳われ、それが「地域課題の解決」へと連動する論理の構造が示されるのである[14]。

5　人々の生活の〈場〉としての〈社会〉の生成へ

しかし、このようないわば国家的な要請からなされた「生涯学習によるまちづくり」、端的には、生涯学習を用いた住民の行政参加とそれによる自治体の再統合の試みは、今のところ成功しているとはいい難い。個人の消費的学習から「社会の要請」に応える学習への転換は、消費市場の持つ個別化の圧力の暴走によって、その意図に反して、基礎自治体を解体し続けているのである。

ここで問われなければならないのは、個人の消費的な学習から「社会の要請」に応じる学習へと生涯学習の方向性を政策的に切り換えても、個人を社会へと媒介することはすでに不可能だということである。そこでは、個人と社会とを媒介する「何か」が疲弊し、解体しているのであり、政策としての生涯学習の動員は、それが何であるのかをとらえてはいないということである。本章冒頭で記した地獄と天国とを分ける、目の前のご馳走を、自分の口に入れるには長すぎる箸を使って、他人の口に入れてやり、また自分の口にも入れてもらうための「何か」とは何であるのか、そしてその「何か」がなぜ不在となってしまっているのかを問う必要があるということである。

国のいう「社会の要請」の「社会」とは、既述のように当該基礎自治体と読み替えのできるものであり、政策的にはその読み替えを誘導するものである。それはいわば、普遍的な社会概念を基礎として、行政的・制度的に普遍的な内実を持つものであるといってよい。

しかし、個人という具体的な実存を社会という抽象的かつ普遍的な、または行政的な空間・組織概念へと媒介し、個人がその社会の中の実存、つまり国民でありまた住民である抽象的な実存として位置づきつつ、求められる役割を担うためには、個人を抽象・普遍へと媒介する、いわば自己を社会的存在としてそこに十全に位置づける具体的な〈社会〉が必要となる。個人を社会へと媒介する「何か」とは表面的にはこの〈社会〉のことである。しかし、個別具体的な存在である個人にとっては、それだけでは不十分で、この〈社会〉を可能とする、つまり自他の相互承認と相互扶助を可能とする「何か」、すなわち〈社会〉の基礎となるべきものこそが問われなければならないのである。

この〈社会〉とは、家庭や企業そして地域のコミュニティなど、人が人と交わりつつ、顔の見える暗黙の信頼関係を形成し合うことのできる〈場〉、つまりいわゆる中間集団である他はない。この中間集団が解体し、消失することで、人々は自らが十全に位置づくべき〈社会〉を失い、その存在の曖昧さに苛まれ、自己であることに疲れ、かつ社会に生きようとはしなくなる。このような〈場〉の解体は、人々を均質な価値としての普遍性つまり国民へと形成することとその人々を住民として社会に位置づける機能をこの社会が失うことを意味している。この社会では、内面の自由の表面的な拡大とは裏腹に、人々に自由の放棄を迫り、人々を自己責任論に絡め取ることで、自分をこの社会に十全に位置づけつつ、自分の存在を他者との関係の中で認識する、他者とともにある存在として自分をとらえる術を人々から奪うことになる。ここにおいて、国家の信念体系も解体し、かつ人々は労働という極めて社会的な行為を通して自らをこの社会に位置づけることもしなくなる。そこでは、自由の争奪戦が、自己責任の名の下で繰り広げられることになり、孤立した個人が対峙し合う、不機嫌で不寛容な社会が出現する。

このような社会では、自立は孤立の別名となり、まるで人に頼ることはいけないことであるかのような錯覚が支配することになる。そして、人々は「意味」に支配され、「意味」を見出せないことで、自分がこの社会に生きていることの感覚を失っていく。生きている意味、存在意義、働く意味などなど、人々は「意味」にがんじがらめにされ、自分の存在そのものがそのものとして「ある」という、もともと自明であるはずの感覚を奪われていくのである。

ここで忘れられているのは、自立とは本来、頼り頼られる関係をつくることができるということであり、孤立こそが「意味」への依存を招くという平明な事実である。この頼り頼られる関係を体現していたのが、もともと人々が住んでいた〈場〉であり、その基底には、互いに頼り頼られるための他者に対する「想像力」が存在していたはずである。

この意味では、目の前のご馳走を長い箸を使って他人の口に入れてやり、自分の口にも入れてもらうための「何か」とは、自分が自立するためにこそ他者を必要とし、他者に頼り、他者から頼られることで、自分は自分を認識しつつ、他者に支えられてこそ自立できるという他者への信頼と、その信頼を支える他者への「想像力」なのだといえる。今問われなければならないのは、地獄である社会を天国である〈社会〉へと媒介すべき〈場〉のありようであり、その〈場〉の基底となるべき「想像力」によって定礎される、人と人との関係の再構築なのだといえる。それはまた、「社会の要請」というよりは、個人の存在から発する必要が、そのまま他者との間で公共性を生み出すような、人々の生活の〈場〉の論理の再びの生成を求めているのだともいえる。

このことは、次のようにいってもよいであろう。従来の政治の枠組みにあって、国家の枠内で強制的に接合されていた自由と民主、つまり「境界」によって担保されていた「普遍」という関係が、人々が国家的な不利益分配を受け入れつつ、自らの住む地域に対して自発的に貢献しようとする住民意識と感情を発露することによって、いわば「境界」内の多元的対抗性にもとづく「普遍性」へと新たに生成する契機をとらえることの可能性を問うこと、このことが求められているのだと。その時の鍵となるのは、自治体の不利益を利益へと再創造する多様性の対抗性、つまり利益創造において相互対抗的に地域への感情を動員する主体が住民として形成されることであり、そのことの人々の生活の地平における論理である。「境界」によって敵対的関係をつくりだすのではなく、「境界」内を多元的対抗性として構築し、利益創造に向けた新たな住民の民主主義、つまり新たな「普遍」を鍛え続けることの可能性である。

その基礎は、構造改革が破壊した中間集団としての家庭や働く場所、市場化によって失われた学校の存在する〈場〉であり、そして平成の大合併によって解体が進められた自治体の基盤の再構築である。つまり、「普遍性」を担う多元的対抗性を担保する〈場〉である基層自治組織の住民自身の手による生成が求められるのである。それはまた、家庭や働く場所その他の帰属の場を失った後に、人々が自分の実存を担保するために他者との関係を形成する〈場〉の再構築でもある。それは、人々の実存を改めてつくりだすことにつながっている。そして、この〈場〉の構築にこそ、地域コミュニティにおける生涯学習の実践が深くかかわっているのである。

基礎自治体のさらに基層にある自治組織のあり方をとらえることで、生きるに値する〈社会〉をいかに生成していくのか、その方途が問われているのである。

3　基礎自治体の疲弊と自治組織の解体

1　町村合併の歴史

日本は近代国家を形成する過程で、明治以降、行政組織としての町村を編制しつつ、その合併を繰り返してきた。明治政府は新たな国づくりに際して、それまでの民衆の生活の単位であるいわゆる地縁共同体を再編して、大区小区制を敷いたが、民衆の反発は激しく、一八七八年に今日の市町村制につながる郡区町村編制法を制定して、地縁共同体を基礎とする町村を行政の基本単位として整備し、郡制を敷くとともに五町村程度を管轄する戸長役場を置いた。この時点で、日本の地方行政は府県―郡役所―戸長役場―町村という四重構造をとることになる。その後、一八八八年には市制・町村制を公布して、町村合併を促し、基層の行政組織を整理するとともに、民衆を地縁共同体から引き剝がし、国家的な管理の下に収めるための施策を採用する。その結果、町村数は七万一三一四から一万五八二〇へと減少することとなった。この町村はまた、全国的に展開された小学校の設置単位つまり校区と重ねられていた。府県―市―町村という現在の地方自治行政の基本となる地方行政系統の構築と民衆を国民へと育成する小学校すなわち国民教育機関の設置とが重ね合わされる形で、新たな国家は形成されていったといってよい。当時の町村は約三〇〇戸から五〇〇戸の規模であった。

その後、合併は繰り返されるが、太平洋戦争までは基本的にこの体系が維持されることになる。一九四五年の太平洋戦争敗戦直後には、市二〇五、町一七九七、村八八一八であった。

戦後、新たな近代国家として再出発を迫られた日本は、地方行政制度の変革に着手する。それが、一九五三年に町村合併促進法が制定されて進められた「昭和の大合併」である。「昭和の大合併」は、戦後改革において、新制中学校の設置管理、社会福祉・保健衛生の市町村事務化、市町村消防・自治体警察の創設など、いわば住民生活の基盤を整備する諸事務が自治体の役割とされることにより、新制中学校の設置単位である人口八〇〇〇名を基本とする自治単位つまり町村を創設し、効率的に行政事務を処理することを目的としていた。戦後の改革では、国民教育制度が九年制に延長されたが、新たな国家の建設においても、校区（中学校区）が行政組織の再編の基本的な単位とされたのである。その後、一九五六年には、さらに町村数を三分の一とする新市町村建設促進法が施行され、全国的な合併が進められた。

その結果、一九五三年に九八六八あった市町村は、一九六一年には三四七二となり、約三分の一に縮減された。その後、高度経済成長がもたらす都市化に対応し、また新たな産業都市の形成を促すための合併特例法が一九六五年に制定されるなどの動きがあり、大規模な市がつくられるなどしたが、基本的には昭和の大合併がつくりだした枠組みが維持されてきたといってよい(15)。

明治以降、「平成の大合併」までの日本の地方行政制度は、国民統制の行政体系から、地方公共団体をつくりだし、団体自治を住民によって進める行政体系へと、戦後改革を機に大きく転換するが、その基本は民衆を教育して強固な国家意識を持ち、国家的な発展とくに経済発展と自らの生活の向上を一体のものとしてとらえる、勤勉な労働力であり、かつ旺盛な消費者である国民を育成し、管理する制度として形成され、また運用されてきたといってよい。それはまた、産業革命以降の大規模な工業生産を基本とする経済発展モデルと、それを基盤にした国家モデルを基礎に、民衆を画一化し、均質化する、つまり国民として育成しつつ、その生存と福祉を保障するための行政体系であったといってもよいであろう。

2　基層自治組織と利益誘導・分配の政治

他方、このような民衆の国民化つまり国家への求心力を高めるための地方行政すなわち自治の制度であっても、私たちの日常生活において町内会や自治会という組織が身近であり、その役を担うことが求められたりするように、そして町内会や自治会を通して市町村という基礎自治体の広報やさまざまな行政サービスが提供されるように、住民の中にいわば擬似地縁共同体とでも呼ぶべき組織を形成しなければ、自治が十分に機能しないのも事実である。そして、この町内会や自治会という居住地に即して組織される擬似地縁共同体は、また、明治期の町村と同じように多くは小学校区を基礎単位として組織され、そこに子供会や青年団・女性会（婦人会）、老人会（老人クラブ）という年齢と性別に応じた地縁組織がつくられ、さらに消防団などの自主防災組織が設置されるなどしている。国民が住民として地域コミュニティの自治的な諸活動を展開することの上に、はじめて地方行政つまり自治制度が機能する構造がとられているのである。また、農山村では、その基本単位は、小学校区よりも狭い地縁的な居住区で、神社や寺院など民衆の生活感覚により近いところが拠点化されて、その地縁共同体的な性格が強固に維持されてもきた。この意味では、日本の地方行政すなわち自治制度は、いわゆる近代的な国家システムとしての地方公共団体、つまり自治体制度と旧来の地縁関係に定礎された地縁共同体的な住民の自治組織の二重の構造をとることで、機能してきたともいえる。

そして、近代国家建設の過程で、後者の地縁共同体的な自治組織が、たとえば経済発展による住民の流動化によって、また貨幣経済の農山漁村への浸透と市場化の進展によって、さらには学歴社会の形成による階層上昇への欲求の強まりと実際の社会階層の流動化によって、徐々に解体することとなった。これに対して、基礎自治体がその潤沢な財政を背景として、住民サービスと福祉の拡充を進めることで、これら擬似地縁共同体の解体の穴埋めをし、地域住民に手厚い行政サービスを提供することで、住民の基礎自治体への求心力と国家への求心力を維持してきたのである。いわば、自治体行政が、地縁共同体的な自治組織を下支えしてきたのである。それを支えてきたのが、いわゆる補助金行政である。

近代産業社会の発展を基礎として、経済発展が生み出す潤沢な財政を背景に、利益誘導と分配のシステムとしての地方行政制度が機能してきたのだといってもよいであろう。

3　不利益分配の政治へ――「平成の大合併」の性格

しかし、「平成の大合併」と呼ばれる合併は事情が異なる。経済のグローバル化にともなう日本社会の構造改革によって、また少子高齢化の急速な進展という人口構成の急激な変容によって、さらには社会の大衆消費社会への移行にともなう価値観の多様化と経済のサービス化の進展によって、従来のような産業社会における大量の若年労働力の確保と巨大な国内市場の形成が不要化し、かつそれらを保障し得る条件が日本国内から消えるにともない、政府が国民を保護し、福祉を拡充することに対する熱意を急速に失ってきている。加えて、経済構造の変容が導く税収の急激な落ち込みと膨大な財政赤字の恒常化が、政府の福祉領域からの撤退を余儀なくしている。このような社会構造の変容によって、利益分配のための地方行政制度を保障する意味と客観的な条件が崩れ始め、従来の行政システムに替わる効率性と自己決定・自己責任を基本とした広域的な行政システムの形成が国主導で進められることとなった。市町村合併に先立って進められた消防・警察および福祉・保健衛生の広域化、そして合併にともなって急速に進められている学校の統廃合がそのことを如実に物語っている。これが「平成の大合併」だといってよい。福祉・保健衛生・安全・教育という人々の生活そのものに直接かかわる行政領域の効率化、つまり行政的な負担軽減が目指されているのである。しかも、合併によって従来の基礎自治体の中心にあった役場は支所へと再編され、自治体行政が職員の数と地域住民への関与という目に見える部分も含めて、住民から疎遠となり、住民の自治体への求心力が低下していくことになる。

「平成の大合併」では、これまでの合併のみならず、従来の日本という国のつくり方とはベクトルが逆になったのだといってよいであろう。民衆を国民化し、国家への求心力を高めるとともに、勤勉な労働力であり旺盛な消費者である人々をつくりだすための学校教育が国家システムの基本単位であることはなくなり、学校とくに小学校の統廃合が進められて校区は広域化され、従来の地域コミュニティの文化的な紐帯が切断されるだけでなく、都市部においても、通学区の自由化つまり校区の解体が進められることで、学校（校区）は住民の自治単位ではなくなり、人々はともに住んでいるという感覚を失っていく。さらに、生活にかかわるさまざまな行政サービスの合理化が進められることで、住民は自治体への求心力を低下させていくのである。

その上、すでに疲弊している擬似地縁共同体的な自治組織に対して、従来のような行政サービスによる補塡がなされなくなることで、住民の地域コミュニティへのかかわりが薄くなるだけでなく、必要とされる行政サービスが住民生活の末端まで行き届かなくなることが起こり得るようになる。「社会」が溶解していくのである。

不利益分配の政治が発動され、地方分権の名による負担の押しつけが住民に対してなされるようになったのだといえる。そのため、「平成の大合併」では、合併を行う自治体が、どのようにして住民生活を保障し得るのか、そして住民自身が自治体の負担を軽減しつつ、いかに自覚的により自治的な市町村をつくりだしていくのかという点が問われざるを得ない。しかし現実は、自治のあり方についてのコンセンサスを基礎自治体レベルで得ることは困難で、現在のところ、どの自治体も合併に成功しているとはいえない状況にある。

4 システムからプロセスへ

1 人々の生存を「存在」において担保する〈社会〉

住民自治組織の解体と基礎自治体の疲弊化は、過疎地域において顕著であるが、それはまた、人口の流出先である大都市における人口集積地区とも地続きである。長引く不況と経済構造の変容により、いまやいわゆる非正規就労者は全雇用者の五分の二、一七〇〇万人を超え、失業率は五パーセント前後に高止まりし、新規大卒者の内定率は八〇パーセントにとどまる。基本的な経済生活の保障がない中で、人々が自らの居住する地域コミュニティを自治的に治めることは不可能であり、都市部における町内会などの自治組織の疲弊も著しい。さらに、雇用の喪失や生活・地域自治の疲弊による人間関係の切断は、人々とくに勤労者に自らの存在への確信と相互承認関係を喪失させ、自殺者数の高止まりを招いている。

このような住民自治組織の解体は、基本的にはその基礎にあった地域の地縁的な関係が切断され、また崩れていることに起因する。それはまた、過疎化と高齢化という昨今の日本社会で急速に進展している社会構造の変容と無縁ではなく、それが農村や中山間村といわず、都市部においても現象化し、社会問題化しているところに大きな特徴がある。一時、人口に膾炙した限界集落のみならず、都市部で急速に高齢化し、人口の減少を見せている「旧」ニュータウンや団地、さらには都市近郊の「旧」新興住宅地などがその一例である。すでに「限界団地」なる言葉も使われ始めている。

これらの地域では、すでに青年団、女性会（婦人会）、子供会などの地縁団体は壊滅状態であり、自治会・町内会などの自治組織や老人クラブなども機能不全に陥り、また解消されてしまったところも多々存在する。その上、青年団や女性会（婦人会）が消えた時点で、自主防災組織である消防団も姿を消しており、災害時の初動態勢が不安視されてもいる。生命に直接かかわる事態に、近隣による第一次的な救助活動が行われ得ない危険があるのである。

私たちは、人々の生活を保障し、その生存を「存在」において担保する新たな〈社会〉の創造を迫られているといってよい。

2　生涯学習による多様なアクター育成と自治体再編

ここで問われるべきは、地域コミュニティの持つハードウェアの大規模な組み換えや資源の再配分ではなく、住民である人々の相互承認関係を基礎に、人々が自らこのコミュニティにきちんと位置づきつつ、役割を十全に果たすことを通して、自らの存在の対他性を他者との〈関係態〉としての自己へと組み換えることで、常に他者との相互媒介を基本とした新たな価値を創造し続けるプロセスとしての〈社会〉が構築されることの可能性である。このような地域コミュニティの変容によって、経済的な営みそれ自体が、人的な関係を媒介として、人々の相互承認関係にもとづく信頼と信用に定礎された新たな市場をつくりだし、また生産における地域住民の相互援助と相互扶助を実現しつつ、人間関係に定礎された生産活動を生み出すことへとつながっていく。幾重にも重なり、結びつきあったさまざまなネットワークからなる気遣いと見守り、そしてそこから生まれる信頼と安心が、新たな市場を構成する、より動的で生産性の高い経済プロセスへと地域コミュニティを組み換えていくことになるのである。

これはまた、地域コミュニティそのものが人々の「存在」を基礎とした動的で常に組み換わるネットワーク、つまり動的なプロセスとして平衡状態を保つ仕組みへと組み換えられていくことへと通じている。新たな〈社会〉の一つの姿がここにある。

たとえば、筆者がかかわりを持っている飯田市は、公民館を基本とした豊かな社会教育実践の歴史と実績を持つ自治体である。もともと合併町村であった飯田市は、合併後も、旧町村の自治単位に公民館を設置し、専門職としての主事を配置するとともに、住民による学習を組織して、住民による学習活動の実践だけでなく、住民による地域のまちづくり実践の展開を保障するなど、極めて高い都市内分権のあり方を実現してきた。

しかし、既述のような社会的・経済的な構造変容は、飯田市の社会教育にも大きな影響を及ぼし、従来のような社会教育行政と実践の継続では対処しきれない問題をもたらしている。そこには、飯田市も例外ではない、地域の地縁組織に支えられた住民自治組織の疲弊と解体が存在している。この問題を解決するために、従来のような極めて強固な地域自治に支えられる公民館活動を基礎とした社会教育の実践と地域社会のあり方から、より柔軟な多様性を持った地域住民の組織との連携によって、旧来の住民の自治組織に代わる住民の自治をつくりだす方向性が模索されている。そのためにこそ、公民館を中心とした社会教育が地域住民との連携を強化し、新たな地域コミュニティのアクターを育成していく中核的な役割を担うべきだとされるのである。しかし、それは、いまだ模索の段階にある。[16]

この試みでは、疲弊し、解体していく旧来の自治組織に代わって、住民の自発的な意思にもとづく新たなアクターとしてのボランティア組織やＮＰＯなどの組織が、人々を新たに結び直し、自主的で自律的な〈社会〉を生み出す可能性が模索される必要がある。しかし、それはまた、旧来の自治組織が解体した欠落を、いわばジグソーパズルのピースを取り替えるように代替する新たなアクターを準備するイメージに近い。しかも、新たなアクターはあくまで住民の自発的な意思にもとづく自主的自律的でかつ目的志向的な組織なのであり、旧来の地縁共同体的で網羅的な自治組織を代替し得るのかどうかは不明である。新たなアクターが旧来の自治組織を代替し得ない場合、地域コミュニティそのものが機能不全を起こす可能性も否定できない。この意味では、新たなアクターの育成による地域の再生という方途は、従来の静的な資源配置のためのコミュニティ・システムを前提に考えられているものだといえる。

3　動的イメージとしての「公民館」と地縁結合

しかし、飯田市の公民館活動をより住民生活に近い「地場」でとらえると、かなり異なった様相が見えてくる。飯田市は、合併を繰り返してできあがった、人口約一〇万人の地方の中堅都市だが、市内には旧合併町村ごとに公民館が合計二〇館設置され、さらに連絡調整館として飯田市公民館が設置されている。旧合併町村地区ごとに設置されている公民館は地区公民館、飯田市公民館は市公民館と呼ばれているが、それぞれの館は相互に対等であり、さらに以下のような原則が確立されている。つまり、①地域中心の原則、②並列配置の原則、③住民参画の原則、④機関自立の原則である。ここでは詳述できないが、飯田市の公民館制度の特徴に照らして解釈すれば、この四つの原則は、①地域中心の原則を頂点として、それぞれが直前の原則を保障する関係の体系をとっているように構造化されている。つまり、④機関自立の原則が公民館の位置づけにとってきわめて重要な土台として機能することで、③公民館の運営と地域課題解決のための学習や実践への住民参画が保障され、それが②並列配置つまり地区館それぞれが住民によって支えられる、行政的には相互に対等な位置づけを与えられる自立した館として運営されることで、①地域課題に真正面から向き合いつつ、地区の自立性を高度に保つ公民館のあり方として、各地区に深く根ざした活動を展開することにつながるという関係の構造である。

そのために、飯田市では、市の職員を公民館主事として派遣し、各地区の住民とかかわりながら、地域の課題を住民とともに解決し、また地域のさまざまな行事を住民とともに行う職員を育成している。これは、市職員の公民館化と呼ばれ、公民館主事として、地区住民の中で地域課題への接近力を身につけた職員が、主事の職務を終えて改めて市の職員として行政に携わることで、市行政が市民の生活課題への接近力とその解決力を高めることが期待されているのである。

それゆえに、飯田市では、旧来、各地区においては、市の自治を支える地域住民の自治組織としての自治会の系列と住民の学習や地域課題解決の実践を担う公民館の系列の、いわば二つの行政系列が併存する形で、相互補完的に各地区の住民自治を担ってきたという経緯があった。図式化していえば、市行政と密接なかかわりを持ちながら、行政事務を請け負いつつ、住民が自治的に地域を治める自治会系統と、住民の生活課題を生活の現場において、住民と行政とがともに考え、解決する実践を進めていく公民館の系列とが、相互に補完し合う形で飯田市の住民自治を支えてきたのである。

しかし、平成の大合併の動きの中で、飯田市も新たに周辺町村を合併するとともに、広域化する市域を住民の自治によって治めるために、都市内分権を進めることを余儀なくされる。飯田市は、二〇〇七年に新たな地域自治組織を採用し、「地域自治区」と「まちづくり委員会」の二つの組織による地域自治のあり方を構築しようと動き始めることになる。

「地域自治区」は、市行政の出先である「自治振興センター」と住民からの公募委員によって構成される「地域協議会」が設置され、両者が協力しながら、各地区の行政事務を行う行政組織である。「まちづくり委員会」は、旧来の自治会を改編して設置するもので、地域振興委員会・生活安全委員会・健康福祉委員会・環境保全委員会などの委員会が設けられ、そこに地区のさらに基層にある町内会レベルの役員が参加することで、地区の課題を住民の自治的な活動で改善しようとする組織である。そして、ここに公民館が、それまでの組織体系を変えることなく、公民館委員会として加えられることとなった。

この意味では、公民館とは、施設や職員という制度ではなく、まちづくり委員会という住民組織の一委員会、つまり組織として位置づけられることとなったといってよい。しかも、公民館には文化委員会・広報委員会・体育委員会・青少年健全育成委員会など住民参加の委員会があり、地域の地縁結合に根ざしたさまざまな住民相互の交流を進める活動が行われていた。飯田市の住民はそれを総称して「公民館」と呼んでいたのであり、公民館とは、単なる施設や職員または学習の機会保障の場という制度ではなく、むしろ人的な組織や団体さらには活動そのものがイメージされていたといってよい。

そのため、公民館が行政的に「まちづくり委員会」に組み込まれることで、市行政との密接な関係を持って運営されていた自治会の機能に、ボトムアップ的な公民館の機能が整合的に収まるのかという問題とともに、公民館の自立を原則とする機能が制約を受けることになるのではないかと懸念された。しかし、反面、公民館が「まちづくり委員会」に組み込まれることで、自治会の機能をボトムアップ的に組み換えて住民自治を強化し、それが「地域自治区」と新たな相互補完的な役割を担うことが期待されもした。

このとき、課題となったのが、公民館が立脚していた地域の地縁結合をどのように新たな開かれた構造へと組み換え、住民の地縁的結合と新たなアクターによって担われる人的ネットワークとをどのように融合して、地域の自立を担う自治をより高めていくのかということであった。この課題を考えるとき、住民の自発的な意志にもとづく、課題対応型の新しいアクターであるＮＰＯやボランティア組織が公民館とかかわりを持つことが重要となる。つまり、これら新たなアクターは、公民館とかかわりを持つことによって、「まちづくり委員会」に対して発言力を担保すると同時に、地縁的な結合に制約されることのないいわば自由で自立した組織として、地区の枠を超えたより広いネットワークの中で地域課題を考え、その解決のために活動することで、それを改めて「まちづくり委員会」へと還元し、その地域をより自治的に構成していくことができるものと考えられる。

ここでは、公民館は旧来のような組織や団体さらには学習・実践の場というだけにとどまらず、新たに動的なネットワークの結び目というイメージを獲得しつつ、旧来の地縁的結合を基盤とする地域社会に、地縁結合を維持しつつも、新たなネットワークの構造を持ち込むことで、流動性を持たせる機能を得ることになる。社会変動に対応し得る地域コミュニティをつくりだす核として、公民館が機能することになるのである[17]。

4　動的結合態としての「公民館」

しかも、このような公民館の新しいイメージは、各地区のさらに基層部分に置かれている公民館分館により顕著に見ることができる。飯田市では、地区館が置かれている各地区のさらに基層部分に公民館分館が置かれており、その数は一〇三館に及ぶ。分館が置かれているのは、区と呼ばれる住民の生活圏であり、それは基本的に明治以前に形成されていた自然村を一つの範囲とし、神社合祀以降の分社や寺院を核とする住民結合の区域である。この区はまた、住民そのものの結合体として、山林や田畑その他の財産区を持っているところが多く、一つの独立した事業体という性格をも兼ね備えており、住民による自治的な管理が行われる場でもある。明治以降の近代国家建設の過程で、日本はこの生活圏を活用しつつ、自治による管理のシステムを構築してきたといってよい。分館と呼ばれる施設は、この区の住民が自ら持つ財産の一つでもある。

しかし、分館は施設であるだけではない。この分館で、地域住民は自治の会合である常会を行い、子どもたちが、神社の祭礼に奉納するための獅子舞の稽古を行い、人形浄瑠璃の保存会を組織し、高齢者との交流会を行い、地元の食材を活かした弁当やもてなし御膳の開発を進め、消防団や壮年団の会合を開き、自治組織の役員選挙を行うなどしている。地域住民にとっては、分館とは自らの生活の拠点であり、地域住民相互が交流する場であるだけでなく、地域で行う事業そのものであり、地域住民の交流という営みそのものなのである。

彼ら住民が「分館」というとき、それはこのような事業や活動そのものとしてイメージされているのである。

しかも、住民は、この分館において実践や活動を進めることで、自分の住む区への認識を深め、住民相互の交流を通して、自らの区における役割を認識し、自ら進んで分館の館長や役員を引き受け、人と交わることに楽しみを見出していく。その活動においては、住民は常に他者との関係において自分が新しい役割を担い、他者から認められ、区において自らが新たな自分へと生まれ変わり、他者も自分との関係において、新たなその人へと生まれ変わっていくことを強く実感している。

区の活動は、一見、地域における年齢の序列にもとづいているもののように見えるが、その実、具体的には地域の若手リーダーを抜擢し、育て上げるための区独自の仕組みを持っていたり、地場産業を組み換えつつ、人々の生活を豊かにするための取り組みであったりする。分館の館長をはじめとする役員は、地域のリーダーとなるべく選ばれた人々が担うものであり、しかもそれは区の常会役員だけでなく、地区のまちづくり委員会の役員への道が開かれたものとして置かれている。

この公民館の活動において、役員が発案し、住民に諮り、行われる行事は、また住民が提案し、修正し、納得した上で、総出で支援するものでもあり、そこには年齢や性別を超えた、住民相互の承認関係にもとづく、自己の存在と他者の存在の新たな生成とそれがもたらす新たな関係の構築が見通されているのである[18]。

区の住民にとっての「分館」とはまさに、このような動的なものなのであり、そこで行われる文化展や住民運動会、お花見やお祭りといった行事やイベントは、常日頃目に見えない住民相互の承認関係と新たな自己の生成という、自分が動的に変化していくことを、顕在化し、意識化させる営みなのである。「分館」とは、こうした住民自治の営みの場でありながら、そのような住民自治の営みそのものでもあるという、区の住民の動的な結合態なのである。

それは、区住民の〈学び〉を体現するものなのだといってよい。ここにおいて〈学び〉とは、単に知識や技術を身につけ、自らの潜在能力を開発するという意味におけるものではない。それはむしろ、他者との関係において常に自己が新たに生成していく、その感覚を得ながら、自己を新たにしていくためにこそ、常に他者との相互承認関係を求め、それが他者とともに新たな〈社会〉をつくりだしていく強い駆動力を持つこと、その営みをいう。

5 〈贈与―答礼〉の動的プロセスとしての〈社会〉

1 〈学び〉としての〈社会〉

重要なことは、これらの事例が「知」をめぐる〈贈与―答礼〉の過剰な循環を生み出し、それが人々の生きる〈社会〉を構成しているという知見を導いていることである。たとえば、筆者が飯田市公民館調査から得た知見は、「公民館」とは住民にとっては、施設や職員という制度であるだけでなく、自らが学ぶ行為であり、他者との交流の中で自分を新たに生み出す営みであり、それを促す事業であり、そしてそれらが展開されている関係であるということで

図1　地域における人の形成

ある。それゆえに、公民館が行うイベント的な事業は、常にこの見えない自分と他者との関係を顕在化させ、「公民館」を自らの生活において確認する営みとなっている。ここでは、「公民館」とは、住民にとっては、〈学び〉を通した新たな自己の生成と過剰な循環を促す〈社会〉なのである。それゆえに、そこに人々が巻き込まれることで新たな〈贈与―答礼〉の関係が生まれ、その活動を通して、さらに地域社会の交流が促され、地域社会が動的に組み換えられていくのである。そこでは、地域リーダーの育成と世代交代が、これらの行事の担い手の育成を通して、スムーズに行われていく。この過程で、地域住民の誰もが、自分が他者との関係の中で常に新たな自分へと転生し、それがさらに自分を地域活動へとコミットさせていかざるを得ない、いわば「自己への駆動力」を獲得しているのである。それを図示すると図1のようになる[19]。

これら基層自治組織の観察を通してとらえられるのは、次の事実である。人が〈学び〉の営みを繰り広げるとき、そこに他者との無償かつ無上の〈贈与―答礼〉関係が成立し、その関係の中で、自分が他者との間に開かれることで、自分が新しく立ち上がり、それを発見して驚き、自分が生まれ続けてしまうことを抑えきれなくなるようにして、自己への駆動力を高めていく。そして、それそのものが〈学び〉だということである[20]。

この試みから生まれる〈社会〉のイメージは、以下のようなものである。すでにあるものとしての自己を認識つまり享受し、所有するのではなく、生成し続ける自由を相互に承認し続ける関係、つまり自らが生成し続けることで過剰に自由であり続けるような学習的な存在、すなわち他者への「想像力」を豊かに持った、自らを過剰に〈わたしたち〉として生み出し続ける〈わたし〉の生成とその〈わたし〉によって構成される〈わたしたち〉の関係、である。

これを図示すると図2のようになる。

2 〈学び〉が課題化される社会

ここにおいて「知」は分配され、再配置されるものではなくなり、自由も分配され、享受されるものではなくなる。人はこれまでのように普遍的な国民として社会に配置され、その位置において自らを他者を通して認識し、その存在の十全性を感受するのではない。人は自ら生成し、変化し続けることで、「知」を生み出し、常に他者とかかわりつつ、「知」を伝達し、組み換え、自己を〈関係態〉として組み換えていく、そうすることでこそ、改めてこの〈社会〉を構成するものとして、自ら生成する〈わたし〉となる。〈学び〉はこの生成する新たな自己の存在そのものであり、ここにおいて、人々は〈社会〉そのものとして自らを立ち上げることとなるのである。

このことはまた、個人の生活という私的領域が、政策課題という公的領域の対象になりながらも、そこに他者との関係つまり〈社会〉における主体の生成というわば〈共〉的な領域が新たに介在することで、私的であることがすなわち公的でもある新たな圏域を人々の生活の「地場」において構築すること、つまり従来の分配を基本とした静的な社会の構成を、生成を基本とした動的な構成へと組み換えていくことを意味している。ここに、〈学び〉つまり生涯学習が課題化されるのである。

それはまた、動的であることで平衡状態を保ち得るプロセスとしての〈社会〉

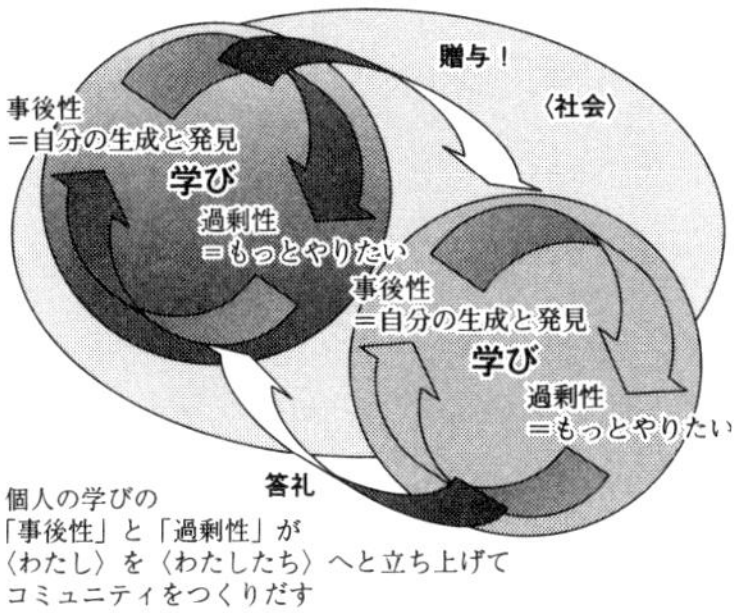

図2 〈社会〉のイメージ

のあり方を、地域住民の生活の「地場」で構想しつつ、それを学習論として構成していくことである。それは、地域住民が自らを〈社会〉に十全に位置づけ、他者との相互承認関係を構築することで、〈社会〉を学習に定礎される多重なネットワークで覆われる、常に変化し続けながら住民の生活を十全に保障し得る体系へと構築していくことを意味している。このことこそが今日、生涯学習に課せられた主要な課題の一つなのである。

「私たちはみんな天国にいる。ただ気づいていないだけだ」。(海堂尊『極北クレイマー』下、二二八頁)

(1) 政策概念としての「生涯学習」が消費的商品から社会的統合手段へと変容していくことについては、大桃敏行・背戸博史編著『生涯学習——多様化する自治体施策』、東洋館出版、二〇一〇年に簡潔にまとめられている。
(2) 中央教育審議会「生涯教育について(答申)」(第二六回答申)、一九八一年六月一一日。
(3) 臨時教育審議会「教育改革に関する第四次答申(最終答申)」、一九八七年八月七日。
(4) 中央教育審議会「生涯学習の基盤整備について(答申)」(第二八回答申)、一九九〇年一月三〇日。
(5) 牧野篤「「生涯学習」構想から「生涯学習」政策へ——そのイメージ」、名古屋大学教育学部社会教育研究室『社会教育研究年報』第九号、一九九二年、七—二七頁。
(6) 生涯学習審議会「今後の社会の動向に対応した生涯学習の振興方策について(答申)」、一九九二年八月三日。
(7) 生涯学習審議会「社会の変化に対応した今後の社会教育行政の在り方について(答申)」、一九九八年九月一七日。
(8) 同前。
(9) 生涯学習審議会「学習の成果を幅広く生かす——生涯学習の成果を生かすための方策について(答申)」、一九九九年六月九日。

(10) 中央教育審議会生涯学習分科会「今後の生涯学習の振興方策について（審議経過の報告）」、二〇〇四年三月二九日。
(11) 同前。
(12) 中央教育審議会「新しい時代を切り拓く生涯学習の振興方策について――知の循環型社会の構築を目指して（答申）」、二〇〇八年二月一九日。
(13) たとえば、大桃敏行・背戸博史編著、前掲書、第一章・第二章においても、同様の見解が示されている。
(14) 中央教育審議会生涯学習分科会「資料三　生涯学習・社会教育の振興に関する今後の検討課題等について――第五期中央教育審議会生涯学習分科会における検討状況（一）」、二〇一一年一月一七日。
(15) 佐々木信夫『市町村合併』、ちくま新書、二〇〇二年。保母武彦『市町村合併と地域のゆくえ』、岩波ブックレット、二〇〇二年など。
(16) 東京大学大学院教育学研究科社会教育学・生涯学習論研究室による飯田市への訪問調査（二〇一〇年三月一七日―一八日）による。
(17) 東京大学大学院教育学研究科社会教育学・生涯学習論研究室による飯田市への訪問調査（二〇一一年六月二三日―二六日、一〇月一一日―一四日、一〇月二六日―二九日）による。
(18) 同前。
(19) 同前。
(20) 牧野篤「「無償＝無上の贈与」としての生涯学習――または、社会の人的インフラストラクチャーとしての生涯学習」、東京大学大学院教育学研究科生涯学習基盤経営講座社会教育学研究室『生涯学習・社会教育学研究』第三三号、二〇〇九年、一―一二頁。

第4章　過剰な自分語りの身体性——または想像力の経済、そして固有性と遅延性の民主主義

1　自己実現から「表現」へ

1　日本社会の構造変容と自己実現の排除

日本社会は構造的な変容に直面している。それは、少子高齢化の急激な進展と人口減少および市場の縮小、産業構造の変容にともなうサービス化社会・金融経済社会の出現、これらが相俟ってもたらされる雇用の減少と人々の非正規労働者化の進展、さらには国家財政の巨額な赤字の累積の進行と自治体改革（合併）にともなう基層自治組織の解体などとして、表面化している。しかも、社会構造の変容に対応できない巨大な生産設備を抱えた古い体質の製造業は、旧来の大量生産・大量消費モデルから抜け出せず、市場の需要を超えた生産・供給過剰により、自ら構造的な不況に陥っており、大量の雇用が失われている。これは、日本経済全体のマクロな問題ではなく、むしろ製造業が飽和市場から撤退できず、新たな市場を開拓できないことによって引き起こされている「ミクロ経済学上の値崩れ」とそれによってもたらされた問題だとの指摘もある(1)。

これらの現象は、それぞれに社会的な問題を象徴的に表現しつつ、教育学的には一つの問題へと収斂している。つ

まり、経済過程から生産が徐々に消失し、「働くこと」つまり「勤労」が排除されることで、人々の労働生活の空間性と時間性が崩壊し、人々の自我のありようが曖昧化する事態が招かれているのである。それはまた、個人の身体性が労働過程において否定されることを意味している。これは、従来の教育学が依拠してきた自我の確立や人格の一貫性、そしてその根拠である個人の個体性が解体しはじめたことを示している。個人が環境との間で構成する疎外論にもとづく自我形成過程における自己承認の機制が機能しなくなっているのである。

他者や環境に働きかけることで、自己を対象へと移行させ、その対象から自らを見つめるまなざしを獲得することで、自らのアイデンティティを獲得し、自我を形成するという不断の機制[2]が、人々の労働過程から身体性つまり時間と空間が排除されることで、作動しなくなる事態に陥っているのである。それはまた、たとえばマルクスのいうような労働による「価値」の生産（基本的には使用価値の生産による商品の生産）そのものが機能しなくなること、つまり身体が対象に働きかけ、対象を「人間化」すること、すなわち人間の持つ力能である労働力を投入して、人間にとって価値のある商品へと加工することで、商品が流通し、そうすることで人々の普遍性への信憑が生まれる市場経済のあり方が機能不全を起こしていることと同義である[3]。

私たちが「価値」を生み出すというとき、そこには、私たちが労働力を投入することで、つまり空間と時間すなわち身体性を投げ込むことで、その価値の中に自らを投げ込み、その価値から自己をとらえ返そう、つまり自己実現しようとする無意識の企図が隠されている。私たちは、存在することですでにこの世界によって、この世界に投げ込まれてしまっているが、それがために、生産によって自らを実現しようとする営みつまり自己実現が可能となる状態にあることになる[4]。ここで自己を実現するとは、自己がすでに世界に投げ込まれていることを理解することであり、それはハイデガーの言葉を借りれば、自己が〈世界‐内‐存在〉であることを理解することである。それは自分が世界へと視点を一旦移行させながら、自己を見つめるまなざしを獲得すること、つまり世界にすでに投げ込まれて場所を占めざるを得ない自分が、視点を世界へと移行させて、自分を見つめることで、自己が世界に場所を占める存在であることを理解すること、すなわちその視点から自己をつくりだし、認識することと同じである。空間と時間つまり場所が、人の「私」という存在をつくりだしているのである[5]。それはまた、ハイデガーのいう「現存在」、つまり世界内に存在することで、諸存在を存在たらしめている存在としての自己を認識すること、世界によってすでに世界内に投げ出されていながら、その存在の可能性に向けて自己を世界へと投げ込む存在としての自己、つまり自己を世界へと移行させることで、自己が世界において場所を占めていることを理解すること、すなわち自己へのまなざしを獲得して、自我を形成することとつながっている[6]。

これはまた、精神分析学にいう「命がけの跳躍」（ラカン）においても、同様である。私たちは、自己の対他者性において、常に他者へと自らを移行させること（自分を分裂させるような命がけの跳躍をすること）で初めて、自分を見つめるまなざしを手に入れ、そうすることで初めて自己を同定する、つまり自我を形成することができるとされてきた。

しかも、この「私」が成立する背景には、商品の背後にある「価値」の基盤となるもの、つまり、労働力を投入することで、他者が求める価値のあるものを生産するという他者へのまなざし、そして他者へのまなざしを介した自己へのまなざしという、いわば想像力が普遍的なものとして存在している。この想像力を定礎しているのが、価値を生み出す労働力の根拠となる、私たちが持つ類的な普遍性としての身体である。つまり、他者への想像力の担保となるものが、類的な根拠としての身体のもつ普遍性なのである[7]。私たちは、この身体というどうしようもなくこの世界に空間と時間つまり場所を占めてしまう、すなわち「ある」ことにならざるを得ない存在を持つがために、商品の背後にある価値の基礎となるべきものを他者と共有し、交換することができる。それはまた、身体にもとづく「生産」の市場主義的な基礎であるといってよい。

しかし、私たちが今日、日本社会で直面しているのは、労働過程からこの「生産」が排除されるという現実である。つまり私たちは、生産にともなう対他者性と自己へのまなざしの獲得を否定され、自らの存在の根拠である身体の時間と空間を奪われることで、身体性を否定され、さらに身体性に根拠づけられる他者への想像力を否定されることで、他者とともに生きている感覚を失い、自らを〈世界－内－存在〉として認識すること、つまり自己を実現すること、さらには自己の存在を承認することができなくなるのである。

このような社会では、人々は自らを、「生産」を通して、他者つまり世界とともにある個人であると承認できなくなり、他人から意味を与えられることを求め、また自らの存在の意味を問わないではいられなくなる。存在そのものを理解することつまり承認ではなく、存在の「意味」に飢え、囚われとなるのである[8]。なぜ自分は存在しているのか、自分が存在している意義は何なのか、自分は存在していてよいのか、と自分がこの世界に「いる」ことの意味を問わないではいられなくなる、つまり他人から自分が存在することを意味づけられることで、自分を世界内に位置づけようとせざるを得なくなるのである。

2　規範権力から環境管理型権力へ

このような社会においては、権力も規範性を失うことになる。時間と空間に定礎された身体性が失われるところでは、その時間と空間を統治し、人々の身体を管理する超越権力は後景に退く、または成立することをやめてしまう。私たちは常に権力の規範性を他者性として生きることで、その他者へと自らを移行し、規範を自らの超自我へと形成して、ともに社会で生きる「われわれ」として存在することができた。しかし今や、この権力の規範性は否定され、私たちは生きる規範を失いながら、自分と他人との比較の中で生きることを余儀なくされている。

これは、精神分析学的には、大いなる物語としての権力または「大きな父」としての権力の消失と解釈される。個人の分散化、さらには各個人が小さな「父」として互いに自らを主張し、いがみあいながらも、どのように生きるべきかの規範が示されないことで、互いに相手の評価によって自分の立ち位置を決めざるを得ない不安定な社会が到来するのである。それはまた、他人から「意味」を与えられることと同義である。

これらの状況は、近世以降、近代社会を貫いて存在していた超越権力、つまり人々の社会契約の締結先であるリヴァイアサンが解体し、人々は小さな権力として互いに自らを主張し合い、互いに闘争する自由を強制されることと同じである(9)。しかし、そのような自由の闘争は、ストレスが大きく、安全の保障もない。そのために、人々は常に他人からの評価を気にしながら、その都度の他人からの評価またはその都度の他人との関係において自らの行動を決める、相互に抑制し合う社会が到来することとなる。

これを環境管理型権力と呼ぶ。この権力のありようにおいては、国家のような強大な規範権力は後景に退き、個体間の関係が権力化し、人々を相互に抑制させ合うことになるが、そこには普遍的で超越的な規範が存在しないことによって、規範が流動的になることは避けられない。このような権力のあり方では、権利や知識も、従来のように規範権力が分配し、人々個人が所有するという形態をとることはない。つまり、人権や権利は、天賦人権のようにあらかじめ所与のものとして措定され、それが超越的な権力によって分配される、ある種の絶対性を帯びたものではなく、むしろその都度の個体間の関係によって組み換えられる、相対的、流動的なものとして存在することになる。規範としての権利ではなく、関係がその都度決め、相互に認め合う流動的なものへと、権利は性格を変えていくことになるのである。

このような事態はまた、知識についても同様である。知識も、大きな父である国家権力が地縁文化を国民文化という大きな統合へと表象した上で、それを一つの大きな物語として子どもである民衆に語って聞かせ、人々の自我を国民として確立するためのものであることをやめ、つまり分配され、私有されるものであることをやめ、その都度の個体間の関係が意味を付与する、つまり物語をつくりだすものとして、組み換えられ続けることとなる。

近代社会において絶対的な価値としておかれてきた人権や権利、さらには真理そのものが絶対性を失い、流動的かつ相対的なものとして、再措定されることになる。権力や権利さらに知識は、何かしら個人を超越したものとして、所与のものであることから、各個人が他人との関係において操作する、生成されるものへと組み換えられることとなるのである。

しかもこの関係は、人々が、自己と他者との関係において、想像力に定礎される形で、他者へと視点を移して、自らを見つめることで、自分を他者との関係の中の一員、つまり「われわれ」の「私」としてとらえることを否定し、他人から見られ、評価されている自分が唯一の「わたし」として全面化することを要請してしまう。つまり、人々は「われわれ」の中の「私」として、自分を他者との普遍性において見つめる、つまり自分を普遍へと解消することなく、「われわれ」という普遍の中に存在する、すなわち時間と空間を占める「私」として自己をとらえるのではなく、他人からの評価がそのまま個人のすべてであると全人格化されることとなるのである。そのため、ここでは、他人からの評価が個人を縛りつけることとなり、常に他人の評価を気にする、普遍への想像力の根拠を欠いているために、自己へのまなざしを持てなくなり、自分が孤立することとなる。自己は肥大化するのに、他者とのつながりを持たないがために孤立し、また常に他人の評価を気にするがために、常に他人を否定的にとらえて、自分を優位に置くことでしか、自分を立たせるすべを持たない個人が屹立することとなるのである。

3　大衆消費社会から「表現者」へ

このような社会はまた、大衆消費社会と呼ばれる。それは、すべての人々が消費者になるということではなく、人々が消費者のように振る舞う社会のことである。つまり、人々が時間と空間の感覚を共有せず、経時的な達成の価値を見出さず、即時的かつ即自的な価値に重きを置く、すなわち事前にわかっている価値や機能を購入するかのようにして、生きようとする社会が出現することになる。

この社会では、人々は他者との関係において、自己を経時的に形成すること、つまり自我形成することをやめてしまう。人々は、自分を、他者との関係で「われわれ」の中の「私」として、時間と空間を占める、つまり身体を持った存在として、すなわち一貫した「一」なるものとして構築することをやめてしまうのである。それは人々が成熟しなくなること、またはおとなにならなくなること、子どものままでいることを意味する。それはまた、ブレークルーがない社会、つまり達成と自己実現がない社会に生きることでもある。それは「終わらない日常」に支配された社会であり[10]、「意味」に囚われとなる社会でもある。一貫した自我を保てなくなり、その都度において、自分のあり方が他人から決められる社会は、人が常に他人に向かって「わたしは誰なのか?」「わたしが存在する意味はあるのか?」「それは何なのか?」「わたしは何のために生きているのか?」を問わざる得ない社会でもある。「私さがし」が社会のムーブメントとなるのである[11]。

このムーブメントは、人が、「意味」に囚われとなること、「意味」を問うことの強迫から逃れるために、大きな物語のない世界で、対象の小さなディーテールにこだわり、そこに自分にとっての意味や価値を見出すことで「萌える」生き方を見出すことへとつながっていく。それが過剰な自分語り、つまり他者を想定しない自己表出としての個人のあり方をつくりだすことになる。この個人はまた、「萌える」対象を共有し、一方的な自己表出、つまり敢えて批判することもなく、「いいね」と讃えて、互いに認めながら、やり過ごすことによって人々が結びついている、小さなサークルが、島宇宙として、多様にかつ相互に干渉することなく併存する社会を構成することとなる。社会は、島宇宙の分散へと解体していくのである。しかし、この島宇宙においても、人々は互いに他者として認識し合い、自己を他者を通したまなざしから見つめることはしない。人々個人は、自らの「萌え」を過剰に一人語りし続ける、相互にかかわりを持たない、過剰な語る存在として、孤立して併存しているに過ぎない[12]。

その上、この彼らの存在のあり方は「意味」から逸脱する身体としての作法、つまり「まったり」と形容され、個人が個体として、社会から逸脱し続けることが、「意味」の強迫から逃れることだとして、意味づけられることとなる[13]。

このような社会の構成から、コンサマトリーと呼ばれる新しい存在のあり方が生まれることとなる[14]。つまり、現状に不満を抱くのではなく、自分を肥大化させて、他人を蔑むのでもなく、「まったり」とした友人や知人との関係がつくる島宇宙の中で、互いに認め合いながら、日々の生活をそれなりに満足して過ごしていく、という存在のしかたを選ぶ若者たちが、急速に増えているというのである。この彼らは、まさに日本社会の構造的変容の過程で生を受け、成長してきた世代であり、過去の日本社会が経験した拡大再生産・高度経済成長がどのようなものなのか実感を持って理解できない世代でもある。

彼ら若い世代は、日本経済のバブル崩壊後の二〇年にわたる不況の中で生まれ、インターネットなどのコンピュータネットワークの普及により急速にフラット化する社会の中で、ネット環境とともに成長した世代である。この世代は、ＳＮＳなどで他人とつながりながら、過剰に自己を語り、表出するが、それは互いに否定しあうのではなく、肯定しあう関係の中でなされることで、自己の「生き方」の過剰な一人語りとして発信されることとなる[15]。

しかも、このような彼らの存在のあり方は、これまでのような「終わらない日常」における「意味」からの逸脱による逃避ではなく、むしろその「意味」を読み替えることで、異なる「意味」を付与し、新たな「意味」を創出して「日常」を多重に解釈し、その解釈の中で生きようとするあり方へと急速に展開していく[16]。自らの所有するちょっとした空間を、あるテーマや目的に沿ってちょっと開き、そこに異なる空間を導入することで、自分の持つネットワークを広げたり、組み換えたりする私的な実践である「住み開き」などが、その一例である[17]。ここでは、「日常」は島宇宙が相互不干渉に併存するばらばらな世界ではなく、多重に解釈され、組み換えられる、多重なレイヤーから構成される新しい世界として構造化されることとなる。これを、宇野常寛は〈ここではない、どこか〉へのブレークスルーを求めることから、〈いま、ここ〉で多重に「日常」を掘り下げることによる新たな世界への解釈と更新だと述べている[18]。

このような運動においては、社会は、人々が生産に参加して、自らの身体性をもって、つまり労働力を提供し、時間と空間を消費することで、価値を創造する場ではなくなり、また消費者が求めるようにあらかじめ決められた価値・機能が提示され、それが所有される場でもなく、はじまりのない多様な価値そのものが人々の関係性の中から生成され、それが多重に読み替えられることによって、不断に異なる価値へと転換されていく場となる。すなわち、価値はそこでは既存のものであるにもかかわらず、所与とは見なされず、多様な人々が自らに宛てられたものとして、常に自由に生み出し、読み替えて、異なるものへと生成し、人々の間で循環させながら、次の新たなものへと組み換え続けるものとなる。権利や知識など、従来所与とされていたはずの社会的な価値も、同様に、所与ではなく、さまざまにあるものとして受容されながら、読み替えられて、新たなものへと組み換えられ、生成されていくことになる。それはまた、後述するように、〈コトバ〉と同じような存在のあり方を、社会的な価値が持つようになるということでもある。

このことはまた、社会が多重なレイヤーへと構成し直されることによって、しかもそのレイヤーが常に次の新たな多重性へと組み換え続けられるプロセスにおいて、知識や権利などの社会的な価値そのものが常にそのレイヤーに即して組み換えられ、多重化され、かつレイヤーそのものをズラし、さらに多重化しつつ、次のレイヤーにおける価値へと生成され続けていくことを意味している。

ここでは、社会は、ある種の超越的な規範権力によって規定された自我を持つ人々が、自らの身体性を投じることによって、他者・環境との間において、それらを加工すること、つまり自己をそこに表出することで価値をつくりだし、それを超越権力を通して分配し、私有する、そしてその過程で自我を形成するという人の個体性とその投入にもとづく価値の創造と分配・所有つまり自己の奪還のシステムではなくなっている。権力の規範性が解体し、かつ労働過程から身体性が排除されることで、価値の創造と個人の自我形成を失う社会において、価値は、創造される経時的なものではなく、また人権のように所与のものでもなく、むしろ言語と同じように、既存のものでありながら、多重に存在し、日常生活において多重に読み替えられることで、新たな価値へと生成し、日常生活そのものが多重に解釈されて、多重レイヤー化されていくという構造が生み出され、価値はその構造の中で、改めて循環し、人々の生活において共有され、また読み替えられ続けては、さらに生活の多重なレイヤーを生み出し続ける関係的なものとなる。つまり、社会そのものが価値の読み替えと生成・循環の動的な状態、または動的であることを常態とする運動として再構成されることとなるのである。ここでは、個人は個体として存在するのではなく、常に他人によって評価されながらも、その他人との関係性において他人によって与えられる評価つまり価値を自ら読み替え、自己の存在する世界を多重なレイヤーへと読み替えて、自らがその関係性からズレ続ける、関係的な存在つまり〈関係態〉として存在することとなる。人の存在そのものが言語のようなものとして構成されることになるのである(19)。

ここで発信され、過剰に語られ続けるのは、常に自分の生きる日常生活を多重に読み替えている「こと」そのものであるほかはなく、人々は自己の「生き方」を過剰に発信する存在へと、自らを組み換えていく。存在そのものが「こと」つまり状態、さらには動き続けている運動として表現されることとなる。ここでは、人々は、消費者的な生き方つまり価値を所与のものとして評価する存在(他人を評価する私)としてありながらも、それはすでに価値を読み替えて次の価値へと生成し続ける関係的な存在として自らを組み換えていることになるのであり、生産者でもないが消費者でもない、ある種の「表現者」として自らを構成することへとつながっている。

2 過剰な「コトバ」と「つながり」の生成

1 「コトバ」と「カラダ」、そして動的状態としての存在

データは少し古いが、二〇〇七年に行われた興味深い調査の結果がある。世界のインターネット上で流通している言語の中で、ホームページに使われている言語は圧倒的に英語が多いが、ブログなど常に書き換えられ、発信し続けられる言語で、最も多く使われているのは日本語だというのである(20)。この状況は、今日でもあまり変わらないどころか、「ツイッター」や「ライン」、「フェイスブック」などさまざまなSNSが登場することで、日々どころか毎時間、毎分、大量のつぶやきがネット上に発信されている現在、子どもたちを含めたさまざまな人々が自らの日常世界を

ネット上で語り、発信し、表現するようになっている。過剰な自分語りである。

しかも、この発信は、画像や動画などの映像もあるが、ほとんどは言語によってなされていることに注意する必要がある。ここに一つの、新たな可能性が存在する。つまり、いわば一億総発信者的な生き方をしている私たちが発信する「生き方」は、それそのものが言語としてネット上で記述され、語られ、受け止められ、書き換えられて、ネット上を駆け巡っているのであり、そこには言語の持つ遅延性と事後性がかかわらざるを得ないのである。この言語をここでは〈コトバ〉と記述することにする。

〈コトバ〉は本質的にそれを発し、記述する人のものでありながら、その人のものではなく、その人が帰属する社会のものであり、集団的な他者のものである。だからこそ、私たちは自らの母語を用いることで、その母語使用者との間で意思疎通することができるし、他の言語を学ぶことで、その言語使用者との間でも、ある程度の意思疎通が可能となる。この意味においては、私たちは〈コトバ〉を用いる時、すでに他者が集団的にいえることを事後的に学び、いうことしかできないという制約を抱え込んでいる。つまり、〈コトバ〉はすでに言及できることしか言及できない、あらかじめ決められたものであるという性質を脱することができない自己言及的なものだということができる。

しかも、私たちは日常的に常に他者との間で意思疎通に困難を覚え、誤解を生じざるを得ないのだが、それは、〈コトバ〉の意味が、その〈コトバ〉が指し示すものと、他の〈コトバ〉が指し示すものとの差異によって生じるほかはなく、その差異は〈コトバ〉を用いる主体の身体性にもとづくものであるほかはないという性質によっている。つまり、Aという〈コトバ〉が指し示す意味は、A以外のものとの差異によって生じるが、いわばその差異の幅のようなものはその〈コトバ〉を発する主体の身体性によって異なるのであり、それが言語の構成として表現されるとき、それぞれの〈コトバ〉の連なりが、大きな意味の違いを構成することとなるのである。このような身体性を持つ身体をここでは〈カラダ〉と記述することにすると、〈コトバ〉は〈カラダ〉によって用いられることによって、他者との共通項である〈カラダ〉という類的存在を通して、他者との間に流通することになるが、まさにその〈カラダ〉が個体に属する差異を内包したものであることによって、〈コトバ〉が発せられた途端に、その〈コトバ〉は他者の〈カラダ〉が持つものとは異なる意味を持ち、〈コトバ〉が受け止められ、解釈された途端に、その〈コトバ〉の主体が意味するものとは異なる意味を帯びることになるのである[21]。

〈コトバ〉は、その持つ事前に制約された性格によってもたらされる事後的なものでしかない、つまりあらかじめいえることしかいえないのに、いってみなければ、何をいっているのかわからないし、いってみたところで、意味が〈コトバ〉を発した主体の意味するものとして伝わることはなく、だからこそ〈コトバ〉は延々と相互に発し続けられ、受け止められ続け、解釈され続けざるを得ないものとしてある、ということである。ハイデガーのいう「世間話」の構成が、そのことをいいあてている[22]。ハイデガーは、世間話に興じている人々は、その話題となっている対象を突き詰めようとしているのではなく、話題について話されている話に注意を向けているだけだという。それはつまり話題について語られている〈コトバ〉に注意を向けているに過ぎないということである。そして、彼はこれを「頽落」つまり堕落した状態だという。なぜなら、そこで語られている〈コトバ〉は自分で考えた言葉ではなく、他者の発した〈コトバ〉を解釈し直しているに過ぎないからである。そこでは、ハイデガーのいう真理を探究する主体が立ち上がることはなく、人々は〈世界-内-存在〉としての自己に安住するのみで、世界を理解することで、自己を世界の中に時空を占める存在であると理解しようとはしていないのである[23]。これはいわば、仲間と「まったり」して島宇宙を構成している既述の若者の姿に通じるものだといってよいであろう。

しかし、ここに〈カラダ〉を措いてみると少しく異なることがいえるようになる。つまり、「世間話」が延々と続けられ、人々が〈世界-内-存在〉としての自己に安住し続けることができるのは、そこに身体性という類的普遍性が存在し、それを基礎として他者と自己とを架橋するある種の普遍性または共通性が存在するからだということである。それは、対象物に自己を同一化しつつ、自己へと自らを奪還する根拠となるものである。これを、ネグリ＝ハートはマルチチュードの「愛」と呼ぶ(24)。

この「愛」とは「想像力」といいかえてもよいであろう。私たちは、類的な普遍としての身体性を持つために、その普遍性に定礎される形で、他者へと自己を同一化しながら、他者への想像力を持ち、そのことによって自己を他者から奪還しつつ、他者とともにある自己を認識することができる、つまり想像力によって、他者の〈コトバ〉を解釈し、理解し、他者とともにある自己を確認することができる。しかし、その身体はまさに人類に普遍的でありながら、その普遍を構成する個体に個有のものでもあることによって、話される話そのものにズレを生じる根拠である身体として存在せざるを得なくなる。この身体が〈カラダ〉である。

私たちは、自己に固有の〈カラダ〉の普遍性において、〈コトバ〉を獲得し、〈コトバ〉を発することで、他者に対する想像力を羽ばたかせながら、〈コトバ〉を理解し、共通認識をつくり上げることができるが、それは〈コトバ〉を解釈し続けることで、他者との間にその〈コトバ〉を発し、解釈し続け、循環させ続け、読み替え続ける〈カラダ〉をつくりかえ続けていることと同じなのである。

しかも、SNSなどで用いられる〈コトバ〉は基本的に文字、つまり書かれ、物象化された〈カラダ〉であるといってもよく、それが他の〈カラダ〉を持つ存在によって読み替えられ、解釈され、SNS内部を循環し、さらにインターネット上で流通することで、その〈コトバ〉によって語られた話は、異なる〈カラダ〉によって語られる話として、いわばn次創作的に、無限に新たな意味へと組み換えられながら、世界を構成することになる。そして、この

n次創作された〈コトバ〉によって、その〈コトバ〉を発した主体の〈カラダ〉そのものが、普遍的であるために新たな〈カラダ〉へと読み替えられ、組み換えられて、ネット上の世界に存在せざるを得なくなる。そこでは、個人の個体性を特徴づけるはずの〈カラダ〉は、いわば具体的普遍へと展開せざるを得ず、常に他者によって読み替えられ続け、自己によって意味づけされ、再解釈され続ける、流動するものへと変化している。

しかも、インターネットでは、過去のログは記憶の再生に頼ることなく、確実に過去を再生し、また他者によって自己の過去は再生され続け、そこに〈カラダ〉を持った個人が再参入することで、常に主体を生成させることが可能となっている。つまり、過去は過去ではなく、常に現在として〈カラダ〉を持った主体を再生し続け、その主体が常にその過去を現在へとn次創作し続けながら、この世界を現在へと再解釈し続けることになるのである。そのうえ、たとえばニコニコ動画にある動画のタイムライン上にコメントを書き込める機能によって、主体は常に動画を再生することで、他者のコメントをも再生しながら、自らを他者とともにその場に居合わせる主体へと再構成し続けることが可能となる。主体そのものが原本なき複製として、多重に創作され続けることが可能となるのである。[25]

いわば主体は常に〈コトバ〉によって書き換えられ続け、その書き換えられ続ける〈コトバ〉によって、〈カラダ〉そのものが〈コトバ〉を介して、他者の〈カラダ〉とともに読み替えられ、組み換えられ続ける集合的なもの、つまり〈関係態〉のようなものとして構成されることとなる。しかも、ここでは過去は常に現在として、主体をn次創作する場としてしか存在せず、時間性は超越され、不在化している。ここには、ハイデガーが求めたような自立し一貫した「一」なる自我は存在せず、常に他者との関係において構成され続け、読み替えられ続ける動的な状態としての自己が存在することになるのである。つまり、「ある」存在としての自己は、固有のものとしてはじめからあるのではなく、むしろはじめから構成されて「ある」ものとして存在することで、世界を自らに表現する、構成され続け、固有になり続ける「現存在」つまり「こと」となるということである。

2 「生き方」の発信と「メイカーズ革命」

しかもまた、ネットワークで流通している言語が日本語であることによって、翻訳の相互性が生じることになる。〈コトバ〉は想像力をもって、組み換えられ、異なる言語の〈コトバ〉へと翻訳されて、新たに流通することになるが、それはまた創作と同じような作用を及ぼし、新たな意味世界と新たな主体を構成し続けることで、ネット上を流通し続けることになる。ここに〈カラダ〉の普遍性によってもたらされる〈コトバ〉の主体のn次創作とその過程で生み出される語られる話のn次創作が無限に展開されながら、常に主体である個人は、他者との〈関係態〉として創作され続け、組み換えられ続ける動的な状態として存在することになる。個人は、運動とでもいうべき存在となるのである。

このことは、n次創作が生じることとなるとともに、新たな創作主体が立ち上がること、つまり常に主体そのものがn次創作的に創作され続ける、つまり〈カラダ〉がそこで生まれ続けることを意味している。しかも、〈コトバ〉を記述することで、自らの〈コトバ〉はそのSNSで流通している〈コトバ〉を構成し、自らの意志がその内部の流通において常に組み換えられながら、一つの集団的な意志として構成し直されることになる主体が書き換えられ続け、再解釈されることで、常に新たになり続けるが、それは孤立した個体ではなく、他者との〈関係態〉であるという事態が生まれるのである。

ここに、新たな「想像力」が求められることになる。従来のような、商品の背後にある労働力という力能が基礎づけている「価値」の基盤となる想像力とは異なる、新たな〈コトバ〉にともなう想像力の必要が生まれるのである。

人々が「生き方」を〈コトバ〉で発信し続けることが、その〈コトバ〉が常に他者の〈コトバ〉との間で再解釈され続け、読み替えられ続けることで、その〈コトバ〉を発する〈カラダ〉を他者の〈カラダ〉との〈関係態〉として構成し続け、組み換え続けることを通して、自らの〈カラダ〉の存在のあり方にかかわる知識や権利の構成、つまり「生き方」を組み替え続けることにつながっているように、人々の生活のあり方つまり経済のあり方そのものが組み換えられることとなるのである。

たとえば、「メイカーズ(Makers)革命」と呼ばれる事態がある。[26] Fabless、EMS(Electronics Manufacturing Service)そして3Dプリンターを組み合わせて、ネットワーク上でオープンソースのデザインを活用しながら、デスクトップで製造業を展開することや、カスタマイズを基本としたものづくりの復権が予測され、一部では実現している。この「メイカーズ革命」の主力機器である3Dプリンターを本章の議論にひきつけて解釈すれば、それはネットワーク上の〈コトバ〉を実体化する道具であるといってよい。3Dプリンターはコンピュータ上の3D-CADや3D画像ソフトで設計された立体物を実体化する装置だが、3D-CADや3D画像ソフトで設計され、画像化されるものは、ネットワークでつながった人々の〈コトバ〉によって構成されたイメージだといってよい。しかも、イメージや画像は、ソフトウェアがコンピュータ上の計算や設計を自動化して行う、何度も繰り返しての書き換えが可能なものとしてある。つまり、画像そのものが〈コトバ〉によって構成し直され続けるものであり、3Dプリンターはその〈コトバ〉による画像を幾度も低廉な価格で実体化することができる道具なのである。〈コトバ〉は3Dプリンターで実体化されることで、自らの〈カラダ〉を持ち、それが主体の〈カラダ〉によって触れられ、主体の〈カラダ〉と身体的な〈コトバ〉による対話的関係へと展開することで、また他者がその〈カラダ〉に〈カラダ〉をもって触れ、〈コトバ〉で解釈し、組み換えるとき、実体化された〈カラダ〉が新たな物神として作動するだけでなく、常にそれを生み出した〈カラダ〉そのものを組み換えつつ、新たな〈コトバ〉の表出を誘い、それがまた新たな〈カラダ〉の構成を導くことになるのである。このことはまた、「表現者」としての人々を、ネットワーク上での〈コトバ〉の過剰な表出へと誘い、それを他者との〈カラダ〉の再解釈と組み換えによる新たなイメージの構成と再構成の不断の循環へと導くとともに、主体である個人そのものを他者との〈カラダ〉の組み換えである動的な状態として「ある」ものへと組み換え続けることでもある。３Ｄプリンターは、この意味での想像力を実体化するツールであるといってもよい。

しかも、ここで実体化され、身体化された〈コトバ〉は、他者との〈関係態〉としての自己に他ならず、３Ｄプリンターで実体化されたモノは、自己と他者との関係が身体化したモノであることになる。つまり、新たな自己が、〈関係態〉であるモノとして実体化し、自己へと還ってくるのであり、しかもその実体化されたモノは、実体化される端から即座に他者との関係に投げ込まれて、〈カラダ〉によって確かめられ、〈コトバ〉化されて解体され、新たな〈関係態〉へと組み換えられ、再解釈されて、改めて実体化されるモノとして扱われることになる。モノの制作過程つまり労働過程から時空が排除されながらも、自らの身体性は他者との関係の中に担保され、常に即座に〈コトバ〉によって読み替えられながら、次の〈カラダ〉へと構成し直される自己形成の循環が、まさに世間話の過剰性や無限性、または自分語りの過剰性として、構築され続けるのである。

常にその場で、自らの〈コトバ〉を実体化し、〈カラダ〉化することで、他者の〈カラダ〉へと名宛てされ、その〈コトバ〉によって、再解釈され、読み替えられる自分の〈カラダ〉が存在することになる。従来の疎外論による、自己の他者への移行にともなって構成される自我ではなく、より直接的かつ重層的な他者との、いわば言いっ放しの、やりとりの中で、自分の〈カラダ〉が他者との〈関係態〉として構成され続けることになるのである。

たとえば、筆者の研究室で進めている3Dプリンターを核とした「ものづくりの社会化」プロジェクト・MONO-LAB-JAPANでも、子どもや市民たちが、ワークショップに集い、またネットワーク上で、常にわいわいがやがやと議論を繰り返しながら、時に雑談としか思えないような会話の中から、自らのイメージを膨らませ、そのイメージを実体化させながら、実体化されたモノを再び他者との雑談の中に投げ込むことで、実体化されたモノが、即座に新しいイメージへと読み替えられ、組み換えられて、次の実体化へと展開していく姿を見て取ることができる。それは自己と他者との同期または相互の憑依といってもよい状態であり、この同期から、子どもや市民は自分では予期しなかったイメージやアイデアを生み出し、それを〈コトバ〉で表現し、さらに実体化して、自分の〈カラダ〉を構成し直し続ける運動に入っているのである。自己は個体ではなく、他者との〈関係態〉として存在しているのである。

3Dプリンターは、人の自己形成を実体化することができ、人がモノを製造することが、より直接的に他者との関係において、自己を形成し続けることでもあることを表現する初めての道具であるといってもよいであろう。3Dプリンターはまた、人が「生き方」を発信することで、他者との間に自己を人格的に表現する「表現者」として立ち上がり、それが他者との間の〈コトバ〉によって読み替えられ、組み換えられることで、自らを他者との〈関係態〉として〈カラダ〉化されることを、自らの手で触れることのできる実体としてつくりだしてみせる道具なのであり、自己とは、その実体化されたモノそのものが不断に他者との間に投げ込まれて、解釈され直すことで、自らの存在そのものが常に組み換えられて、新たな〈関係態〉として実現し、実体化していく運動となるのである。

「メイカーズ革命」とは、単に製造業がカスタマイズ化され、個人化するということではなく、労働過程から時空が排除され、人の身体性が否定される金融資本社会とネットワーク社会にあって、人が改めて他者との間で、時空を介さない自己の身体性を獲得し、新たな自我を形成することを、モノを製造することで実現するという、新しい〈社会〉をもたらすことなのだといえる。人はここで、自己実現という価値を、モノの製造において、いわば自己を他者へと移行させる疎外論を回避する形で、実現することになるといってよいであろう。

3 「つながり」の焦点化

この自己の実体化の運動には、ジークムント・バウマンのいうような人々が進んで監視し、監視されることで、自己が形成されるという新たな液状化社会のありようが反映していると見ることもできる[27]。しかし、この運動においては、人々が、他者から〈コトバ〉を与えられることによる自己の確定という関係ではなく、むしろ自らの「生き方」を表現しつつ、それを他者との間で〈コトバ〉化し、実体化することで、〈カラダ〉をつくりだしながら、自らの存在の身体性を生み出す自由を相互に承認し合う関係へと入っていることが、重要である。この運動は、他者から確定される自己ではなく、他者との間で自ら読み替え、組み換え続ける自己を生み出す自由を、相互に承認し合う、つまり想像力をもって、相互につながろうとするところに生まれる自己を、さらに表現しようとする人々の意志へと結びついているのである。

つまり、表現することが、言語と身体を一体化させ、つまり遅延性・事後性という時間性・空間性を改めて結合させることで、常に他者との関係において表現され続ける自由を相互に承認する「自己」が生成されるのであり、実体化され、〈カラダ〉化される自己は、常に〈コトバ〉の持つ遅延性・事後性によって書き換えられ続けるということである。その書き換え・読み替えを受け入れながら、それをさらに自己へと表現し続けること、つまり〈コトバ〉化し、それを〈カラダ〉化することで、そこでは常に他者との間での想像力が喚起され続け、自己を新たに生成し続ける自己、つまり運動としての自己が生まれ出ることになるのである。モノを製造することそのものが自己を生み出し続けることでもあるという関係がつくられるのであり、ここでは、〈コトバ〉がそうであるように、〈カラダ〉そのものが個人が個体的に所有するものではなく、他者と共有する、解釈し直され続け、組み換えられ続ける、そうであることでその個人のものである新たな身体性として、生成することになるのである。

労働過程から排除された時空と身体性が、ネットワークにおける〈コトバ〉と〈カラダ〉のあり方において、〈コトバ〉の持つ他者との間に構成される遅延性と事後性に導かれる再解釈・読み替えによって、常に遅れながらつくられ続ける自己としての〈カラダ〉、つまり他者との間で常に遅れながら生成され続け、解釈され続ける身体性として立ち上がるのである。身体性は、言語と身体が他者とともに新たに融合し続ける、共有される自己形成の運動として立ち上がることとなる。

ここでは、均質の時間と空間が経済過程に確保され、「一」なる自己が時間と空間を超えて一貫して存在することで、世界の中に場所を占めるという形で、身体が時間と空間を体現し続けるのではなく、〈わたし〉という存在そのものが、他者との〈コトバ〉による表現態として〈カラダ〉化し続けることで、常に読み替えられ、組み換えられ続ける運動として生成されるのであって、そこでは、人々を貫く均質の時間や空間は存在しなくなる。つまり、「一」なる継続する不変＝普遍としての身体性は存在せず、それぞれの〈コトバ〉と〈カラダ〉に固有の時間と空間が、常に相互の〈関係態〉としての身体性を構成し続けることになるのである。

これが「メイカーズ革命」の本質である。そこでは、経済の実態に即していえば、消費者が設計者であり、製造者であり、購入者でもあるということになり、しかも常につくりかえ続けられる運動のような製品として、商品はあることになる。(28)

それゆえに、この関係性は、人が自己をめぐって、他者や環境に移行しながら、自己を見つめるまなざしを獲得するという自己中心性から解放され、他者とのより直接的な相互性として構築されることとなる。それはまた、ネットワーク社会において〈コトバ〉を媒介として、常に自らを〈カラダ〉として他者とともにつくり続ける想像力を喚起する「つながり」のあり方が焦点化されることを意味している。

そのことはまた、グローバル化によって労働過程から身体性が排除されるだけでなく、超越的な規範権力が後景に退き、市場によって相互に小さな「父」としての自己が互いに抑制し合い、闘争し合うことを強要される社会にあって、人々が、〈コトバ〉によって自らの〈カラダ〉を相互性として新たに構築する過程で、新たな価値と権利を生成し、しかもそれが分配されるのではなく、生成されることそのものが他者との相互性においてなされながら、常に共有され、読み替えられて、次の価値や権利へと組み換えられ、再生成され続ける運動としての市場を新たに構成することへとつながっている。それは、グローバル市場を否定するものではなく、グローバル市場にあって、互いにいがみ合う、いわばリヴァイアサン以前の自然状態を強要される人々が、その状態の中で個体中心ではなく、むしろ〈関係態〉としての自己を生成し続けることで、分配をめぐって争う価値や権利ではなく、すでに多様に「ある」ものであり、自ら受け入れ、共有したものとして「ある」価値や権利を生成し続け、再解釈し続けて、自らを新たな〈関係態〉へと組み換え続けるような、新たな市場をつくりだすことと同義である。

ここではごく普通の市民が、互いに結びつきながら、既存だが所与ではなく、自ら受け入れたそれぞれに固有の価値と知識と権利を組み換え、生成し、循環させ、変容させ続ける担い手、つまり新たな専門職として立ち上がることとなる。そしてその市場とは、人々が発信者であり、表現者であり、創造者であり、想像者である社会、つまり人々の〈コトバ〉と〈カラダ〉が存在するコミュニティであることとなる。このコミュニティは、貨幣が媒介する市場ではなく、むしろ人々が相互の想像力によって媒介され、常にその関係を組み換えつつ、新しい価値や権利を生み出し続けては、それを読み替えて、新しい〈コトバ〉と〈カラダ〉をつくりだしていく運動そのものとして「ある」場所となる。そして、この場所そのものが、人々の運動によって組み換えられ、かつ読み替えられ続ける運動態なのである。このコミュニティは、SNSなどのネットコミュニティであることの可能性を否定しないが、むしろ人々が日常的により直接の関係の中で〈コトバ〉を交わし、〈カラダ〉をつくりだし、新たな〈関係態〉としての身体性を構築する地域コミュニティであったり、ワークショップなどのグループを基本とするコミュニティであることとなる。〈コトバ〉と〈カラダ〉が互いのモノとして共有されつつ、読み替えられ続けるような「つながり」が求められるのである。ここでは、これを「つながり」のコミュニティと呼んでおく。

3　想像力の経済と遅延性の権力

1　新しい経済へ——想像力の経済

この「つながり」のコミュニティは、新しい経済を生み出す基盤でもある。「つながり」のコミュニティにおいては、既述のように、人々は自らの身体性というリアルワールドを生成し続け、循環させ続けることとなる。その基盤となるのが、ネットワーク環境における過剰な自分語りとしての「生き方」の発信であり、それを受け止めて〈コトバ〉へと構成し直す「誰か」の存在であり、その〈コトバ〉を介して、〈カラダ〉を生成する「誰か」の存在であり、その存在を結びつけながら、〈関係態〉としての自己の身体性を構成し続ける相互の関係とその生成の自由を認め合う相互承認関係とその形成、そして身体性の読み替えと多重化による新たなリアルワールドの生成という持続の駆動力を生み出す関係である。

それはまた、勝手で宛名もなく過剰な「自分語り」を、自分に宛てられたものとして受け止めて、〈コトバ〉を返してくれる「誰か」が存在することで生まれる、勝手な〈贈与〉と勝手な〈答礼〉に始まる、想像力に定礎された〈贈与〉の経済として意味づけられるべき関係の生成と循環である。ネットワークやコミュニティにおける勝手で宛名のない過剰な「生き方」の発信は、ネットワークやコミュニティのさまざまな関係を通して、全方位に拡散され、それを受け止めた「誰か」が自分に宛てられた〈コトバ〉としてそれを解釈し、さらに誰かに宛てて発信する。これが繰り返されることで、いわば同時多発的にさまざまな〈コトバ〉の読み替えと再解釈、そしてそれらにもとづく再価値化が進められ、コミュニティが多重に意味づけられながら、さまざまな価値を構成することになる。しかも、このコミュニティは既述のように、人々がこの〈コトバ〉によって、相互に解釈を重ねながら〈カラダ〉を相互性としてつくりだすコミュニティであり、それはリアルな世界としての身体性を他者との〈関係態〉として構成しつつ、さらに実体化すること、つまり価値あるモノとしてつくりだすことで、人々をリアルな世界に生きている実存としての自己実現へと導くコミュニティでもある。

ここにおいて、人々は「生き方」の過剰な発信を相互に認め合い、それを相互に身体性へと再構築することの自由を認める、つまり価値の実体化と消費の自由を相互に認め合うことで、既存のコミュニティを多重に解釈し続けながら、新しい「生き方」の地平を開発し続ける存在として、自ら立ち上がるとともに、その自己自身が「生き方」を発信する価値であり、コミュニティそのものであるような動的な状態として、自己を他者との〈関係態〉として構成し続けることになるのである。

この関係においては、「生き方」を発信することで他者に贈与し、その他者が「生き方」を〈コトバ〉へと読み替えて、新しい価値を贈与し、その〈コトバ〉が〈カラダ〉を構成し、身体性が他者との〈関係態〉として生成され、それがさらに〈コトバ〉によって読み替えられ、新たな〈カラダ〉として構築され、異なる身体性として生成され、それがまた〈コトバ〉によって解釈されて新たな循環をつくりだすという、現実が多重化し、常に人々の実存が身体性として構築されながら、その構築そのものが次の身体性への転成であるという循環が生み出されている。この循環の駆動力こそが、〈コトバ〉と〈カラダ〉によって構成される想像力なのである。ここでは、このような循環の経済を「想像力の経済」と呼んでおきたい。これは、従来のような拡大再生産と貨幣で規模を測るような経済ではない。

この運動としての身体性の生成には、労働力の投入として貨幣で測られるような商品の背後にある価値が経済の基盤をつくりだすのではなく、他者との間で〈コトバ〉によって自らを構成しながら、他者との間で〈カラダ〉をつくりだすような想像力に定礎された身体性そのものが、他者との間で自らの「生き方」をつくりだすという形で、経済が回ることとなる。それは、いわば〈コトバ〉の物々交換でもあり、〈カラダ〉のやりとりでもあるといえる。この交換関係の中で、常に自分が他者との〈関係態〉としての身体を持っていることが事後的に獲得され、他者との関係つまり社会において自己が実現していることを確認することとなるのであり、その過程でつくられる自己の実体化されたモノとしての製品が、まさに人々自身が他者との関係の中でカスタマイズし、自分に宛てたモノとしてつくりだし、他者から名宛てされたモノとして購入し、また組み換え続けて、他者を名宛てするモノとして販売するような、こういう関係の中で、財貨とサービスが事後的に回っていくような新しい経済をつくりだすことになるのである。

「つながり」のコミュニティで起こっていること、それは、子どもや市民が偶然居合わせた他者とともに、過剰に自分語りを始め、その過剰な、宛名のない、勝手な自分語りが、他者との間で勝手に受け止められ、他者の自分語りへと展開することで、相互に「同期」が発生し、思いもよらないイメージや言葉がほとばしり、それがさらに他者との間で勝手な自分語りとして読み替えられ、組み換えられることで、常に次の新たなイメージへと展開し、それが実体化されていくという事態である。それは見知らぬ他者との間で、偶然そこに居合わせたという理由だけで、人は相互に「同期」し、いわば憑依し合って、自分を新たな関係の中で他者とともにつくりあげながら、自らのイメージを更新し、展開して、それを実体化しながら、組み換え、破壊し、改めてイメージ化しながら、言語化し、実体化するという、自己のつくりかえの作業、つまり運動を延々と続けるということである。

この自己のつくりかえの作業の中でなされているのは、他者との関係の中で、その都度、自分を実体化しながら、自分が存在している関係を多重に組み換えて、そこに自己のイメージを実体化させ、他者からの言葉を浴びて、解体し、組み換えていくという、自己表現の終わりのない運動である。この運動から、自己を表現した、とりあえずの、カスタマイズされた実体が、商品として立ち上がってくる。これが、「つながり」のコミュニティの新しい経済の基盤となるものである。

つまり、均質の時空が商品の希少性を生みながら、その希少性を普遍性へと解体することで利潤を得られる匿名性の大量生産・大量消費の市場経済ではなく、固有の時空が固有の身体性をそれぞれに立ち上げ、組み換え続けることで、他者へと名宛てされ続ける財貨とサービスが身体に遅れて提供されて、それが常に誰かへと名宛てされ続ける経済が生まれるのである。

2　遅延性の民主主義権力へ

そしてこのような新たな経済の生成は、権力としての民主主義の再生をもたらすことになる。グローバル資本が推し進める金融経済やサービス経済は、既述のように労働過程から時間と空間を排除し、人々の身体性を否定することで、価値の生産を解体し、人々が消費者のように行動する高度大衆消費社会をつくりだしている。この高度大衆消費社会では、消費者が求める価値はすでにあらかじめ決まっており、消費者は購入する価値と機能の提示をあらかじめ求め、購入することでその価値を所有することを欲望することになる。また、国内市場の「ミクロ経済上の値崩れ」は、雇用の縮小を招き、人々を労働過程から排除することで、その身体性にもとづく実存を否定することにつながっている。

このような消費社会では、原理的にはあらゆる価値があらかじめ決められており、または人々個人が措かれた社会関係において、価値がその都度、外側から決められるのであり、いずれにしても、価値の事前的かつ外在的な決定性から、人は逃れることができなくなる。そこでは、人々は超越的な規範権力を失い、自らが小さな「父」として他者を抑圧しようとする、不機嫌で不寛容な社会が生まれることとなる。権力そのものが、その場その場で構成される関係によって規定され、しかもその権力はあらかじめ価値を持った個人が持つ、互いに抑圧しあう関係として、事前に決定されるものとなる。

このような社会では、人々の行動は、事前に決められた価値基準つまり機能によって統制される他はない。つまり議論を重ねて、よりよい妥協点を見出すのではなく、あらかじめ決められた基準にもとづいて、その基準からの逸脱の当否をその都度判断することが重要にならざるを得ない。これは、人々の発話や行動が事後的にしか意味を構成しないがために、議論を重ねることで、よりよい共通認識をつくりだそうとする、そしてその背後には一般意志のような人としての普遍性が存在しているとする、議論とそれに依拠する民主主義の可能性に対する信憑を否定することと同義である。

つまり、高度大衆消費社会では、基準からの逸脱の幅が問題となるだけであり、基準そのものの当否は、あらかじめ決められており、議論の余地はなくなるのである。コンプライアンスの社会である。これはまた、天賦の人権を措き、一般意志を見出して、リヴァイアサンを前提に、分配としての権力や権利を議論してきたこれまでの民主主義の一つの帰結であるといってもよい。常に前提は一つの根拠であり、その根拠にもとづく分配つまり根拠が示す妥当な基準からの逸脱のあり方の当否が争われていたからである。

しかし、既述のような〈コトバ〉の事後性による〈カラダ〉の共有と身体性の生成は、〈コトバ〉が事後的であり、しかもそれが〈贈与〉されてから受け止められて〈答礼〉として還ってくる過程で、さまざまな解釈の可能性つまり固有性を内包しているのであり、常に議論を重ねながら、新たな身体性を構築することが必然化することになる。それはつまり、新たな価値を生成し続けるためには、解釈し、読み替え続けなければならず、自己を実現し続けるためには、解釈し、表現し続けなければならず、その過程で常に新たな権利や知識や価値を生み出し、流通させることで、さらに解釈し表現することが継続されるという循環を示すことになる。しかもその背後には、この循環を促す駆動力としての〈コトバ〉と〈カラダ〉に定礎された想像力が普遍として存在している。自らの身体性を生成する自由を他者との間で相互に認めあう承認の関係である。そこでは常に人々は「つながり」ながら、自らを構成し直し続けることになる。ここに、価値生成つまり表現の権力としての民主主義の可能性が改めてとらえられることとなる。

「想像力の経済」が発展するためには、新たな価値生成としての民主主義的な権力形成のあり方が問われなければならず、また「想像力の経済」は民主主義的な権力の生成をもたらさざるを得ないのである。人々が存在するネットワークが、このような新たな価値創造と自己実現の権力的な場となることによって、そのネットワークは固有性と遅延性にもとづく民主主義的な解釈と表現の場となり、権力の生成と循環の場は他のネットワークと交流することで新たなより普遍的な価値、つまり身体性にもとづく固有性をつくりだすことへとつながっていく。

そして、このようなネットワーク的なコミュニティのあり方は、従来の基礎自治体の姿を変えることになる。基礎自治体は、これら生成と循環のネットワークコミュニティの結節点に位置づきながら、人々の解釈と表現によって組織され、新たなコミュニティを生み出し、それらが相互に多重に重なり合いながら、社会をより多重に構成するハブ的な役割を担うこととなる。コミュニティの住人である人々が、自らの生活を営み、自己の身体性を生成させて、経済を回すことで、政治を動かすことになるのである。

(1) 藻谷浩介『デフレの正体――経済は「人口の波」で動く』、角川ワンテーマ21新書、二〇一〇年など。
(2) ヘーゲル、長谷川宏訳『精神現象学』、作品社、二〇一〇年など。
(3) マルクス、エンゲルス編、向坂逸郎訳『資本論（一）～（九）』、岩波文庫、一九六九～七〇年など。
(4) マルティン・ハイデガー、木田元監修、平田裕之・迫田健一訳『現象学の根本問題』、作品社、二〇一〇年など。
(5) マルティン・ハイデガー、細谷貞雄訳『存在と時間（上）（下）』、ちくま学芸文庫、一九九四年など。
(6) 同前書。
(7) ネグリ＝ハートは、これを「愛」と呼んだ（アントニオ・ネグリ、マイケル・ハート、水嶋一憲・酒井隆史他訳『〈帝国〉――グローバル化の世界秩序とマルチチュードの可能性』、以文社、二〇〇三年）。また、柄谷行人『マルクスその可能性の中心』、講談社学術文庫、一九九〇年など。
(8) 上野千鶴子『「私」探しゲーム――欲望私民社会論』、筑摩書房、一九八七年など。
(9) 宇野常寛は、これを「リトル・ピープル」と呼んだ（宇野常寛『リトル・ピープルの時代』、幻冬舎、二〇一一年）。
(10) 宮台真司『終わりなき日常を生きろ――オウム完全克服マニュアル』、筑摩書房、一九九五年。
(11) たとえば上野千鶴子、前掲書など。
(12) 牧野篤『認められたい欲望と過剰な自分語り――そして居合わせた他者・過去とともにある私へ』、東京大学出版会、二〇一一年など。

(13) 宮台真司、前掲書。宮台真司『世紀末の作法――終ワリナキ日常ヲ生キル知恵』、メディアファクトリー、一九九七年など。
(14) 古市憲寿『絶望の国の幸福な若者たち』、講談社、二〇一一年。
(15) 牧野篤、前掲書。
(16) 宇野常寛『ゼロ年代の想像力』、早川書房、二〇〇八年。宇野常寛、前掲『リトル・ピープルの時代』など。
(17) アサダワタル『住み開き――家から始めるコミュニティ』、筑摩書房、二〇一二年。
(18) 宇野常寛、前掲『リトル・ピープルの時代』。
(19) 牧野篤、前掲書。
(20) http://gigazine.jp/img/2007/04/06/technorati_blog/Slide0013.gif (二〇一三年八月六日確認)
(21) フェルディナン・ド・ソシュール、影浦峡・田中久美子訳『一般言語学講義――コンスタンタンのノート』、東京大学出版会、二〇〇七年。丸山圭三郎『ソシュールを読む』、講談社学術文庫、二〇一二年など。
(22) マルティン・ハイデッガー、細谷貞雄訳、前掲『存在と時間』(上)。
(23) 同前書。
(24) ネグリ＝ハート、水嶋一憲・酒井隆史他訳、前掲書。アントニオ・ネグリ、マイケル・ハート、幾島幸子訳『マルチチュード――〈帝国〉時代の戦争と民主主義』、NHK出版、二〇〇五年など。
(25) 濱野智史『アーキテクチャの生態系――情報環境はいかに設計されてきたか』、NTT出版、二〇〇八年など。
(26) クリス・アンダーソン、関美和訳『MAKERS――二一世紀の産業革命が始まる』、NHK出版、二〇一二年。
(27) ジークムント・バウマン、デイヴィッド・ライアン、伊藤茂訳『私たちが、進んで監視し、監視される社会について』、青土社、二〇一三年。
(28) クリス・アンダーソン、関美和訳前掲書。

第II部　生きることとしての学び

第1章　新しい「むら」をつくる――「若者よ田舎をめざそう」プロジェクト

1　疲弊する地域とプロジェクトの始動

1　中山間村の現実

「お前ら、いまさら何しに来たんだ。」地元のリーダーたちは、頑として口をつぐんだままだ。この地域では、初対面の者に対して「おんし」（お主）ということはあっても、「お前」ということはほぼない。それほど、彼らは部外者に不信感を抱いていたのだ。それでもと、酒の一升瓶を抱えながら、無理やり地元の集会所に上がり込む。無言のにらみ合いが続く。三日が経ち、四日が経つ頃に、彼らは重い口を開き、訥々と語り始める。その声にじっと耳を傾ける。彼らが語るのは、地区の過疎化の歴史であり、故郷を捨てた自分を責める言葉であり、子どもたちを都会へと送り出さざるを得なかった無念さであり、そしてそういう自分を慰めないではいられないかのように絞り出される「仕方がないじゃないか」という言葉だ。

過疎と高齢化に悩むこの地元は、過疎と高齢化が問題だというのであれば、それはすでに彼ら高齢のリーダーたちの親の世代からそうであった。日本の農山村は、政治的に都市の発展を支える後背地としての役割を担わされ、常に経済の動向に翻弄されてきた。この歴史の中で、住民たちは自らの生活の向上のために、農林業を営み、それを放棄して賃金労働力となり、産業労働者となること、貨幣経済に身を委ねること、そして子どもたちを都市の学校に出し、都市で生活を営めるように支援し、結果的に故郷である農山村が衰退することを受け入れてきたといっても過言ではない。彼らやその親の世代の人々は、時代の流れに身を委ねながら、そのときどきの最善の選択を繰り返しつつ、生活の向上を図ってきた、きわめて当然の人生選択をしてきたのだといってよい。この意味においては、農山村は常に都市化しようとする。しかも、その都市化には、産業労働者になることにともなう、都市的な文化、つまり個人主義的で自由で、カネで社会的な諸関係が決められていくような消費的な文化を受け入れ、自らがその担い手となること、そういうことが絡みついていた。

過疎と高齢化とは、いわば彼ら自身が自らの故郷をその生活文化を含めて根こそぎ否定することによって招かれた、彼らの故郷の姿であるといってよい。そして、彼らの子どもも故郷を捨て、また都市で生まれ、産業労働者として、公務員として、都市に生活し、彼らの孫たちは都市で生まれ、その故郷は彼らと同じではない。今、地元で家と田畑、つまり仏壇と墓を守っている彼らそのものが、一旦は企業の従業員として、公務員として地元を離れ、定年退職後に、年老いた親の面倒を見るために、また家や田畑を、そして仏壇や墓を守るために、この地元に帰ってきた者がほとんどなのだ。しかも、彼ら自身が、親から故郷を捨てて産業労働者になるように諭され、また都市的な生活にあこがれて、地元を離れているのである。しかし、彼らに他の選択肢があったのかといえば、それは後付けの論理にしかなりようがない。私たち後から来る者は、彼らの選択を間違っていたと非難することはできないし、してはならない。

2　地域自治組織の崩壊

そしてさらに、昨今の日本社会の構造的な変化がもたらす社会的な問題が重なる。つまり、農山村の過疎化・高齢化の問題は、すでに農山村だけの問題ではなくなり、日本の都市部の問題としても浮かび上がっているということである。この社会構造の変化は、人々の生活基盤である基層自治組織の解体として収斂していることを意味している。それは、地域コミュニティで、人々が互いに支え合う関係が壊れ、人々の生活が社会の基層から崩落しつつあることを意味している。このような、自治組織の解体は、その上に構築されていた基礎自治体の行政サービス分配のシステムが機能不全を起こし、従来であれば、行政サービスによって支援され、さらには救済されていた人々の生活、とくに高齢者や障害者など福祉や医療サービスによって救われていた社会的な弱者を中心に、地域コミュニティ住民の生活が軒並み不安定になっていくこととつながっている。

既述（第Ⅰ部第3章）のように、地域自治組織の解体は、基本的にはその基礎にあった地域の地縁的な関係が切断され、また崩れていることに起因する。それはまた、過疎化と高齢化という昨今の日本社会で急速に進展している社会構造の変容と無縁ではない。しかも、それが農村や中山間村といわず、都市部においても現象化し、社会問題化しているところに大きな特徴がある。一時、人口に膾炙した限界集落のみならず、都市部で急速に高齢化し、人口の減少を見せている「旧」ニュータウンや団地、さらには都市近郊の「旧」新興住宅地などで住民の自治組織が疲弊、解体し、すでに「限界団地」なる言葉も流布しているのである。

これらの地域コミュニティでは、はるか以前に青年団、婦人会（女性会）、子供会などの地縁組織は壊滅状態であり、自治会・町内会などの自治組織や老人クラブなども機能不全に陥り、また解消されてしまったところも多々存在する。その上、多くの地域では、青年団や婦人会（女性会）が消えた時点で、自主防災組織である消防団も姿を消しており、災害時の初動態勢が不安視されている。相互扶助のみならず、住民の生命に直接かかわる事態においても、地域コミュニティの組織的な協力が機能しなくなっているのである。

3　生きるに値する社会を

この地域コミュニティの疲弊に追い打ちをかけたのが平成の大合併である。その背景には、少子高齢化・人口減少、経済のグローバル化と長期不況による日本の社会経済システムの変容が存在する。分権・自治の名による国家の福祉領域からの退却は、福祉・保健衛生・医療・防災の広域化によって人々の命の保障を切り下げ、また教育の広域化つまり学校の統廃合が人々の文化的な紐帯を切断した結果、とくに農山村地区の急激な人口減少と高齢化を招く結果となった。自治の名において、地域自治組織がさらに解体の速度を上げているのである。過疎化・高齢化に悩む各地の中山間村がさらに急激に疲弊したのは、平成の大合併以降のことである。

その上、地域コミュニティにおける自治組織の解体は、都市部における人口集積地区とも地続きである。長引く不況と経済システムの変容により、いまやいわゆる非正規就労者は被全雇用者の五分の二となり、失業率も五パーセント前後に高止まりするなど、雇用不安が広がっている。基本的な経済生活を保障されない中で、人々が自らの居住する地域コミュニティを自治的に治めることは不可能であり、都市部における自治組織の疲弊も著しい。さらに、雇用の喪失や生活の動揺、そして地域コミュニティの疲弊は、人々に自らの存在への確信と相互承認関係を喪失させ、社会的なつながりを切断し、人々の孤立化を深刻なものとしている。この社会はすでに、人々がその生を十全に生きるのを困難なものとしているというべき一面を呈している。

私たちは、今日、生きるに値する社会をつくりだすために、人々の生存を「存在」において担保し、その生活を保障していたコミュニティを新たに創造するときに至っているといってよいであろう。このとき、このコミュニティとは従来のような地縁的なつながりのそれを示すのみならず、ボランティア組織やNPOなどのコミュニティ、さらにはインターネットを介したネットコミュニティなど、新たな形態をとるものを拒むものではない。概述したさまざまな社会問題は、旧来の地縁的なつながりが切断され、それに替わる新たなコミュニティが形成されてはいないがために生み出されているともいえる一面を持っているようにも見えるからである。そして、既述（第I部第3章）のように、そのコミュニティとは、人々の身体性に媒介される想像力を創発するものであることが求められる。私たちは、旧来の地縁的コミュニティに限らず、自らの「存在」を他者とともに認め合い、担保し合える新しいコミュニティをつくりだす必要に迫られているといえる。

2 当事者の思い

1 豊田市合併地区「生活文化（ひとの暮らしぶり）」調査

第II部で報告するのは、大きくはこのような構造的変容に見舞われる日本の社会において、地域コミュニティの新たな可能性を探り出すために行われた、より具体的には、平成の大合併にともなって急速に疲弊の度合いを深めている愛知県豊田市の合併町村地区において行われた、人が生きるに値する新しい価値と生活文化を実現し、かつ発信する地域づくりの試みの一端である。この試みは「豊田市過疎地域対策事業　日本再発進！　若者よ田舎をめざそうプロジェクト」と命名され、これまでのような規模の経済を基本とした社会においては十分に価値を認められてこなかった中山間村を、新しい生活のあり方を具現する地域へと組み換え、それを開かれたコミュニティとして形成することで、人々が豊かな社会関係の中で暮らせる「むら」をつくりだす実践である。

このプロジェクトは、平成の大合併により二〇〇五年に周辺六町村を合併した愛知県豊田市の前市長・鈴木公平氏からの依頼で始められた。その発端は、豊田市二〇〇八年度委託事業「生活文化（ひとの暮らしぶり）に着目した過疎地域の調査研究」にある。この調査は、豊田市の過疎地域である合併町村地区に、筆者らの調査チームが入り込み、関係者との交流を進めながら、インタビューや参与観察を繰り返し、当該地区の住民が抱えている課題や感情を汲み取り、当該地区の新たなまちづくりのあり方を模索することを目的として行われた。その結果は、すでに別稿にまとめて公表しているので、そちらを参照していただきたい[1]が、この調査の背景には、次のような問題が存在していた。

中核都市としての豊田市は、過疎と高齢化に悩む周辺の町村を合併し、さらに合併後、都市内分権を実施して、新たな分権型都市をつくりだし、行政的な効率と住民自治の向上を両立させ、自立的な住民生活を実現しようとする試みを進めていた。これが、豊田市における「平成の大合併」の基本的モチーフである。豊田市が周辺町村を合併したのは、水系を共有する上流水源の環境保全（森林保全）の必要と経済圏を同じくする周辺町村への中核都市としての責任感からであるといわれる。もともと旧豊田市そのものが合併を繰り返してできあがった都市であり、既述のような新たな社会構造において、広域行政を展開するために、逆に地域住民の地元コミュニティに対する自覚的な意識を高めることで、住民自治をより確かなものとする必要があるとの判断から、豊田市では合併を機に、旧豊田市も含めて都市内分権を進める態勢を整えてきた。この過程で、旧豊田市に設置されていた住民の自治組織であるコミュニティ会議のほか、地域住民の自発的な自治意識を吸い上げて各地域のまちづくりに住民自身が取り組むための組織としての地域会議、さらにそれらを財政的に支援する「わくわく事業」などを立ち上げ、合併町村地区を基本的な対象とした住民の自立を促す施策を展開してきた。また、過疎化・高齢化に悩む合併町村地区に対しては、コミュニティバスを運行するなど、生活の利便性を高める措置をとるとともに、いわゆる公民館施設である生涯学習センター「交流館」を設置し、旧豊田市と同じように専任職員を配置して、地域住民の学習とまちづくり、さらに地域振興を支援する態勢を整えるよう努力を重ねてきていたのである。

いわば、都市内分権を担う住民自治の受け皿として、地元住民の代表からなり、市役所支所と強い連携関係を持って、「わくわく事業」などの補助金を執行してまちづくりを進める地域会議と、従来の自治区(自治会)を基本とし、「交流館」に事務局をおいて、住民の文化・学習活動と深く結びつきながら、ボトムアップで地域課題を解決するコミュニティ会議との二本立ての行政システムで、都市内分権を推進する制度を構築してきたのである。

しかし、他方、各旧町村役場の市役所支所化と職員の削減、担当業務をいわゆる窓口業務と地域振興に限るなどの措置、さらに学校の統廃合による地域文化の中心の喪失などによって、住民の地元地区に対する心理的な求心力の低下がもたらされ、合併後、都市内分権とは逆のベクトルが作用して、合併町村地区が急速に疲弊する傾向が明らかとなった。それは、(一)合併町村地区において、豊田市中心部への通勤圏(自動車で三〇分から一時間圏)で急速な若年人口の流出、つまり過疎化と高齢化が起きていること、(二)住民の自治組織(自治区の基層組織である組など)の崩壊が著しく、行政サービスが末端まで行き渡らない問題が発生していること、(三)地域資源の急速な枯渇化が進展しており、合併町村地区は人が住むに魅力のない地域へと変貌しつつあること、などとして立ち現れていた。

2 中山間村疲弊のスパイラルと市長の焦燥感

この原因については、どこの調査会社に委託して調査を繰り返しても結果は同じであったと、市役所関係者はいう。農林業では人々の生活を維持することは困難であること、その上、交通の便が悪く、過疎化・高齢化にともなう地元産業の衰退が、人々の流出を促し、それが生活のインフラを後退させ、さらに人口の流出を促すという悪循環のスパイラルに陥っている、というのである。そして、調査報告は、このスパイラルを断ち切るためには、過疎・高齢化地区への経済的な支援と生活基盤の拡充が求められるとしていた。豊田市は合併後、これらの地区に対して、「わくわく事業」による経済的な支援、一日に二往復しかなかった民間企業の路線バスを廃止し、市営のコミュニティバス「おいでんバス」を一時間に何往復も走らせ、さらに公民館施設である「交流館」を設置して、地元の振興策に力を入れてきた。それでも、過疎化・高齢化の流れは止まるどころか、却って従来、過疎化が起こっていなかった豊田市への通勤圏で急激な過疎化が進み、地域自治組織が解体の度合いを強めていたのである。

筆者らに調査を依頼するにあたって、当時の市長・鈴木氏はこう語っていた。

「農林業では食えない、交通が不便だ、スーパーがない、コンビニがない、医者がいない。こんなことはもう五〇年も前からわかっていたことだ。いくらシンクタンクに依頼して調査してもらっても、どのシンクタンクもみな金太郎飴のように同じことをいう。ないないづくしでどうしようもない、と。でもね、地元の人たちは、地元を何とかしたいと思っている。私も、議会の反対を押し切って合併を進めたのは、過疎化と高齢化を推し進めるためじゃない。豊かな里山を守り、人がいきいきと生きることができる農山村をつくりだすためだった。何がどういけないのか、どうしてもわからない。しかし、手をこまねいて待っているだけでは、村は消えてしまう。とにかく、何かできるところから手を打っていきたい。何とか知恵を貸して欲しい。」

前市長の焦燥感にはこちらを圧倒するものがあった。

この言葉はその後、二〇一〇年に鈴木氏の口からこぼれ落ちた次のような思いへとつながっている。

「合併して五年が経ちましたが、ボクはいまだに「なぜ合併したんだろう」「何のために合併したんだろう」「合併してよかったのだろうか」、毎年一月になると、新しい仕事を始めるに当たってそう思います。これはボク個人がそう思っていると受け止めてほしいと思います。「合併なんかしない方がよかったね」という人もおられるかと思います。むしろ、「合併してよかったなあ」と思っている人の方が少ないのではないだろうか。そんな気がしてならないのです。」「私は、何か一つでも二つでも新しい展開ができていけばと思っています。」（豊田市都市農山村交流ネットワークシンポジウム「農村へシフト」における挨拶、二〇一〇年三月一四日）

行政の長としては率直すぎる言葉であるだけに、その言葉には重いものを感じざるを得ない。この市長の思いを受けて行われたのが前述の調査であった。そして、この調査の冒頭で筆者らが出くわしたのが、本章はじめの地元のリーダーたちの言葉であった。

3　地元住民の悲しみと怒り

いくら今日の地元の衰退が、自分の親の世代からの選択の結果であるとはいっても、故郷の衰退は地元に残っている住民の心を痛めないではいない。だからこそ、彼らはその土地の慣習を重んじ、お役を重んじ、長老支配と呼ばれるような内向きの論理に閉塞し、よそ者を排除することで、その地域を自らの美しい故郷として保とうとしているかのように見える。そして、これも理由のないことでない。インタビューに示された、彼らの投げやりな発言とあきらめきったような意見、さらにそうであるがための新しいものを拒否しようとするかたくなさは、彼ら自身が地元を自分たちの世代で終わりにしようとしていることの表出のようにも見受けられる。つまり、生活のために親元と地元と農林業を離れた自分たちが、この地域に最後の宣告を下すことで、自分の最期とともに、その地域を終わりにしようとでもしているかのように受け止められ得るのである。

ただしかし、彼らとの対話からは、そうはいっても、やはり自分の故郷が故郷として次の世代へと引き継がれていってほしいという思いを捨てきれない、そういう複雑な感情を読み取ることができる。

それだからであろう、ひとしきり地元の歴史を語ったその後に、彼らの口をついて出てくるのは、「あんたらに来てもらっても、もう、何もしてやれん」という言葉であり、そこでぐっと呑み込まれるのは、「すまんな」と誰に宛てたのでもない独り言だ。彼らは心優しい、地元のじいちゃんたちなのであった。それでも粘っていると、最後の最後に出てくるのは、「あんた、かかわった以上、最後までやってくれるか。このままじゃあ、どうにも気持ちが収まらん」。地元リーダーたちは、悲しみながら怒っていたのだ。自分に、そしてこの社会に。

4 新しい価値へ

筆者らも、かかわった者として、市長の思いと地元の人々の悲しみと怒りを真摯に受け止めたいと思った。そして、粘りに粘って聞き取り、見て取った地域の課題は、端的に調査の表題であった「生活文化」つまりひとの暮らしぶりが紡ぎ出す「文化」の問題として、集約されうるものであった。調査結果のより詳しい内容については、これも別稿にまとめて公表しているので[2]、そちらを参照していただきたいが、いわば地元の高齢者やリーダーたちを含めて、住民の地元文化に対する観点が、都市部産業社会の持つ拡大再生産および規模の経済の価値にもとづくものであり、その観点に立つ限り、自分の親や祖先がつくりだし、自らが今日護ろうとしている生活文化は、価値のないものであり、それはそのまま若い人々の流出と地元の過疎化・高齢化そして人口減少、さらに最終的には村落の消滅という結果を導かざるを得ないものである、という結論であった。

しかし反面で、日本社会は今日、構造的な転換期に入っており、都市民を中心として環境親和的な価値が急速に広がっているのも確かであって、健康で持続可能な生活スタイル（ＬＯＨＡＳ）を求める動きが新たなトレンドとしてわき起こっていることも事実である。それはまた、農山村が蓄積してきた生活文化とくに手の入った美しい田園風景を保つ美的感覚や技術、そしてそれらに裏打ちされたさまざまな加工品や伝統工芸品、さらには自然との共生を可能とするような生活スタイルが、都市的な文化と融合することで、従来遅れた無価値なものとして捨てられてきた地元が、新たに創造され直し、都市民との交流によって、農山村が新たな価値を発信する「地元」へと組み換えられ得る可能性を示唆するものでもあった。

そして事実、すでにこのような生活を始めている地元住民たちも存在していたのである。表面的には疲弊している中山間村の地元ではあっても、そこでは「嫁に来た」女性たちが、独自のネットワークを持ち、創造的に生活し、子育てを軽やかに楽しんでいる姿がとらえられた。彼女たちの口からは、「離婚でもすることになったら、夫に出ていってもらう。私たちはここの暮らしをとても気に入っている」という言葉が聞かれている。この思いは、中学生の子どもたちの価値観ともつながっている。彼らは、地元に高校がないため、高校からは地元を離れるが、自分たちはこの土地の環境や風土をとても大切に思っている、将来はきっと帰ってくる、と語っていた。地元の高齢者たちも、梅干しなどの伝統的な加工品をグループでつくり、都市に売ることで、小遣いを稼ぎ、毎年、旅行を楽しんでもいた。

これらの人々の生き方と通底する観点から導かれた農山村のいわゆる「振興事業」は、従来の規模の拡大を目指す経済の観点からなされるものではなく、むしろ人と人との関係を豊かにすることによって、農山村が蓄積してきた生活文化を新たに意味づけ、価値づけ、都市へと発信することで、都市と農山村の交流を活発化し、それがさらに農山村を新たな生活空間へと創造して、都市民を惹きつけ、そこに人が生きるに値する生活の場ができあがるという筋道を描くものであった。このために試みられたのが、モデル地域を選定した上で、そこに都市の若者一〇名を住まわせ、彼ら自身が、農業を基本とした生活を送りつつも、農家になるのではなく、地元の生活文化を発掘しながら、彼らの持つ都市的な文化と融合させて、新たな生活のあり方を生み出すこと、つまり「農的な生活」を実現することで、都市と農山村の交流を深め、それが地元の高齢者の生き方の変容を促すことで、新たな生活の価値を生み出す〈場〉へと地元コミュニティを組み換えることであった。

5　プロジェクトの始動へ

この構想を前市長の鈴木氏に伝えたとき、氏は筆者にこう語りかけてきた。「私には、先生のいう価値観がよくわかりません。私も古い人間なのでしょうか。拡大再生産を夢見て、ひた走ってきた世代だからかもしれません。農村出身なのに、その自分が農村の持つ価値を再評価するといわれて、疑問を持ってしまう。悲しいことです。もう調査ばかりをやっていても仕方がありません。とにかく何か一つでも動かして下さい。全面的に支援するつもりでいます。」

この結果、筆者の研究室と豊田市社会部それに民間企業の三者が連携しながら、このプロジェクトの枠組みをつくり、合併町村地区のまちづくり事業を行うこととなった。それは、豊田市がモデル地域を選定し、筆者の名古屋大学時代の教え子たちがつくっていた農業ベンチャー・(株)Ｍ‐ｅａｓｙがプロジェクトを豊田市から受託して、一〇名の若者を受け入れ、雇用関係を結んだ上で、地元に住まわせ、農業指導を進めるとともに、彼らメンバーとともに、これまで未知の「農的生活」を実現する実践を、地元の人々との協力関係をつくりながら、推し進めることを基本とするものであった。さらに、筆者の知人が経営するコンサルティング会社が、Ｍ‐ｅａｓｙの経営的な支援をすることで合意がなされ、事業が着手された。プロジェクト実施期間は、二〇〇九年四月から二〇一二年三月までの三年とされた。

3　プロジェクトの始動——プロジェクト初年度の成果と課題(3)

1　実施地区の概要

本プロジェクトの実施地区に選定されたのは、豊田市旭地区の敷島自治区と築羽自治区である。

旭地区は、二〇〇五年四月に豊田市に編入される以前は、愛知県東加茂郡旭町であった。旭地区では、今日、過疎化の進行により人口の高齢化が急速に進んでいる。地区外への就労の場を求める若者の流出や、少子化も進んでおり、新たな人口増加対策が課題となっている。本プロジェクト開始年である二〇〇九年の一月時点での旭地区の人口は三三五九人、そのうち六五歳以上の高齢者人口は一二九六人、実に三八・五八パーセントに達しており、豊田市の旧合併六町村の中でも最高であった。

図１　旭地区の風景

2　プロジェクトの概要

プロジェクトの実施期間は既述のように、当面二〇〇九年四月一日から二

図2　メンバー会食のひととき

○一二年三月三一日とされ、実施地区における実験的な取り組みが進められることとなった。プロジェクト参加メンバーは一〇名、全国公募によって募集し、地元との合意をとりながら、選抜することとした。

プロジェクトの目的は、当面以下のように決定された。

＊高齢化・過疎化で急速に疲弊する農山村の現状に対して、都市と農山村との共生を基本とした、新たな農山村経営のあり方を模索し、持続可能な農山村生活を実践して、農山村の持つ可能性を探るとともに、新たな生活スタイルを全国に発信すること。

＊そのために、全国から有為の若者を募り、豊田市内の中山間村に住まわせ、耕作放棄地その他を活用して、安全・安心な農作物を生産し、また地域の農作物を直接都市住民に届ける流通ルートを開拓して、農業を基本にした生活の基盤を形成するとともに、地元の文化・価値に学び、持続可能な「農」をテーマとした生活スタイルを確立すること。

＊豊田市・東京大学・民間企業・地元住民による産官学民の共同事業を組織することで、農業生産ばかりでなく、人々の生活と豊かな自然環境を守り、地域の文化資源を発掘し、豊かな人間環境と生活を実現する先駆けとなる人材を育成すること。

これらの目的を達成するために、二〇〇九年三月から準備作業とくに実施主体間の調整に入り、四月に豊田市によって対象地区の選定がなされ、旧旭町築羽自治区・敷島自治区が提示された。その後、具体的なプロジェクト実施準備に入り、地元への説明会を繰り返し実施するとともに、定住する若者を全国公募、一〇名の募集に三九名の応募があった。二回の選考会と住民との交流による選考を経て、最終的に八月に一〇名の若者が選抜され、九月から上記の築羽地区・敷島地区に入って事業を進めることとなった。一〇名のうち、男性が七名、女性は三名であった。

一〇名の生活については、豊田市の尽力により「平成二一年度ふるさと雇用再生特別基金事業」に応募し、支援を受けることができた。具体的には、（株）Ｍ－ｅａｓｙが本事業を豊田市から受託し、同社が参加者一〇名を雇用して、当該地区で本プロジェクトを展開することとした。

一〇名は、豊田市から斡旋された福蔵寺および東萩平の家と呼ばれる空き家に、六名・四名に分かれて集団生活を行うこととされた。

図３　メンバー農作業風景。奥は福蔵寺

当該地区には、二〇〇九年九月一日に一〇名全員が転入、住民票を移して、事業が開始された。

農作業は（株）Ｍ－ｅａｓｙが指導し、農作物の販売ルートの構築はＭ－ｅａｓｙの関連企業であるやさい安心くらぶＬＬＰが、農村経営者としての教育はコンサルティング会社が請け負うこととし、事業にかかわる地元との折衝および行政的な措置については、豊田市社会部自治振興課・旭支所が受け持ち、事業全体のコーディネートは東京大学牧野研究室が行うこととした。

第一年度は、集団生活のリズムをつくること、開墾・土づくりを基本とした農作業および農作物販売の基礎を身に

図4　農作業のひとこま

つけることとともに、上記の目的を実現するために農村経営者としての自覚を高めるさまざまな教育プログラムが準備された。それは、（株）Ｍ－ｅａｓｙの担当者が参加者と一緒に集団生活をすることで日々の指導を重ねるとともに、参加者一人ひとりが毎日日報をつけ、コンサルティング会社に報告を上げること、参加者が組織する事業チームにおけるミーティング、参加者の代表と（株）Ｍ－ｅａｓｙ、やさい安心くらぶＬＬＰおよびコンサルティング会社の担当者による毎週のミーティング、毎月の定例講演会などから構成された。

二〇〇九年九月より、実地に開墾と土づくりおよび短周期の作物の作付けを進め、二〇一〇年度以降の本格的な農作業のための準備を進めた。二〇〇九年度は、居住地である福蔵寺と東萩平の家近くで借り上げた耕作放棄地を畑へと開墾し、畝づくり、作付けなどの作業を行った。このほか、（株）Ｍ－ｅａｓｙの担当者の指導により、有機・無農薬による栽培を実現するため、竹炭を使った土壌づくり、圃場の整備などが進められた。

また、近隣との間にも、挨拶回り、地元自治会への加入とお役の分担、地元の運動会・祭礼への参加など、良好な関係をつくることに努め、好意的に受け入れられた。

さらに、彼らが地元に定住することで、地元住民にも変化が見られ、当初の目的の一つである農山村における見守りと新しい生活スタイルの実現に向けて、着実に歩みを進めることとなった。築羽地区の住民による加工品工場である「つくば工房」を拠点として加工品の製造と販売を進める可能性も検討された。

3　プロジェクトの成果と課題

初年度は、具体的な事業が始まって半年の時点での評価であるため、全面的な評価には至らないが、以下の点で成果があがったと考えられる。

1　出身も生活習慣も異なる一〇名の若者が、初めて出会い、初めての土地で、一人の脱落者も出すことなく共同生活を維持できた。彼らの共同生活への努力は評価し得るとともに、今後の農山村振興のあり方に一つの希望を抱かせるものだといえる。

2　メンバーが半年間、大きな問題もなく共同生活を営んでいられた大きな要因の一つに、本プロジェクトの基本的なコンセプトである新しい生活スタイルの実現とそのための農村経営コーディネータの育成というアプローチの仕方が、彼らに受け止められていたことがあげられる。それはまた、メンバー選考の過程で、何度も農業や農村に対する思いを綴らせ、面接を繰り返して、彼らが単なる農業生産者になることを期待されているのではなく、また彼ら自身も農家になることそのものを希望しているのではなく、新しい生活をつくりだすことで、新しい社会をつくろうとする意志を持っていることを自覚させていったことの結果であると思われる。

3　メンバーを支援するさまざまな関係者が、有機的に結びついて、一つの仕組みとして機能し始めた。とくに地元住民が彼ら若いメンバーを好意的に受け入れてくれ、彼らの新しい試みを温かく見守ろうとしてくれたことが、メンバーにとっては最もありがたかったようである。それは、本プロジェクトがその設計の段階で、人と人とのつながりをつくることを基本として、メンバーには地元の人々の中に入り込むこと、地元のお役を担うことなどを求めていたことと深くかかわっている。地元との良好な関係は、初年度事業終了時にメンバーが残した次のような記録からもうかがえる。

・心の底から、ありがとうございます。感謝の気持ちで一杯だ。本当に皆さん温かい。
・自分たちがきて話題になって終わりでなく、ここから一緒になって新しいものを生み出していく。
・つくば自治区の景観に一目ぼれ。残さなければならない。豊かな自然、田舎暮らしはとても快適。

4　地元住民の意識と行動にも変化が見られた。プロジェクト開始決定当初はプロジェクトの効果に対して懐疑的であり、いわゆるよそ者を入れることに拒否感を示していた住民もあったが、メンバーが住民票を移し、定住して、農作業を進め、また地域のさまざまな活動に参加することで、住民の中に意識や行動の変化が見られるようになり、メンバーの生活の世話をしてくれるほどまでになった。また、メンバーの居住地区でもある敷島自治区では、この事業をきっかけに、住民が地区の将来計画を策定し、自らの力でまちおこしを進めようとする気運が高まり、まちづくりのシンポジウムを住民の力で開催するなど新たな動きが出るほどになった。さらに、築羽自治区ではつくば工房を拠点とした加工品の生産と販売などを視野に入れた、メンバーとの連携が模索されるなど、住民の中に自主的な動きが見られるようになった。

5　地元の文化の発掘と伝承そして新たな展開への可能性がとらえられた。メンバーが住民と交流する中で、消滅寸前の伝統的な加工品の加工技術や食事の存在を知り、その伝承を受けることで、新たな時代に合うようにアレンジした伝統食品を考えることとなった。たとえば、築羽自治区には、冠婚葬祭に出していた伝統料理「本膳料理」があるが、すでに八五歳以上の女性でないとそのレシピや配膳の仕方を知らないといわれ、消滅寸前であった。メンバーがそれを聞きつけ、土地の古老に聞き取りを進めて、レシピを復活させ、その復活イベントを地元住民とともに行った。その後、「本膳料理」を新たな健康食として社会に発信する可能性が検討されている。

6　「日報」による日常的な指導と管理・自己省察ができる経営者へと彼らを育成する教育が進められた。この

「日報」はメンバーが毎日の作業の終了後、宿舎に帰り、食事や入浴を済ませた後、教育を担当したコンサルティング会社あてに電子メールで送っていたもので、「農作業日報」「研修記録簿」「今日の疑問・今日の理解」の三つの文書から構成されていた。これらは、メンバー一人ひとりがその日一日の自らの行動を振り返り、学んだことや反省すべきことを自覚するために活用された。

以上のように、初年度としては順調な滑り出しを見せた本プロジェクトであるが、第二年目に向けて、いくつかの課題が存在した。それは、次のようにまとめられた。

第一年目は、開墾中心の生活をしてきたため、彼らに対する指導を重ねてきたとはいえ、本プロジェクトの「農的な生活」を実現するという理念や自立型農業のあり方、持続可能な農村について、全員が十分に理解し、咀嚼し、自分のものとしているわけではなかった。それは、彼らのチーム内での議論でも、議論の中心が技術論的なものに片寄りがちであり、大局を見据えた、自分の生活と地域コミュニティのあり方とを結びつけつつ、将来を構想するものになっていかない傾向があることからも明らかであった。この点について、関係者で十分な議論を尽くしつつ、彼らを支えて、自立した農村経営者へと育成することが求められた。

（1）牧野篤『人が生きる社会と生涯学習――弱くある私たちが結びつくこと』、大学教育出版、二〇一二年の第Ⅱ部第五章「地元社会の再編と生涯学習の課題――愛知県豊田市の合併町村地区を一例に」を参照されたい。

（2）同前書、第Ⅲ部第七章「過疎・高齢化中山間地域再生の試み――豊田市過疎地域対策事業「日本再発進！　若者よ田舎をめざそう」プロジェクトの構想と第一年目の報告」を参照されたい。

（3）同前論文に詳しい。本章は、概要を記すこととする。

第2章　プロジェクトの苦悩とメンバーの苦闘——第二年度の経過と成果・課題

1　苦しみ抜いた一年

本プロジェクトの第二年度は、メンバーが苦しい模索を経て、新しい方向へとプロジェクトの舵を切る過程であったといってよい。

第二年度も、初年度と同様、一〇名のメンバーに対して、（株）M-easyとコンサルティング会社の指導が継続され、メンバーの一〇名が農業生産で一定の成果をあげ、新たな農村経営者として自立していく糸口をつかむことが期待された。また、本プロジェクトの基礎を支え、メンバーの生活の基盤である経済的な安定を実現するために、農作物を都市部で販売するネットワークの構築も、やさい安心くらぶLLPによって、着々と進められ、二〇一〇年夏には、プロジェクトで生産される野菜の供給が需要を満たしさえすれば、当初目標とされていた年収二〇〇万円から三〇〇万円を達成することが可能になるところまで、準備が進められていった。

図５　プロジェクトメンバー

１　高まるメンバー内の不協和音

しかし、初年度に「理念共有に至らず」と危惧されていた、メンバー間のプロジェクトの理念に対する理解の深さの違いとそれがもたらす方向性のズレ、さらにはそこから生まれるメンバーとＭ-ｅａｓｙ・コンサルティング会社との間の認識の齟齬などが重なることで、第二年度開始の当初から、プロジェクトは不協和音に悩まされることになる。

本プロジェクトは、それが中山間地域活性化つまり過疎地域対策のモデルケースとなるためには、新たに転居したメンバーが経済的にある程度自立し、農村で生計を立てられることを示す必要があるとの認識から、当初、農業生産に力を入れるとともに、都市への農作物の直販ルートを構築して、中山間村に利益を還元する仕組みをつくりだすことがめざされた。その上で、メンバーがいわゆる「農」のある生活を営み、また当該地区の住民と交流し、さらには高齢者の見守りなどをしながら、落ち着いた、新しい生活スタイルを確立することが目標とされた。そのため、Ｍ-ｅａｓｙおよびコンサルティング会社の指導ははじめのうち、農地の開墾と作付けおよび都市での需要の高い無農薬・有機野菜の栽培に力を入れ、生産性を高めるためにはどうしたらよいのかをメンバーに考えさせ、実践させるところに重点がおかれてきた。

メンバーはこの方針の大枠を理解してはいたものの、その実現のあり方に対するイメージや実現に至るプロセスの理解などに個人差が生じ、初年度からその落差の解消が課題化されることとなった。基本的には、生産を基礎に、農的な生活を送るという場合、生産で自立できるところまで十分な量の農作物を生産できるようになることが第一だと考えるメンバーと、農業生産は大事だが、それは農的生活を送るための条件・手段であって目的ではないと考えるメンバーとの間での意見の相違であり、それが共同生活を送ることで、感情的なしこりとして大きくなっていった。

しかも、この感情的なズレは、メンバー相互の意識の齟齬として表面化しただけではなく、Ｍ－ｅａｓｙやコンサルティング会社の指導に対する不満として現れることとなった。その結果、Ｍ－ｅａｓｙとコンサルティング会社が指導を強めれば強めるほど、メンバー間の対立が深まり、また企業による指導から一部メンバーが離反する傾向を示すほどにまで関係が悪化することとなった。その結果、Ｍ－ｅａｓｙとコンサルティング会社の側の彼らメンバーに対する評価も大きく動揺することとなり、それがまたメンバーの離反を促すという悪循環に陥っていった。

結果的に、農作業を共同で行うという従来の方針に変更が加えられ、メンバー一人ずつが自分のやりたいような農作業を行えるように、畑を個人担当制にして農作業を進める方式を採ることとなった。

しかし、この方針が、農業生産を効率的に進めることを阻害する結果となり、第二年度は、農業生産においては顕著な成果を挙げることなく終わることとなった。

この当時の状況を、Ｍ－ｅａｓｙ代表の戸田は次のように記している。

「プロジェクト開始当初からメンバー間での価値観に相違があり、共同生活をする中においても解消されることなく、反対に時間の経過とともに共同生活であるがゆえに互いに気を遣い過ぎる面が一部強調されることになった。農作物生産が順調にいかない中で、ひとつの不協和音が全体に波及することにつながった。／そのため、プロジェクト開始当初は全員で作業していたことを畑ごとに担当を置き、栽培をすることになってしまった。」(1)

この当時の苦しさについては、メンバーも次のように記している。

「今日みんなでいろいろ話しましたが正直なところ目標をひとつにすることは難しいと感じました。」

「ミーティングでいろいろと皆の意見は飛び交ったものの、内容的にはそれほど進まなかったように思います。」

「自分も含め、それぞれ個々が責任もってしっかりしたものをミーティングに持ってこないといけません。」

「ミーティングはイマイチな内容でした。煮詰まってしまった所もあったし、アイディアがなかなか生まれませんでした。話に全員参加している感じもしなかったし、一部の人だけでやっているようで残念でした。」

「どこか、全体的に皆が苛立っているように思います。自分もその原因のひとつでしょうが、イライラは伝染するので、気をつけたいです。(2)」

2　異常気象による不作

このメンバー間の不協和音に拍車をかけたのが、二〇一〇年の異常気象であった。二〇一〇年の春は寒波と多雨で、夏野菜の作付け作業が大きな影響を被り、夏は猛暑で、夏野菜の栽培は壊滅的な打撃を受けることとなった。メンバーは、各個人が孤立する形で、猛暑の中、農作業に従事し、初めて経験する夏野菜の栽培と収穫は、その生産を効率的に進めるためになすべきことを指導する人もいないまま、惨憺たる結果となった。この結果がまた、メンバー相互およびM－easy・コンサルティング会社との間の不協和音を高めることにもなった。

また、二〇一〇年はイノシシなどの獣害にも悩まされることとなった。異常気象は、イノシシの餌となる植物の成長を阻害し、イノシシが里に出る原因の一つとなった。メンバーは地元の人々の協力を得て、農地に電柵を張り巡らせるなどの対策を採ったが、それがまた農作業に影響し、作業が遅れることで、農作物生産が滞る結果ともなった。

さらに、秋から冬にかけては、長く厳しい残暑が続き、秋野菜の作付けと成長が滞り、その後、すぐに厳寒の冬となるなど、農業生産にとっては過酷な一年であった。

その上、プロジェクト実施地区である旭地区は中山間地区でもあることから日照時間が短く、作物の生育も思わしくなく、収穫が想像以上に振るわないという結果を招いた。そのため、やさい安心くらぶが開拓していた都市部の販売ネットワークに作物を供給することができず、やさい安心くらぶそのものも経営的な困難に陥るなど、プロジェクト全体が苦境に立たされることとなった。

この間の事情を、前出Ｍ‐ｅａｓｙ代表の戸田は、次のように語っている。

「二〇一〇年度は、春の寒波・多雨、夏の猛暑、秋の長く厳しい残暑のあとすぐに寒い冬が到来するなど変化の激しい気候条件に見舞われ、加えて、旭において昨年の四倍以上のイノシシ駆除数に見られるように厳しい獣害にみまわれた。／遊休農地における日照条件の悪さもあり、想像以上に収穫が見込めず、夏からの販路の受け皿として準備していた名古屋市内での移動販売所もスタートできず、大きな経営的な岐路に立たされた。[3]」

図6　農作業のひととき

異常気象・獣害については、メンバーも次のように記している。

「トウモロコシの被害――トウモロコシが何者か（ハクビシン）に食い荒らされてしまいました。ネットを張るなど対策が必要だと痛感しました。」

「防獣ネットを張りカラス対策を強化しましたが、様子をみてさらに強化します。」

「試行錯誤しながら西瓜に防鳥ネットを無事に張ることができてよかった。」

「異常な暑さが続いています。体調に気をつけて作業に取り組みます。」[4]

3 メンバーの離脱

またさらに、この年、メンバー二名がプロジェクトから離脱するという事件が起きている。一名は親族が病気となり、看病および介護などの世話の必要から二〇一〇年五月にプロジェクトを離れ、もう一名は結婚・妻の妊娠により、本プロジェクトが提供する収入では、家計が安定しないとの理由から八月に離脱している。いずれも、本プロジェクトの進行に直接かかわっての離脱ではなかったが、プロジェクト発足当初からのメンバーであったため、残されたメンバーの間に動揺が走ることとなった。

この二名の離脱は、残されたメンバーに改めてこのプロジェクトの意味を考えさせ、今後の方向性やあり方についての不安を広げることとなった。

4 地元住民の立ち位置

地元住民は、当初から彼ら一〇名を快く受け入れており、メンバーもそのことに率直に感謝の気持ちを表すなど、相互に良好な関係が成立していた。それは第二年度においても変わらず、むしろこの関係はより強化され、メンバーと地元住民との感情的な交流はますます緊密になり、メンバーの地元住民に対する思いも深いものがあった。住民は、結婚・妻の妊娠によってプロジェクトを離れたメンバーに対しても、二人が新たな生活を営めるように空き家を斡旋したり、妻が収入を得られるように地元のゴルフ場の職員の職を紹介したりと親身になって世話を焼いてくれ、当該メンバーもこのことには深く感謝していた。結果的に、このメンバーはプロジェクトを離れることになり、それは地元住民をがっかりさせることにはなったが、メンバーの住民に対する信頼感は深まることとなった。

しかし、このように良好な関係が当初から続いていながらも、こと農業生産の面となると、住民は彼らメンバーをある意味で遠巻きにして見ていたとでもいえる状態であった。その理由も、住民たちがメンバーを大事に思う気持ちにあった。このプロジェクトでは、農業生産は無農薬・有機栽培を基本としており、しかも不耕起農法を採用するなど、新たな試みを行うもので、地元住民が親しんできた化学肥料・農薬を使う近代農法とは異なるものと受け止められており、住民が彼らメンバーの新しい試みを邪魔してはいけないと遠慮していたのであった。新しい農法は、どうやったらうまく作物が育つのか、地元農民にとっても未知のものであり、口出し、手出しをしてはいけないと自制していたという。

しかも、本プロジェクト実施前から、また開始後も、地元に対する説明の中で、農業についてはM－easyが指導することが伝えられており、その指導に影響を与えてもいけないし、せっかく若い彼らがこの過疎の村に来てくれたのに、下手に口出しして、嫌われてもいけないとの住民心理が働いてもいたようである(5)。

そのため、良好な関係にありながらも、メンバーがお互いの不協和音から自分の畑を持って個別生産に入り、右往左往し、しかもこの年の異常気象に悩まされて、四苦八苦しているときにも、地元住民はその姿を見て、何とかできないのかとやきもきしながらも、手出しすることはためらわれたというのである。それが、結果的に、メンバーの生産を壊滅的な状態にしてしまうことにもつながっていた。

5 転機

このように、メンバー間、メンバーとM－ｅａｓｙ・コンサルティング会社との間の不協和音が、さまざまな要因と共鳴し合うことで、結果的には農業生産が打撃を受け、メンバーの生活そのものを脅かすような悪循環を形成してしまっていた。その根本にはまた、メンバー相互の中山間地区で生活することに対する思いやイメージの齟齬という超えられない壁が存在していたといってよい。

これに転機をもたらしたのは、本プロジェクトの委託元であり、メンバーの支援者でもある豊田市社会部職員の関与であった。彼は、これまでのプロジェクトの方向性が、生産を重視するあまり、メンバー個々人の思いや成長に寄り添っていないと感じ、慣れない農業生産にメンバーを駆り立てるよりは、メンバーそれぞれが農山村に対して抱いていたイメージや新しい農的な生活へのあこがれなどを受け止めつつ、彼らの主体性を尊重する指導が重要ではないかと考えていた。そこで、彼が直接メンバーと面談し、今後のあり方について、各自の思いを聞き出すとともに、その思いを実現するようにプロジェクトの方向性を組み換えるよう示唆を出すこととなった。

しかし、これが今度は、委託元の豊田市が、委託先であるM－ｅａｓｙとコンサルティング会社の意向を確かめることなく、事業に直接口出しをしたと、両者には受け止められ、豊田市と両者との関係がぎくしゃくし、意思疎通に支障を来す結果となった。このような豊田市職員の行動には、本プロジェクトが第二年度に入る二〇一〇年四月に、豊田市役所内部の人事異動があり、それまで本プロジェクトの前段階である東大牧野研究室による合併町村地区調査、そして本プロジェクトの準備と初年度の実施にかかわってきた豊田市社会部自治振興課の職員が、大幅に入れ替わったことが影響している。事業の継続性の観点から、留任した一部の職員にプロジェクト遂行の負担がかかり、また彼らの責任感の強さや中山間村振興への思いの強さもあって、このような行動に出てしまったというのが本音のところのように思われる。

その結果、メンバー内部で、生産を重視し、生産で自立すべきだとＭ－ｅａｓｙやコンサルティング会社の立場に立つメンバーと、豊田市の職員のいうように新しい農的な生活に重きを置きたいメンバーとの間で意見の相違が表面化し、対立の様相を呈することとなった。二〇一〇年の七月にはこの意見の相違がピークに達し、折からの猛暑による農業生産の低迷と相俟って、プロジェクトは立ちゆかなくなる寸前にまで追い詰められていった。

しかし反面、このようにメンバー内部で対立に近い状況が生まれつつも、彼ら自身には自分がこの土地に移り住み、住民に世話になっていることから生まれる感謝の念にも近いものが育っていた。この思いが、自立してこの地域で生活できることによってこそ恩返しができるという気持ちへと展開しており、そのことが彼らを分裂させず、彼ら自身が自分たちでできることを考えて、このプロジェクトのあり方を模索しようとする動きへと連なっていった。

それを支援したのが、前記の豊田市職員であり、またＭ－ｅａｓｙのリーダーであった。八月二五日、彼らメンバーは、自ら準備して、今後この地域でどのような農業を行い、どのような生活をしたいのかを、地域住民を招いて表明する発表会を開き、改めて自分のこの地域や農業、そして農的な生活への思いを住民に訴え、また自ら確認することとなった。

6　新しい方向へ

豊田市、Ｍ－ｅａｓｙ、コンサルティング会社など関係者から本プロジェクトの状況をそれぞれ伝えられていた筆者は、この発表会前後、プロジェクトの基本的な設計を行った者の立場から、メンバーと繰り返し面談を行うとともに、豊田市社会部関係者、Ｍ－ｅａｓｙ、コンサルティング会社、さらに地域住民のリーダーたちとも話し合いを繰り返し、今後の善後策を検討した。その結果、豊田市からは本プロジェクトの基本は農業生産のみではなく、むしろ農的な新しい生活の実現であることを理解し、委託元として委託先の意向を飛び越えての介入は行わないことの確認をとりつけるとともに、M‐easy・コンサルティング会社とは、生産への過重な期待と指導をとりやめるとともに、M‐easyの現地指導者を生産主体から生活主体へと切り替えることのできる人物を配置する態勢を取ること、コンサルティング会社と豊田市の関係を冷却する期間をおくことで同意を得ることができた。また、地域住民とは、住民がもっと積極的に彼らメンバーに関与すること、住民はメンバーにもっと頼って欲しがっていることを確認した。

コンサルティング会社を切り離したことの理由の一つには、本プロジェクトにおける農業生産が低迷しており、収穫を予定して都市での販売網を拡充してきたやさい安心くらぶが一時期経営難に陥り、そちらを立て直す必要に迫られたからでもあった。やさい安心くらぶは、農作物を都市民との間で対面販売によって販売し、利益を還元する役割を担っていたが、本プロジェクトの生産が低迷することで、準備した販売網に野菜を流通させることができず、機会コストの上昇によって、経営難に陥ってしまったのであった。やさい安心くらぶメンバーの生活もかかっており、しかも彼らと取引のある農家の信用と経済的な収入とも深くかかわる事態であったため、やさい安心くらぶを一旦本プロジェクトから切り離した上で、改めて経営を立て直す必要があり、コンサルティング会社がそれを担うことが求められたのである。

つまり、本プロジェクトの方向を、農業生産を基本としつつも、当初から模索されていた新しい価値を持つ農的な生活を実現する方向へと、この時点で改めて舵を切り直したのだといってよい。その背景には、メンバーと面談を重ねるうちに、筆者のなかに形づくられたある種の確信にも似た感覚があった。それは、次のようなものであった。

メンバーたちは、互いに意見の違いに苦しんでいながらも、集団で生活し、集団で語り合い、互いに本音を出し合って、愚痴をいい、批判し、対立することでこそ、却って、自分がメンバーとともに生きているという強い感覚を抱いていること。新しい農的生活を主張するメンバーも生産の重要性を否定しているわけではなく、生産の基礎の上に新たな価値を持つ生活をしたいと考えていること。メンバーの誰もが、旭地区に住み、住民とともに生活し、地域のお役をこなし、作物を分けてもらい、住民と一緒になってさまざまな活動を行うことで、自分が人々に受け入れられていることを実感して、うれしいという感情を抱いており、それが住民に恩返しをしたいとの思いへと展開していること。そして、このような思いを基礎に、すでに半数のメンバーがプロジェクト終了後も、この地域に住み続けたいとの希望を抱き始めていること。こういうメンバーの思いを見出すことができたのであった。

図７　地元の人たちと忘年会

そしてさらに、このメンバーの思いを受け止めてくれる住民の存在を確認できたことも、大きな意味を持っている。地域住民は、メンバーがこの地域に入って農業生産を行うだけでなく、住民といっしょになって生活を営むことに、喜びとありがたさを感じており、メンバーの力になりたいと願っていたのである。

そこで、本プロジェクトの方向を、生産に偏った形での自立を模索することから、生産を重視しつつ、新たな価値を持つ農的な生活の実現へと組み換えるとともに、以下の諸点を実行に移すように調整を行った。①M－ｅａｓｙの責任を農業指導から生活提案とメンバーの活動全体のコーディネートに移し、事業主体としてのM－ｅａｓｙがこの地域で新しい価値を持った農的生活を実現する母体として機能するように、担当者を入れ替えること。その結果、九月からＭ‐ｅａｓｙ代表の戸田夫妻が旭地区に引っ越し、メンバーと生活をともにしながら、新しい生活を実現していく核としての役割を担うこととなった。②農業生産とともに生活全般について、より一層地域住民との関係を強化すること。それまで遠慮して手出しをしなかった住民に対して農業指導を仰ぐこと。さらに、地元の埋もれた食材や文化を発掘し、それを新たにアレンジして、新たな価値のある農的生活実現のための糧とすること。③本プロジェクト終了予定の二〇一二年三月を見据えて、この地域で生きていくために何が必要なのかを仲間とともに考え、実践し、それを実現していくことで自らをこの地域の経営者として自立させること。そのためにこそ、地域住民に頼り、彼らに恩返しをし、農業生産を基本としつつも、それにかかわる豊かな文化を発掘し、それを新たな価値へと組み換えて、都市の若者たちが羨むような生活スタイルを確立して、発信すること。

2　新しい希望へ

1　離れられない理由

二〇一〇年九月からは、上記の方針に基づいて、Ｍ‐ｅａｓｙ代表の戸田夫妻が移り住み、メンバーと農村生活を共有し始め、新たな生活づくりに向けての活動が始まった。しかし、この年は晩夏から初冬にかけても異常気象であり、農業生産は低迷を続け、メンバーは苦しみ続けた。また、プロジェクトの方向転換によって生産中心に自分の生活を考えていたメンバーは、自分を否定されたような感覚を抱いたようであり、そのケアに戸田夫妻があたり、それを筆者が側面から支えることが必要な期間がしばらく続いた。

しかし、彼らはそれをも仲間の問題として受け止めて、集団で乗り越える力を発揮し、冬には、メンバー中心の企画を相互にプレゼンテーションしながら、自分のすべきことを確認するとともに、チームでプロジェクトに取り組むことの意味を見出していった。

メンバーの一人は、レポートで次のように書いている。

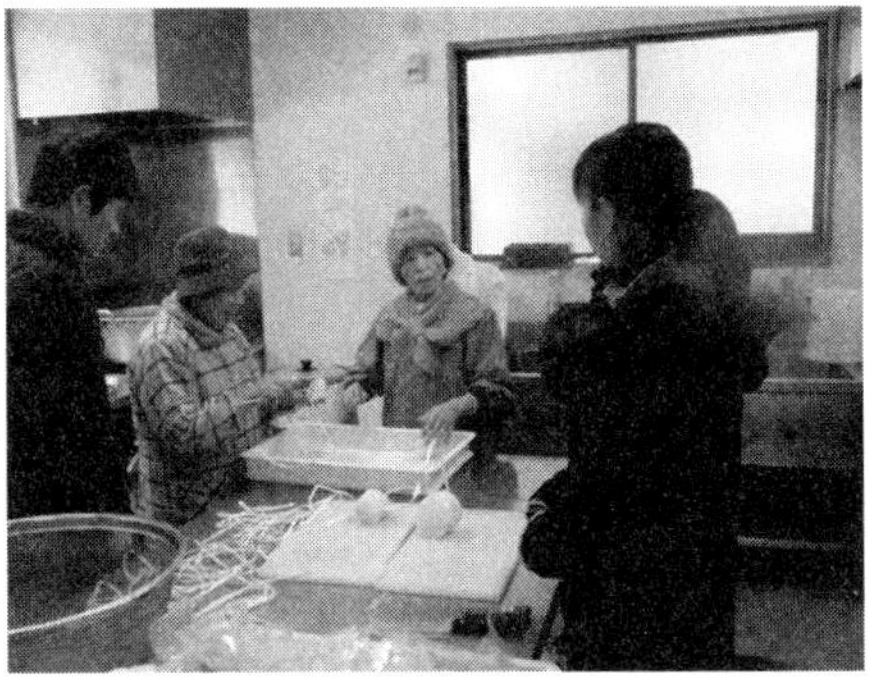

図８　凍みダイコンづくり

「一年間ここで生活してきて、今感じている事が二つあります。一つはもう太田［メンバー居住地区の字名――筆者注］の人間だと自分が思っている事。もう一つは一人ではなく仲間が必要であるという事です。／はじめは皆さんが、ただただ親切にしてくださるので、ありがたいなと思っている程度でしたが色々な年間行事を一緒にしていく中で、AさんやBさんが「ここを変えていきたい」と本気で思っているのがこの一年で凄く伝わってきました。そしていつしか自分もそこに加わり、一緒になってやっていきたいと思うようになっていました。この人たちとだったら何でもできるような気がするし、わくわく感があって楽しい。楽しいと感じる事は自分にとってはとても重要な事です。／また自分が太田組だというのと同じように、自分達は旭ファームの人間です。チームです。と今は言えます。[6]」（一部伏せ字）

彼らが離れられない理由ははっきりしている。彼らはこの一年半のプロジェクトで、自分をこの地域の人間だと意識し、自分が仲間とこの地域の人々に受け入れられ、役に立てることを実感しており、自分が生活していくためには、そして、しっかりと地に足をつけて生きていくためには、仲間と地元の人々が必要だと感じていたからである。

彼らはこう綴っている。

「今日はつくば自治区の盆踊りでした。あいにくの雨ではありましたが、体育館での開催となり、熱気ムンムンでそれはそれで楽しかったです。支所の方から、区長や組長、工房の方々と日ごろからお世話になっている人たちと沢山喋る事も一緒に話す事もできて本当に良かったです。自分達が行くことで、みなさんが喜んで下さるので本当に嬉しいです。」

「盆踊りでたくさんの地域の方が歓迎してくださり、うれしかった。」(7)

また、チームから離れたメンバーが折りを見ては訪問してくれていることも、彼らの結びつきの強さを物語っている。彼らは、感情的に行き違いなどがあろうとも、お互いに気を遣い合う仲間として自らを意識していたのである。

メンバーは次のように記している。

「久しぶりにCくんが訪ねてくれました。元気そうでした。今後も農業を通じて、お互いに有益な情報を交換し合えたら良いと思います。」(一部伏せ字)

「D君がわざわざ福蔵寺まで来てくれて、販路の話をしていってくれました。辞めても繋がりを持ってくれるのは本当にありがたいです。」(同前)

「今日は福蔵寺にEさんが赤ちゃんを連れてきてくれて、めちゃくちゃかわいかったです。」(8)(同前)

2　新しい事業へ

農業生産不振の裏で、メンバーたちは新しい動きを示すこととなった。それをたとえば、地元住民との交流による文化の発掘と伝承、そしてそれを新たな加工品として価値化し、都市への販売網に載せるとともに、その加工品をつくりだす智恵と技術を文化として伝承していくという動きに見ることができる。Ｍ－ｅａｓｙ代表の戸田の次のような報告がある。

「二〇一〇年一二月～［翌年――筆者］二月は、厳しい寒さの中、野菜づくりができない時間を使い、地域に残る文化を積極的に学び活かすことに時間を使った。味噌づくりをはじめ、凍みダイコン、キムチ、漬物、納豆、こんにゃく、麹づくりなどさまざまなことを学ばせていただいた。その中で、キムチは名古屋市内で大変好評で、週間四〇パック程度であったが、試験販売の中では手ごたえを感じた商品だった。」

「プロジェクト開始一年余りが経つ中で、つくば元気クラブとの伝承文化講習会の実施や敷島自治区における味噌づくり講習をはじめ各種伝承事業、農業における農地、機械、労力の結いによる作業、毎月一回の定住地域住民との地域交流会の主催などによって、スタッフ一同住民として大変よく受け入れてもらい、地元の方から大きな期待をかけられるようになってきた。」[(9)]

このほか、筆者のもとには、毎日、地元や都市部のさまざまな農山村交流ネットワークにかかわるアクターとのやりとりのメールが回覧されていた。メンバーが活発にこれらアクターとかかわりながら、自分の生活を立てようとする熱意と試みが伝わってきていたのである。

このような新たな動きが実現していくことで、メンバー自身の生活が多様性を持ち、それが地元の生活の知恵と技術に裏打ちされた、豊かな価値を持つ新たな農的生活のスタイルとして確立されていった。

図9　つくばの夢を語る会

図10　太田のアンケート発表会

3　地元住民の変化

この過程で、地元の住民も大きく変化している。メンバーが定住することを喜び、うれしく思いつつも、彼らを遠慮がちに遠くから支えていた住民は、彼らとより積極的にかかわることで、自らの持つ生活の知恵や技術を自分から伝えてくれたり、築羽自治区にあるつくば工房を拠点とするつくば元気クラブのメンバーたちが、プロジェクトのメンバーと連携する中で、それまで梅干しを中心とした漬け物を生産していたが、さらに生産品目を増やし、プロジェクトのネットワークを通してそれを都市部へと出荷して、この地域の価値を高め、発信しようと試み始めていたのである。

敷島自治区では、地区の会館に地元住民が集まり「つくばの夢を語る会」を開催し、地元の将来について住民が語り合い、自力でこの地区を立て直そうとする試みが始められた。

さらに、メンバーが住んでいる太田地区では、地元有志が地区の将来を考えるための全戸アンケートを実施し、その結果を地区集会で発表、地域の実情に合わせたまちづくりを進めるとともに、プロジェクトメンバーやＭ－ｅａｓｙとの連携を視野に入れた、まちの新たな価値の創出に向けた動きが始まった。この動きを、代表の戸田は次のように述べている。

「お世話になっている地域のひとつである太田町では、地元有志の方が主体となり、集落全員へアンケート調査をし、実態にあわせた地域づくりを主体的に進めていこう、Ｍ－ｅａｓｙを活用していこうという動きも始まった。話はかわるが、当該地区唯一の中学校である敷島中学校は、設立当初、ＰＴＡと地元住民、教育委員会、行政が一体となり、地域の子どものための学校をつくろうと住民自治の中でつくりあげたとして定評があり、もともと住民自治の力が強い地域であったことに加え、未来を感じることができる若者によって、活性化しているということが考えられる。[10]」

4　取り戻す自分――仲間との相互承認・地元住民自身の変化

方向転換以降のメンバーの変化には顕著なものがあった。それは端的には、仲間とともに地元に積極的にかかわることで、自分を土地の人間だと意識し、その過程で、新たな自分の目標を獲得し、自分が目標とする生活を実現するために動き出したということである。そして、その結果、地元住民にも新たな動きが出始め、地元のことを、プロジェクトメンバーといっしょになって考え、まちづくりを自らの力で進めようとする意識が芽生えるとともに、それを実行に移そうと動き出していった。

このことは、中山間村の疲弊の問題と深くかかわる。たとえば、中国地方の中山間地における集落調査の知見は、次のような人口と集落機能の動態を語っている。まず、社会経済の動向により「人口の空洞化」が進展する。この時点では、「むら」から若年者を基本とした多くの人口が都市へと流出し、人口の急減が招かれるが、高齢者を中心とした家族の機能は保たれるため、村落機能は急激には解体しない。その後、人口の社会減が落ち着き、高齢者中心の「むら」の人口が自然減を迎えるにつれて、「むら」の村落機能の急激な低下が招かれる。「むらの空洞化」が進展し、とくに生産と道普請など「むら」の経済生活にかかわる面での機能の低下が著しく進行する。続いて、高齢者の死亡や都市部への流出（呼び寄せ）などにより、「むら」の機能はさらに低下し、いわゆる「限界集落」状態となる。その後は住民が「あきらめ」の意識にとらわれることで無気力化し、村落機能が停止、そして「むら」は無住化し、消滅する。[11]

この知見は、筆者の研究室が本プロジェクト実施前に行った豊田市合併町村地区に対する調査によって指摘されていた課題と符合する。つまり、豊田市合併町村地区の疲弊は、直接的には経済的な理由、つまり農林業の衰退、および製造業を基本とする産業と働き口の不在が原因であるといえるが、より根本的な問題は、それらがもたらす地域住民の無力感、そしてそれが生み出す無気力と「あきらめ」、そういうある種の文化的なものが深く影響して、最も基層の相互扶助関係を規定している自治組織が崩壊することで、中山間村の過疎は加速度的に進行し、地域が荒廃していくという問題である。そのため、本プロジェクトにおいては、農業生産を基本としつつも、地域に蓄えられた文化を発掘しつつ、若いメンバーが地元の人々とともに生活することで、新たな文化と生活スタイルを実現し、それが中山間村の新たな価値として人々を惹きつけることが期待されたのである。

農業生産は依然として、プロジェクトの大きなボトルネックとなったままであった。しかし、本プロジェクトは、方向転換以降、明らかに新たな歩みを始めていたといってよいであろう。

その基礎にあるもの、つまり地域の住民をも「あきらめ」から救い出し、新たなまちづくりへと駆り立てているもの、それがともに支え合い、ともに認め合って、この地域に生きているという相互承認の感覚であろう。メンバー一人ひとりは、このプロジェクトで旭地区住民の世話になることで、生まれて初めて自分が社会からきちんと受け止められ、受け入れられ、この社会で地に足をつけて生きているという実感を強く得ることができたように見える。それは、あるメンバーがいみじくもいっていたように、「これまでふわふわした感じがしていた自分の身体が、何となくしっかりしてきた、生きているということが実感できるようになってきた」という感覚と結びついている。

彼らは、このプロジェクトを通して、仲間とともに生活し、地域住民に受け入れられ、身体を使った農業生産と加工品生産に携わり、地域の文化を伝承する過程で、自分を取り戻しているのだといえる。だからこそ、彼らは時に対立し、時にいがみ合っても、仲間から離れていくことも、この地域を出ることもできなくなっているのである。

そして、このようなメンバーの変化は、地元の人々の変化をも引き出している。つまり、地元住民も彼らメンバーにかかわり、彼らがいきいきとしていることによって、わくわくし、うれしく思っている自分を感じ取り、この地域で再び生きているという実感を獲得しなおしたのだといってよい。住民自身が、「あきらめ」から自己を救い出し、「夢」を語ろうとする、きちんとこの地域に自分が位置づいているという確かさを改めて獲得しているのである。

これこそが、地域再生の鍵となるものであろう。この意味で、本プロジェクトは地域再生の糸口を確かにつかんだのだといってよい。

3　定着への意志——ともにいることへの希望

以上、本プロジェクト第二年度の経過を、さまざまな問題点と成果とを交えて略述した。そこからは、この一年間の成果と残された課題を次のようにまとめることができる。既述の経緯と重なる部分もあるが、以下、本プロジェクト第二年度の成果と課題をメンバーの言葉を中心に概観する。

1　苦しんだ結果の新たな方向性

本プロジェクト第二年度の成果は、第一に、生産のための開墾中心の初年度の活動を進める過程で、何のための生産なのか、何のための農業なのか、何のための田舎暮らしなのかという点が、曖昧になり、またメンバー相互の中山間村における生活に対する見方の違いなどから感情的な対立が生まれ、それがさらに異常気象による農業生産の不振と重なることで、メンバー自身が本プロジェクトに参加した意味を見出せなくなっていた夏に、大きな方向の転換がなされ、彼ら一人ひとりがこのプロジェクトを自分が生きていくということの中にきちんと位置づけて考えざるを得なくなったことであるといってよい。この方向転換は、既述のように、外部からもたらされたものではあるが、それは本プロジェクトへの参加の意味を問い返すことを彼らに求め、自分が中山間村で農業を生業として生きていくことの意義とそれを実現するための方途を自分で考えようとするきっかけを彼らに与えるものとなった。

この時期、メンバー各自が、自分がプロジェクト実施地区で生活していくことを真剣に問い、自分がなぜ農業をやりたいのか、なぜ中山間村に住みたいのかを改めて問い返し、それを仲間の中に表出して、仲間から自分をとらえ返そうとする営みを続けていった。そして、この過程で、彼らは苦しみつつも、本プロジェクトの新たな方向性を見出し、それに向かって、残されたプロジェクトの時間を生きていくことを決意することになった。

メンバーの一人は、次のように語っている。

「自分がこのプロジェクトに応募したのは、米や野菜を作ることに興味があったからだが、米や野菜を作ることに興味をもったのは、大学生の時に福岡正信の本を読んでからだ。今思うに、全部しっかり読んで理解したわけではない（今でも）。福岡の言うことの何に惹かれたかと言えば、「人間は無駄なことばかりする」、「人間は何もしなくていい」というような言葉だ（本当はどんなことが書かれているのか、また読み直してみなければと思っている）。当時、就職するのが嫌で現実逃避していて、「世の中は無駄なことばかりしている。野菜を作って自給自足できれば省エネだし、なにより就職しなくても生きていけるのではないか?」と考えていたと思う。それにしては、市民農園を借りて野菜を作ったが、化成肥料を使っていたような気がするし、自給自足に向けて活動していたわけではない。いまいち生き方の方向性を決められないまま、大学を卒業し、なんとなくフリーターになり、なんとなくプログラマーになり、なんとなく今に至る。[12]」

このような「なんとなく今に至」った生活に対して、このメンバーは次のように続けている。

「自分が食べる米・野菜や味噌・醤油などの基本調味料は自分で作りたい。できるだけ無駄のない方法で。職人に憧れる気持ちはある。でも百姓は職人とも言えると思うし憧れる。どう生きていくのか腹を決めなければならない。なんとなくの生き方はやめて、色々なことを調べて経験していく。[13]」

また、別のメンバーは次のように語っている。

「田舎の暮らしにこそ、人の暮らしの原風景があるのではないだろうか。そう思い、豊田市の山間地の集落にやって来た私は、「安心」「安全」な「おいしい野菜」を作ろうという思いで農業を始めました。/農業は、天候や土壌といった自然環境による諸条件の影響が大きく、日当たりや水はけといった地形や地質上の特性にも左右されるものだと思います。適地適作を考えた生産品種の選定や土壌改良、栽培技術や知識など、書籍やインターネットなどから得られる情報だけでは不十分な点も多くあり、時季やタイミングに関しては、同じ畑で何度も経験しないと分からないと思います。しかし、ここに工業製品の生産とは違う難しさと醍醐味があるのだと思います。」

「私たちには、悠長なことを言っていられる時間は、もうほとんどありません。「食べて行ける農業」=「生計が立てられる農業」の経営モデルを確立しなければ、好きな野菜作りも継続不可能となってしまいます。野菜の生産だけで、十分な収益をあげ

図 11　本膳料理講習会

図 12　こんにゃくづくり講習会

られることが一番良いのですが、時間も限られており、「理想」や「こだわり」も少しずつ捨て、妥協しないと生活が続けられないという現実に直面しています。」

「私自身の人生であることも間違いありません。いざとなれば、何でもやらなければなりません。時間は常に前に流れており、自分は常にその中にいます。立ち止まることはあっても、常に前を向いていなくてはいけないと思います。よく考えて、よく話して将来を設計したいと思います。(14)」

2　仲間・住民と一緒にいることへの認識

このような新たな決意の背後には、あれこれ問題があろうとも、仲間のメンバーと常に一緒にいることで、支えられ、また支える関係に入っており、自分の位置づけがはっきりとしているということ、つまり自分がこのメンバーの中に位置づき、相互に認めあえる関係にあるという実感が持てているという感覚が存在している。そして、それは、地域住民との関係においても、同様である。

彼らメンバーは、仲間とともに生活することで、仲間から認められている自分を認め、住民と交流することで、住民に大事にされている自分を認め、また仲間を認めている、住民を大事に思う自分を感じ取り、そこに十全に位置づいている自分を感じ取っている。だからこそ、彼らは仲間から離れていけないし、この地域からも離れることができない。そしてそれは、自分を地域の住民だと認める自己像へと結びついている。

メンバーの一人は次のように語っている。

「共同生活は気を使うしストレスばかり溜まりデメリットばかりのような気がしていましたが、良い事も悪い事も一緒に過ごしてきて、今は仲間だなと思えるようになってきました。以前は本当に早く一人になりたいと思っていましたし、いちおう、この地域には残りますが、のほほんと生活できればと思っていました。しかしながら今は、そうではなくここに残るのならこの地域の様々な問題と正面からぶつかっていかなくては自分達がここに来た意味が無いのではと思っています。その為にはやはり一人で出来ることには限界があると思っています。地域の人達を巻き込んで自分達が中心になって新しい風を吹き込めることが出来ればここに来た意味があったってもんです。」

他のメンバーも、次のように語っている。

「プロジェクトが始まってから一年四カ月がすぎようとしている。この間いろいろなことがあったが、全体的には楽しくやってこられた。これもプロジェクトメンバー、地域の方々、行政の方々、他の私たちを支援して下さる方たちのおかげだと感謝している。過疎の地域に移り住み地域の方々と交流し、私は人間らしい温かさを感じるとともに、たくさんのことを学んだ。とても有意義な時間だったが、田舎で農業を主として生計をたてていくというプロジェクトの目的の達成にはほど遠い状態だ。初めての地で初めての試みということで、一年経験してみてわかったこともたくさんあったが、反省することも多い。来年はこの一年四カ月の経験や反省を生かして、生計を立てられるスタイルを作っていきたい。(15)」

そして、このような自己認識は、プロジェクト終了後も、この地域に定着したいとの思いを彼らに表出させないではいない。彼らはこう語っている。

「私は今の日本の様々な問題を解決する方法の一つが地域の活性化だと思っている。まずは、一昔前のように人が分散して住まなければ、都会の汚染も田舎の里山の荒廃も解決しない。私は、この縁のあった旭に住んで里山を残すために必要な仕事をしていきたい。人間の速度にあった手作りの暮らしを楽しみながら実践し、たくさんの人が里山好きになるよう、田舎暮らしの魅力を発信し続けたいと思う。」

「私の人生の展望としましては、最終的には農業を生業にして食べていけるようにしたいと思っています。場所の特定をすると他の地域での可能性をなくすことになるので厳密に特定はしていませんが、どの地域においてもやり方次第で作物は育つので今はこの中山間地という山間部と平野部の間という場所のデータをもとにしてやりたいと思っています。もちろん旭に定住する場合はそのままデータも使えますので。(16)」

このような感覚は、彼らが日常的に抱いているものでもあった。彼らは次のように綴っている。

「今日のミーティングもいろいろと具体的な話ができてよかった。自分たちでやっていくことを議論し、決めていくことは、わくわくする。」

「全員は揃ってはいないけれども、良い雰囲気の中でのミーティングだったように思います。これからも全員が揃う事は難しいと思うので、集まれる人だけでも集まって、どんどん積極的に行えると良いと思います。というか、自然に話し合いを日々出来るようになるくらいまでいかないといけないのだと思います。」

「前回同様、みんなそれぞれ考え方は違えど、同じ方向に向かおうと努力している。とにかく今は何かを生み出そうとしている気がする。自分の意見はあるけど、チームのためなら今は封印して頑張るつもりという発言は今までの自分達にはなかったように思います。相手の事を思いやったり「チームのために」という気持ちが皆の中に出てきたのは本当に一番の収穫だと思っています。もっともっと話し合って、自分達がわくわくできるよう頑張りたいです。(17)」

3 新しい生活への展望

このような仲間とともにあり、住民に受け入れられ、そしてこの地域に定着したいと思い始めている自分を認めることで、彼らは今後の生活のあり方について、かなり具体的なイメージを持つようになっている。それは、農業で自立するための自らの方向性であったり、新たな価値を持った農的な生活を実現するための考えであったりするが、彼らがこの一年間の困難を乗り越えて、自分自身の生き方を真剣に考え、ある意味で初めて自分で自分の人生を設計しようとした、その証がここにあるといってもよいであろう。

筆者との面談に、あるメンバーはこう応えている。

「これまで人生なんて考えたこともなかったし、何か目標を持って生活してきたこともなかったと思う。フリーターでも何とかなってきたし、正直、このプロジェクトにだって、ちょっとおもしろそうだし、カネもらえるし、くらいの気持ちがどこかにあったと思う。でも、この夏のような経験をして、もう、農作業なんて嫌だし、何でこんなに金儲けのことばかり考えなければならないのかと嫌気がさしてきたときに、いがみ合っていても、仲間は仲間で、自分の思いをぶつければ、何かが返ってくるし、地元の人たちも、みんなとてもよくしてくれて、自分たちがいるだけでありがとう、ありがとうっていってくれるし、こんなに大事にしてもらったことはない。だから、途中で辞めることなんてできないと思ったし、できなかった。もう、こんなに自分のことをみんなの中で考えたことなんてなかったですよ。」(18)

そして、このような思いから紡ぎ出されたこれからの人生のイメージは、次のようなものであった。

「残りのプロジェクト期間でやりたいことをまとめました。

①プロの農家での研修／近所の農家ではなく専業農家として成功している農家へ研修に行き栽培や販売のノウハウを学びたい

です。

②農地の再選定／自分が使用している農地は旭の中では比較的日当たりのいい畑です。しかしそれは「旭では」という相対的な評価で、通常の平野部、山間部でも山頂の畑に比べれば決して条件のいい畑ではありません。農業収入で利益が出るような日当たり、水利などすべての面において条件のいい農地を探したいです。今までは無償で貸してくださるところで探していたと思いますが、条件のいい畑なら個人的に使用料を支払ってでも借りる気があります。

③住居の問題／平成二四年四月以降ここに定住するということであればそれまでに住居を確保して快適に住めるように補修する時間が必要です。時間に余裕のある今のうちに少しずつ手を加えたいです。リフォームをするに当たっては協力してくださる方々も見つけてあります。

図 13　仲間との夕食

④果樹栽培／自分は果樹をやりたくて農業を志したので、個人的に果樹を勉強するつもりです。すでに一年と三ヶ月出遅れてしまったので、できるだけ早く始めたいです。

⑤半農半X／プロジェクトが始まって一年以上経ちますが正直農業だけでは生活できるとは思いません。それは自分だけでなく周りからも指摘されています。専業農家にこだわる必要もないと思います。専業農家であると天候不順、消費者の嗜好の変化などに対応できないので保険という意味でも半農半Xでやっていこうと考えています。

⑥契約農家／プロジェクトに参加してみて、集団で農業をするメリットがないとは言いませんが、農業の最大のメリットである組織に属さず自由にやれることを犠牲にしてまで得られるメリットではないと感じました。二四年四月以降は契約農家の一軒という立場でかかわりたい。(19)」

また、別のメンバーは次のように語っている。

「あと一年三カ月のプロジェクト期間で、私が特にやりたいことは、米・野菜作りとその販売、大豆レボリューション、山菜摘みや物づくりのイベントである。耕作放棄地の解消、健康な農産物の供給、旭へ遊びにくる人と住みにくる人の増加が期待できる。」「米はおむすび通貨のネットワークも活かして、かなりたくさんの人に関わってもらうことができる。田植えや草取り、稲刈りなどをイベントにして、農業のおもしろさや田舎の自然の良さを感じてもらうと共に、おいしいお米ができれば旭の米ファンにもなってもらえる。去年、自分たちでやった米作りの経験を生かし、また新たなことも勉強しつつ、無農薬での収穫量の減らない米作りにチャレンジしたい。大豆も米作りと同じようなことが期待できる。数年前から大豆レボリューションという名前でオーナー制のような大豆作りを全国のいろいろなところでしているので、確実に需要はあると思う。三年間三河地域で実践されていた大豆レボに参加した経験を生かして、おいしい豆ができるという旭の気候で大豆レボをスタートさせたいと考えている。」「販売は、現在豊田市内でもいくつか販売できる個所があるが、まだ踏み出せないでいる。まずは私たちがきちんと野菜を出荷できるように育てることが大切だが、地域の方々の野菜を売りにいくことも旭の活性化には重要だと思う。地域の方もいつ自分のところへ野菜の出荷を頼みにきてくれるのか待っている状態なので、なるべく早く態勢を整えるのが良いと思う。また、今野菜を買ってくれる人たちとの縁を大切にして販売個所を開拓していきたい。」「物づくりや自然を生かしたイベントは、お金の面だけをみるとそんなに利益のあがるものではない。しかし、そこで得られる繋がりは測りしれない。イベントがきっかけで私たちの農産物のお客さんになったり、旭の自然に惚れ込んで移り住んできたりする可能性もある。それだけでなく、これからは作られたものを買うだけでなく、より多くの人が自分でいろいろな物を作るという、石油に頼らない生活が求められるから、一人一人の中にそういう技術が入っていくことは、未来を持続可能な良い方向に動かしていくことにもなる。まずは、自分が物づくりの技術や野草・山菜などの知識を身につけるために研修に行きたいと思う。小原の西村自然農園が物づくりイベントや自然療法を実践しているので、プロジェクト期間中に何回か研修に行きたいと考えている。」(20)

極めて具体的な将来の生活のイメージが、それぞれのメンバーの中に芽生えてきていることがうかがえる。

4　プロジェクトとしての方向性

このようなプロジェクトメンバーによる今後の課題設定を、代表の戸田は、本プロジェクトの課題として、次のようにまとめている。

「1・売上目標への到達／二年目までの経過の中で売上目標の達成は厳しいものであった。それは気候条件とあわせて、チームとしての機能不全に陥っていたことが原因であった。さまざまなメディア報道をはじめ、期待と不安に対して、地に足がついた仕事ができない状況もあった。

しかし、二〇一〇年の冬にスタッフ全員で自分たちの立ち位置を確認し、スタッフの自信を取り戻し、新しいスタートが切れたと考えられる。

今年の第一目標は、二〇一二年度に向けて、財政的な基礎体力をつけるための売上目標を到達することに限る。

2・優良な農地の確保と、旭での農業生産のあり方の模索／当初、遊休農地を借り耕作を続けていたが、平野部とは日照条件、気象条件が違い、充分な生産高をあげることは想像以上に厳しいことがわかった。優良な農地を確保することは当然であるが、一方で、旭に住むことを考えると、条件が悪いからといって近隣の農地を捨てることは自らの生活環境の悪化につながるため、結局は自分たちの首を絞めることになる。

「自らの生活環境を守るためにも、農業のあり方を模索し続ける必要がある。」そのためには、旭のもつ自然、文化、暮らしという大きな価値を最大限に活かし、顧客と密接につながりあった販売生産のあり方を模索する必要がある。

3・地域に残るということ／地域のさまざまな皆さんからの温かいご支援、応援者の皆さんからのご支援によって、腰を据えて旭に残りたいと考えているスタッフが現在において半数程度いる。

仕事をいかに確保するのかということに限る。旭に定住し、旭の将来を共に考える仲間が存在しているということを充分に認めながらも、時間を稼ぐ必要がある。そのための方法論には、是々非々で取り組んでいく。[21]」

4 第三年度に向けて

農業生産は不振であり、低迷していたとはいえ、第二年度には、生産を除いて、彼ら若者たちがプロジェクト実施地区で、プロジェクト終了後も生活し続けるためのさまざまなインフラが整備される端緒が形成されたといってよいであろう。その基礎にあるのは、仲間とともに生活し、地域住民に受け入れられることで、自分がこの地域にきちんと位置づいていること、自分が生まれて初めて自分の脚で自分の生活の基礎を支えようと、この土地に立っていることを実感している、メンバー一人ひとりの自己認識であるといえる。そして、それに応えるように、過疎と経済的な不振によって「あきらめ」に支配されていたかのような地域住民が、自ら立ち上がり、新しい「むら」をつくりだそうと模索し始め、それがまた彼らメンバーを励ますことにもなっている。

互いが思いやりを持ち、気遣い合いながら、この地にしっかりと足をつけて、自分の生活を営んでいることを認め合う関係ができているのであり、それが、彼らメンバーがこれまで幾度となく無意識にやってきたであろう人生をあきらめること、あきらめに支配されること、そして地元住民がとりつかれていたであろうあきらめから、それぞれが立ち上がり、「夢」を語り合い、将来の自分の人生と地域のあり方をイメージしていく、そういう動きへとつながっているのである。

すでに、プロジェクト地区は、当初の計画を超えて、地元の住民が自らの手でこの地域を再生しようとする、福祉的に豊かで、新たな価値を生み出す、新しい「むら」へと変化しようとしている。この動きの中に、本プロジェクトメンバーたちが位置づいているのである。今後残された課題は、こうした新しい価値を生み出す中山間村を経営していく新たな担い手として、彼ら自身がともに自立すること、およびその価値を都市部へと発信しつつ、都市と中山間村を結びながら、固有の価値を生み出し続ける豊かな生活を送ることができる「むら」として、この地区をつくりだしていくことであるといえる。

それは、以下の諸点に集約される。

a・農業生産の本格化と経済的な自立の模索

＊農家の協力も仰ぎ、地元の条件に根ざした農業生産のあり方を実現する。

＊作付面積を拡大するとともに、種々の野菜を栽培し、有機無農薬・不耕起栽培による収量の増加を実現させる。

＊流通経路の開拓により、生産と販売とを一体化させた、基本的な収益モデルを形成する。

＊地元の農家とも契約を結び、彼らの農業生産と販売を支援しつつ、地元の経済的な向上を支援する。

＊つくば工房などの生産機能を高めることで、加工品生産を充実させ、収益モデル化を図る。

b・住民との関係強化と福祉機能の充実

＊むらのお役や近所づきあいなどを進めることで、住民との交流を活発化させ、住民自身が自らの地区を新たな価値を持った中山間村として再生していく動きの中に身を置く。

＊子どもたちとの交流を進めることで、子どもたちに希望を持たせる。

c・都市へのネットワーク拡大

＊既存の市民ネットワークを活用して、本プロジェクトの価値を都市部へと発信し、プロジェクト地区の魅力を増

大する。
＊この市民ネットワークを通して、作物の販売や市民の本プロジェクトへの参加、プロジェクト実施地区住民との交流をつくりだす。

d・恒常的価値発信のための試み

＊農業生産と流通ルートの形成・拡大による経済的な自立のみならず、メンバーの中にある資源を活用して、農村レストラン・アロマセラピーとハーブ園の経営、都市部におけるオーガニックレストランの経営や出荷契約、環境保全と学習を組み合わせたツアー実施などを進める。
＊一過性のイベントよりは、農作物を毎週土日に直販する「ベジタブル・ロード」をつくるなど、都市民にとってプロジェクト実施地区が身近であり、またなくてはならないものとなる仕組みを形成する。
＊ホームページの開設など、情報発信のツールを用いて、全国に向けて常に最新の情報を発信する。

e・農山村を福祉的に豊かな「むら」へ

＊農業生産をベースにして、地区の人々が結びつき、新たな価値がつくりだされ、経済的にも向上することで、相互に支援しあい、気遣いあう文化の基礎が形成されるよう働きかける。
＊この新たな文化を基礎に、地区の高齢者など支援が必要な人々に対して、ふれあい事業の展開など、見守り機能を強化する。
＊さらに、地区の高齢者自身が農村経営者として、たとえば地元に伝わる伝統食を伝授するなどの主体となる。

f・農山村の新たな価値を都市部へ還流

＊市内の高齢者へのさまざまなサービスの提供と高齢者のプロジェクトへの参加を促す。

＊本プロジェクトが、地域住民の学習の場であるだけでなく、見守り、気遣い合い、ともに仕事をし、ともにお茶を飲み、食事をする場としての機能を担うことで、地域住民間の相互扶助機能を高める。

g・評価指標の開発

＊本プロジェクトは、中山間村の振興事業としては、地元住民の新たな動きなど、すでにいくつかの評価し得る成果を挙げているといってよい。プロジェクトメンバーたちの変化や地元への思い、そして第三年度に向けた具体的な生活のイメージなども、今後、それを一つひとつ実現していくことで、新たな価値を発信する農的生活を生み出すライフスタイルの形成という意味においては、評価し得るものを生み出す可能性を秘めている。

＊しかし、このような本プロジェクト実施地区の変化に対するいわゆる客観的かつ量的な評価を行うことは、現在のところかなり困難であり、今後、こうした事業を評価する指標を開発する必要がある。

(1) Ｍ-ｅａｓｙ代表・戸田友介による筆者への年次報告書（二〇一一年二月）より。
(2) 以上、二〇一〇年八月分日報の記載による。
(3) Ｍ-ｅａｓｙ代表・戸田友介による筆者への年次報告書（二〇一一年二月）より。
(4) 以上、二〇一〇年七月分日報による。
(5) 以上、筆者の地元住民への聞き取りによる（二〇一〇年九月二日）。
(6) メンバーのＭ-ｅａｓｙ代表・戸田友介への年末レポート（二〇一〇年一二月）による。
(7) 以上、二〇一〇年八月分月報の記載による。
(8) 以上、二〇一〇年九月分月報の記載による。
(9) Ｍ-ｅａｓｙ代表・戸田友介による筆者への年次報告書（二〇一一年二月）より。

（10）同前。
（11）たとえば、小田切徳美『農山村再生――「限界集落」問題を超えて』岩波ブックレット、二〇〇九年、四八―四九頁など。
（12）メンバーのＭ－ｅａｓｙ代表・戸田友介への年末レポート（二〇一〇年一二月）による。
（13）同前。
（14）以上、同前。
（15）同前。
（16）同前。
（17）以上、二〇一〇年八月分日報による。
（18）筆者のメンバーへの聞き取りによる（二〇一〇年九月二日）。
（19）メンバーのＭ－ｅａｓｙ代表・戸田友介への年末レポート（二〇一〇年一二月）による。
（20）同前。
（21）Ｍ－ｅａｓｙ代表・戸田友介による筆者への年次報告書（二〇一〇年二月）より。

第3章　地元に出会い、掘り下げる——プロジェクトの転機と第三年度の成果

1　停滞から方向転換へ

第2章でも記したように、過酷ともいえる一年を過ごしたプロジェクトメンバーは、第二年目の年度末まで議論を繰り返しつつ、第三年目の方向性について確認作業を続けていた。本プロジェクトの方向は、すでに第二年目の議論とM－easyのリーダーの入れ替え、コンサルティング会社の撤退によって、大きく修正が加えられていた。当初、本プロジェクトはその計画の最終的な方向性として、従来の産業社会の経済的な発展の枠組みにおいては、人が生きるに十分な条件を提示できなかった中山間村で、「農的な生活」を若いメンバーが実現し、新たな価値を生み出し、それを社会に発信して、人が生きるに値するコミュニティへと、彼らが入った地域を再創造することが目指されていた。しかし、その前の段階として、農業の経験がまったくなく、また中山間村で生きることのイメージすら十分ではないメンバーに農業とはどういうものであるのかを体験させること、および「農的な生活」とはいっても、農業からまったく離れて実現し得るものではなく、むしろ農業生産によって生計の基礎を固めておく必要があるとの判断から、またメンバー全員が農業生産に従事することを望んだことから、プロジェクト開始当初、無農薬・有機栽培の農業生

産を基本として、農作物を生産することで生計を立てられるだけの収入を得るという枠組みが設定されて、メンバーに農業生産中心の生活を送らせることとなったのであった。

しかし、中山間村の自然条件は日照も含めて過酷であり、さらに耕作放棄地の再耕地化の予想を超えた負担、獣害、さらには第二年目の異常気象など悪条件が重なり、メンバーは疲弊の極地に立たされることとなった。また、本プロジェクトにおける農作物生産を予定して販路を広げていたやさい安心くらぶＬＬＰが、作物の供給がないことで過重な販路を抱えることとなって経営不振に陥るなど、プロジェクトの全体計画に狂いが生じ、それがメンバーの間の価値観の相違に火をつける形となって、メンバーの思いに大きなズレが生じ、プロジェクトの遂行が危ぶまれるほどになった。

さらに、プロジェクトがこのような状況に陥ることで、彼らメンバーを支えてきたプロジェクトの委託元である豊田市とプロジェクト委託先で経営指導を担当してきたコンサルティング会社そしてＭ‐ｅａｓｙとの間の信頼関係にも動揺が走り、結果的には、双方を切り離すことおよびＭ‐ｅａｓｙのリーダーを入れ替えることで決着するなど、支援態勢にも問題が生じることとなった。プロジェクトの統括者として筆者が疑問に思ったのは、これらの混乱に乗じてなのか、豊田市の担当者ではない職員が横やりを入れ、メンバーを批判する動きを見せ始めたことであった。筆者は、地元住民から豊田市はこのプロジェクトを潰そうとしていると聞かされ、プロジェクトを委託しているものがそれを失敗に終わらせようとしているという動きは看過できないものであると考え、担当の社会部長（当時）と面談を繰り返す中で、豊田市としての意向はプロジェクトの成功であることを幾度も確認しつつ、職員の動きを牽制する作業を進めることになった。

これらさまざまな否定的な要因が絡み合う中で、プロジェクトの立て直しを迫られたのであったが、新たにリーダーとなったM－easy代表の戸田が、地元の自治会長や関係者、さらには支所、また筆者と連携をとりつつ、メンバーとの懇談を繰り返し、メンバーの意向を確認しつつ、組織の再建を進めていった。筆者も、メンバーとの懇談を繰り返し、また周辺の関係者との調整を進めることで、プロジェクトの継続的な展開の可能性を探ることとなった。

その結果、第二年目を終える頃には、農業生産においては十分な成果をあげることができなかったが、その他の面、とくに中山間村に若者が定住し、地域住民と相互に認めあう関係を築き、農業を基本とする新たな生活を営むという方向性においては、肯定できる成果が生まれてきていることを確認できるまでになった。

メンバーの中には、当然ながら、農業生産で生計を立てることができるようになりたいと生産を重視する考えを持つ者と、そうではなくて、農業を規模の経済で考えることで結果的に生活できない農業にしてしまったことを反省し、新たな「農的な生活」を実現することでこそ、中山間村は再生し得ると考える者との間の意見の相違、さらには不協和音があり、一朝一夕に解消するものではなかった。それはいわば、各個人の生き方に深くかかわる価値観の相違でもあったのである。

しかし、それでもメンバーは、この旭地区に住むことに悦びを感じ、仲間と生活をともにすることに安心感と信頼感を抱いており、それがこのプロジェクトの決定的な破綻を回避することにもなっていた。それはまた、地元住民とメンバーが良好な関係を築いており、すでに地元の人々とともに旭の地で生活することに、メンバーが悦びと感謝を感じていることとも深いかかわりがあった。

ここに、このプロジェクトの新たな可能性をとらえることができる。それがまた、農業生産を第一におき、生産の基盤が確立した後に、「農的な生活」の実現に向けて展開しようとする当初のプロジェクトの計画を変更し、はじめから「農的な生活」を重視した事業展開へと方向性を転換する判断の根拠となった。「農的な生活」を実現することで、農業を基本とした新しい生活を支える地域経済が動き出す。そのための事業展開を進める。これが、第三年目の基本的なスタンスとなったのだといってよい。

2 地元の評価と方向転換に向けた合意

本プロジェクト第三年目の展開に向けては、第二年目の課題を受けて、筆者と地元のリーダーたちおよび直接プロジェクトメンバーたちを支援する役割を担う支所の関係者との間でも、連携がとられ、第三年目の事業展開に向けて、以下のような合意を形成するに至っていた。

第三年目の事業展開に向けては、農業生産で生計を立てることを除いては、地元も豊田市も本プロジェクトが基本的に新たな中山間村のあり方を生み出しつつあると認めていたのである。この点については、筆者も含めて、メンバーや関係者の大きな励みとなった。

1 「若者よ田舎をめざそうプロジェクト」の評価について

プロジェクト開始後一年半の評価については、地元・豊田市・筆者三者の評価に大きな違いはなく、プロジェクトを行い、若者が地元に移り住むことによって、地元との良好な関係を築き、それが地元住民の意識に変化をもたらし、地元の再生に向けての大きな動きとなっている反面、メンバー自身が地元で生活していくための経済的な基盤が脆弱なままであり、今後、早急に手当をしつつ、方向性を確定する必要のあることが確認された。三者の評価は以下の通りである。

a・地元の評価

＊敷島自治区、築羽自治区ともに、若者に地域に入ってもらって、とても喜んでいる。地域住民との関係も良好で、是非とも彼らに住み続けてほしいと願っている。

＊昨年夏からのプロジェクトの方針転換を受けて、地域住民が積極的に彼らにかかわり始めており、「おせんしょばあさん」（世話焼きばあさん。「おせんしょ」とは地元の言葉で世話焼きの意味）たちが生まれており、よい関係が深まっている。

＊それだけに、彼らの生産が上がらず、生業としての農業がうまくいっていないことに心を痛めている。

＊プロジェクト期間はあと一年だが、その中で彼らがどれくらい農業でご飯を食べていけるようになるのか、できる限りの協力はしたいが、豊田市にも、受け入れた以上、それなりの手当を継続してほしいと要望している。

＊反面、彼らだけを市が優遇するということになると、地元民から反発を受ける可能性もあるので、期限を区切って、補助を出すなどの方策を考えたい。

b・豊田市（旭支所）の評価

＊このプロジェクトが、地域の人々に好意的に受け止められ、地域を活性化したことは疑いを得ず、その意味では成功したといえるが、若者たちが農業を生業としていけるかどうかという点については、いまだに不安が残る。

＊あと一年間のプロジェクト期間にどこまでできるのかが鍵だが、豊田市としては、その後、彼らに今と同じだけの補助を行う予定はない。できるだけ自立してもらうというのが、市の基本的な考え方。

＊そうはいっても、しばらくは時間がかかるだろうから、どのような支援をすることができるのかを、今後、メンバーの意向も確かめながら検討していきたい。

＊とくに住居と食べていけるだけの職の斡旋などについては、考えていきたい。

c・筆者の評価

＊メンバーが地元に入って一年半、地元の方々からはとてもよくしてもらい、良好な関係を築けている。メンバー自身も、ここまで地元に受け入れてもらえ、自分のことを大切にしてもらえるとは思っておらず、そのため今後地元に恩返しをしたいと願っているし、プロジェクト期間終了後も、住み続けたいと願っている者が半数以上に上っている。

＊地元の人たちも、彼らが住むことを喜んでくださっており、地元の意識にも大きな変化が生まれている。筆者たちが二〇〇八年度に行った調査による地元の最大の問題点、つまり住民の「あきらめ」にも似た意識が地域を衰退させているということに対する、一つの回答を得ることができると考えている。

＊反面、地元と市（支所）からの指摘があるように、彼らメンバーが地元でご飯を食べていける状況ではなく、今後一年間でどこまで状況を改善できるのか、できるだけの試みを行うとともに、方策を地元・市（支所）とともに考えていきたい。

2　認識のズレの確認

上記のように評価は一致しているが、このプロジェクトのより深いところでの認識にズレがあることも明らかとなった。

それは、二〇〇八年度の東大牧野研究室による地域調査から数えて二年半のプロジェクト期間中に、社会部長が三人目、担当課員も三人目という人事異動により、当初のプロジェクトの目的と理念が、豊田市の行政内部で十分な理解をともなって引き継がれてこなかったこと、またプロジェクトの開始当初から、メンバーの経済的な生計が課題化されると認識されていたため、農業生産を重視するプログラム設計となっていたこと、さらにメンバー各自はこのプロジェクトに参加することで自分なりの「農的な生活」を実現することを考えており、旭地区の活性化に貢献するためにこのプロジェクトに参加したわけではないこと（彼らが元気に生活することで、結果的に旭地区の活性化につながることが目指されていたこと）などを原因とするものであった。

認識のズレとは次のようなものである。

本プロジェクトは、豊田市による自治体合併後、合併六町村地区のうち旧豊田市のベッドタウンと化している地区を除く五地区が急速に疲弊していることに対して、何らかの手立てを考えて実施するというまちづくり事業であり、その一つの方策として実験的に進められているものであるが、それに対して、豊田市・地元の対応は、プロジェクトメンバーをいかに支援するのか、彼らがこの地区で生活していくためにはどうしたらよいのかという議論に終始しており、実質的に、彼らを「農業生産者」にしようとしているような見方となっていた。

これに対して、改めて筆者から、以下の点が強く説明された。つまり、本プロジェクトはメンバーを農業生産者にするためのものではないこと。プロジェクトの目的はあくまで、中山間地域の振興であり、そのための実験的方策として、このプロジェクトの具体的な手法があること。二〇〇八年度の調査で指摘されていた経済的な問題よりも「あきらめ」などの感情的な問題が中山間地区疲弊の原因であったことが、改めて明らかとなったこと。それゆえに、求められるのは、旧来の農業を行うことではなく、また若者を住まわせて農業生産者にしてしまうことではなく、彼らの価値観をベースにして、新しい「農的な生活」を実現できる地域として、また「田舎暮らし」のメッカとして、この地域が新しい価値を発信できるようになることであること。

この説明に対しては、支所長からそのような受け止めをしたことはなく、前任者からは、プロジェクトに地元が直接かかわることは避けるようにいわれ、側面的な支援をすること、彼らが生活できるように手当を考えることが行政の役割だと聞いてきたので、そのような対応をとり続けてきたとの応答があった。

プロジェクト実施地区である敷島自治区と築羽自治区の両区長からも同様に、若者たちが入って、新しい事業を行うので、その支援をしてやってほしいとの説明を市から受け、またそのような依頼があったので、不安を抱きながら、彼らを側面的に支援することに終始してきたことが語られた。

これに対しては、筆者から、当初、市長の依頼は、若者を住まわせて、農業生産者にするということではなく、合併して、支援をしているのにもかかわらず、中山間地区が疲弊していくことに対して、その原因を探るとともに、有効な手立てを考えるために実験的なプロジェクトを行ってほしいとのことであり、それは当時の社会部長も同様に理解していたはずで、その委託を受けて行われているのがこのプロジェクトであることが、改めて強調された。それゆえ、議論しなければならないのは、メンバーを農業生産者としてご飯を食べられるように支援することではなくて、この地域の活性化について、豊田市はどう考え、地元はどう考えているのか。そして、メンバーに対して何を期待しており、メンバーがどうこの地域に貢献することが望ましいのか。そういうビジョンを描く中で、彼らがこの地域で生活していくために、行政や地域住民がどのようなかかわりを持つべきなのか、ということであることが指摘された。

このようなズレの原因としては、前記のように行政の人事異動による理念や意思・目的の継承が不十分であったという問題とともに、市役所による地元への説明の段階で、若者が農業生産をしに地元に入るので、支援してやってほしいといいつつも、但し、有機無農薬の新しい生産方式をとるので、勝手な手出しはしないことが求められ、また受託者であるＭ－ｅａｓｙの担当者が地元には「見守っていてほしい」という要望を出し、地元と共同して事業を進めるという意識がなかったこと、さらには市も地元も、実際に若者が移り住み、定住することに対して、農業生産を重視する観点から、彼らを受け入れてしまったことなどを挙げることができる。さらには、メンバー自身が、地域貢献を目的として参加しているわけではなく、農業生産を基本とした自分の「農的な生活」を実現するためにプロジェクトに参加しており、その点で彼らの意識も市や住民の意識と重なってしまっていたという点も指摘できる。

プロジェクト期間を一年間残した段階で、改めて本プロジェクトの目的が確認され、メンバーには農業を基本とするが、農業生産者になるのではなく、農業を基本的な生業とした「農的な生活」を実現するために、このプロジェクトにかかわってもらっているのであり、彼らの生活を核にして、地域全体が新しい生活、つまり安心で安全で、高齢者がいきいきとし、若者が当てにされ、頼られ、地域の柱として立ち、彼ら自身が農業をベースとした価値のある生活を営むことのできる地域であるという「ブランド」化をすすめることが確認された。支所長からは、「田舎暮らしのメッカ旭」という考えはもとから持っており、それを実現できるようにしたいとの発言があった。

3　今後の方向性について

このようなプロジェクトの目的に関する再確認にもとづいて、プロジェクト実施地区を「農的な生活」を実現できる「むら」へとつくりあげることで基本的な合意に達することができた。そして、メンバーの間でも、農業生産を基本とした「農的な生活」を実現するために市と地元が支援するだけでなく、地元住民が減農薬・低農薬の作物をM－easyに提供して、やさい安心くらぶその他の流通を通して販売してもらい、その収益を住民に還元するとともに、つくば工房などを活用して、加工品もメンバーと共同で生産・開発して、それをやさい安心くらぶその他の流通に載せることなどを通して、「旭ブランド」の確立に尽力すること、さらに行政はその広報などを担当することが確認された。

また、メンバーへの支援については、既述の目的に照らしてあり得べき支援を、行政（支所）・地元がともに考えることとなった。単に農業生産者にするための支援であれば、地元の反発を受けることになるが、プロジェクト全体の推進のための支援であれば、さまざまな方途が考えられる。メンバーの生活を「農的な生活」「田舎暮らし」の実現ととらえることで、農業生産だけにとらわれるのではなく、より幅の広いさまざまな仕事を行うことで、全体として生計が立てられる田舎の暮らしが実現できる。こういう方向で考えることとなった。

3　地元からの要望とプロジェクトからの応答

しかも、地元の人々は、彼らメンバーをすでに地元の一員として受け入れ、地元で生計を立てられるように支援しようとの動きを強めていた。すでに、プロジェクト第二年目には、簗羽自治区では、地区の会館に地元住民が集まり「つくばの夢を語る会」を開催し、地元の将来について住民が語り合い、自力でこの地区を立て直そうとする試みが始められていた。

さらに、プロジェクトメンバーが住んでいる太田地区では、地元有志が地区の将来を考えるための全戸アンケートを実施し、その結果を地区集会で発表、地域の実情に合わせたまちづくりを進めるとともに、メンバーやM-easyとの連携を視野に入れた、「むら」の新たな価値の創出に向けた動きが出始めていた。

このような動きを背景として、第二年目の末には、旭地区の自治区長会（自治会長会）名で、図14のような「要望書」が豊田市に提出されることとなった。プロジェクトメンバーの今後のことを心底心配し、また旭地区に残ってこの地区を活気づけて欲しいという切実な願いから生まれた、メンバーへの支援への訴えが切々と綴られたものである。旭地区の人々は、メンバーを大事に思い、彼らを受け入れることで、自らがこの地域に対して責任を負おうとする動きを示し始めていたのである。

このような地元の動きに対して、メンバーも応答することとなる。リーダーの戸田は、第三年目のはじめに当たって、「新年度のご挨拶」をメンバー居住地区の全戸に回覧している。そこには、地域に受け入れてもらい、住民としての生活をさせてもらっていることへの感謝にはじまり、第三年目の課題である農業生産を高めることと「旭の暮らし」をブランド化することが示され、その事業への協力依頼が訥々と書かれている。農業生産を高めることと「旭の暮らし」をブランド化することとは、「農的な生活」を実現するためには表裏一体の関係にある。

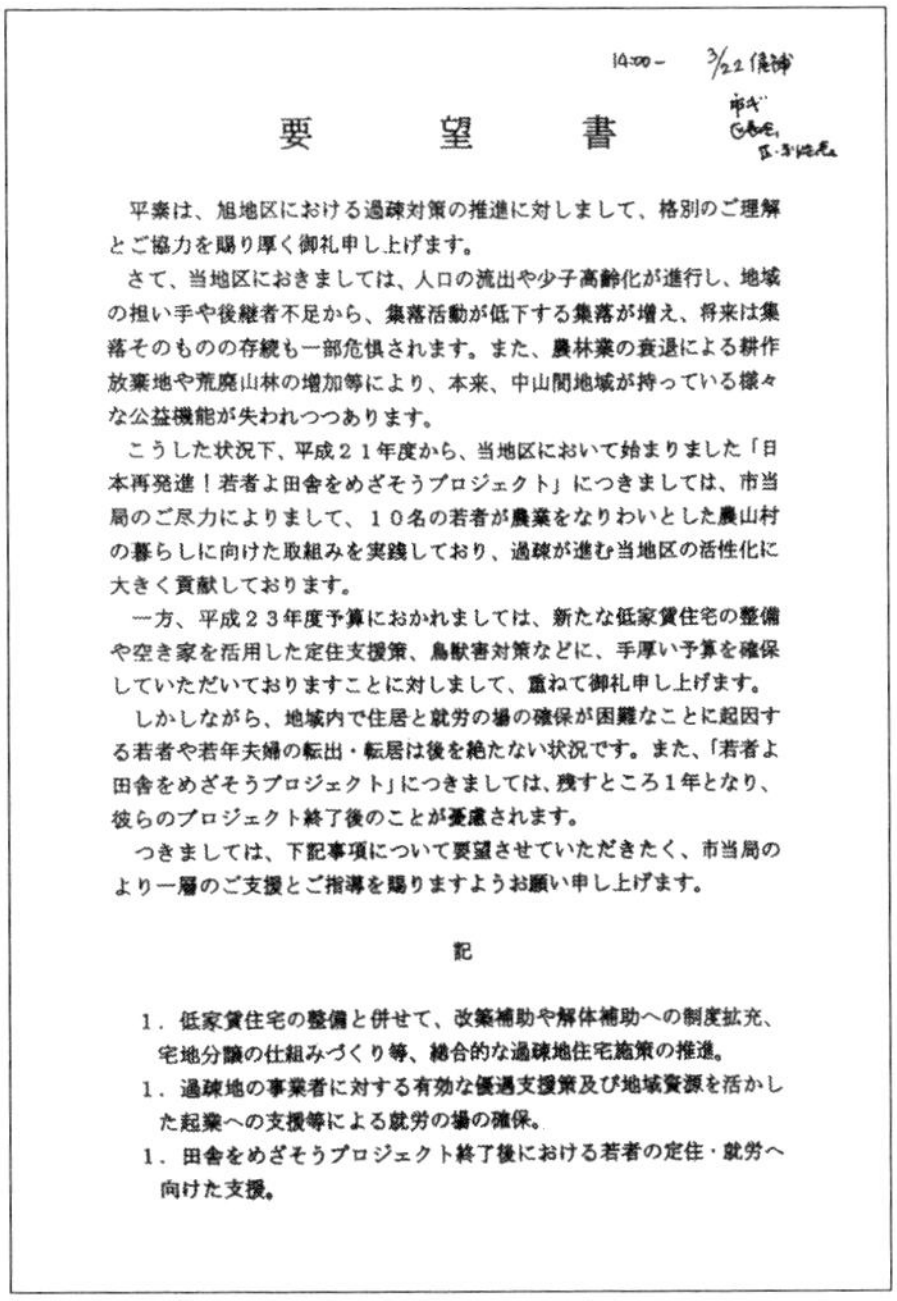

要　望　書

平素は、旭地区における過疎対策の推進に対しまして、格別のご理解とご協力を賜り厚く御礼申し上げます。

さて、当地区におきましては、人口の流出や少子高齢化が進行し、地域の担い手や後継者不足から、集落活動が低下する集落が増え、将来は集落そのものの存続も一部危惧されます。また、農林業の衰退による耕作放棄地や荒廃山林の増加等により、本来、中山間地域が持っている様々な公益機能が失われつつあります。

こうした状況下、平成２１年度から、当地区において始まりました「日本再発進！若者よ田舎をめざそうプロジェクト」につきましては、市当局のご尽力によりまして、１０名の若者が農業をなりわいとした農山村の暮らしに向けた取組みを実践しており、過疎が進む当地区の活性化に大きく貢献しております。

一方、平成２３年度予算におかれましては、新たな低家賃住宅の整備や空き家を活用した定住支援策、鳥獣害対策などに、手厚い予算を確保していただいておりますことに対しまして、重ねて御礼申し上げます。

しかしながら、地域内で住居と就労の場の確保が困難なことに起因する若者や若年夫婦の転出・転居は後を絶たない状況です。また、「若者よ田舎をめざそうプロジェクト」につきましては、残すところ１年となり、彼らのプロジェクト終了後のことが憂慮されます。

つきましては、下記事項について要望させていただきたく、市当局のより一層のご支援とご指導を賜りますようお願い申し上げます。

記

1．低家賃住宅の整備と併せて、改築補助や解体補助への制度拡充、宅地分譲の仕組みづくり等、総合的な過疎地住宅施策の推進。
1．過疎地の事業者に対する有効な優遇支援策及び地域資源を活かした起業への支援等による就労の場の確保。
1．田舎をめざそうプロジェクト終了後における若者の定住・就労へ向けた支援。

図 14　旭地区自治区長会からの要望書

この「ご挨拶」で示されたのは、「トラスト」という考え方であった。これは後に詳しく紹介するが、都市民が出資して、その資金で農地を借り上げ、米や大豆の栽培をプロジェクトメンバーが代行し、農作業や収穫などの機会にはイベントとして依頼主が参加し、さらに収穫物の一部を依頼主に返すという事業である。

また、地区の人々全員にプロジェクトが最終年度を迎えること、メンバーの中にはプロジェクトから離れる可能性のある者もいること、しかし多くのメンバーは残って、旭で暮らしたいと考えていること、そのために今後も支援をお願いしたいことが訴えられている。地域に自分たちを開くことで、地域の人々とともに生活している自分たちを支えてほしいとの願いが綴られているといってよい。

ここまで自分たちのことを開示できるほどにまで、彼らメンバーは深い関係で地域と結ばれていたのである。そして、このリーダーの「ご挨拶」の内容はまた、メンバーにも共有されている思いでもあった。メンバーの一人は次のように綴っている。

「ここでの暮らしは、本当に貴重なものに囲まれている。豊かな自然はもちろんだが、旭の人たちは温かく、生き方が美しい。そんな旭の方たちと二年間共に過ごして築いてきた絆は何にも代えられない私たちの財産だと思う。」

「生活を成り立たせるまでにはまだまだだが、この二年間の旭での生活を私はとても楽しんできた。それは、温かい旭の方たち、熱心に私たちのことを考えてくれる役所の職員の方や、NPOの方たち、楽しいプロジェクトの仲間たち、いつも応援してくれるお客さんや知り合いの人たちなど、本当にたくさんの方たちのおかげだと感謝している。」

「地に足の着かない生活、お金を稼いで何でも買って済ませる生活ではもうやっていけないことにたくさんの人が気づき始めている。特に今回の震災［二〇一一年三月の東日本大震災のこと……筆者］で、生きていく力や人との繋がり、安心して日々生きられることは、経済よりもお金よりも便利さよりも大事なことだと私たちは思い知った。」

「旭の人たちが当たり前にしてきた、手作り、結い、循環型エネルギーなどが、今後ますます世の中に求められてくる。自分も旭の人たちに学び、現代ならではの観点も取り入れて、新しい持続可能な地域を、旭の人たち、今後旭に暮らす人たちと一緒に創っていきたいと思う。」

「まずは、「旭暮らし」を発信して、旭暮らしファン、旭暮らし仲間を増やしていきたい。[1]」

こうして、プロジェクトの第三年目が始まった。

4 決断の六月

方向転換して臨んだ新たな年度ではあったが、メンバーの意識は一朝一夕に変わるものではなかった。彼らは、この一年半の実践をふりかえりつつ、メンバー内部で粘り強い議論を繰り返し、またリーダーの戸田はメンバーとの懇談を繰り返して、メンバー相互の意思疎通と相互理解、そして将来の方向性についての意思統一の可能性を探っていった。

この過程でメンバーの中には、本プロジェクトの趣旨を改めてとらえ直し、理解し直そうとする動きが出始めることになる。そこで、メンバーたちは、本プロジェクトが、これまでの大量生産・大量消費の規模の経済の時代において、人々の意識を支配してきた効率性や利便性を追求すること、物質生活の向上を基本的な価値として、人々を労働力・消費者として画一的に評価する社会、つまり都市化の社会が行き詰まり、従来の社会では価値がないとされていた農山村が新たな価値を持ち始めていることに気づくこととなる。それは、都市部で人が疲弊し、うつ病や精神的な障害が急増していることに対して、農山村が新たな生活の価値を提供し、都市民に対して癒しをもたらすことができるという感覚と結びついていた。都市部では、人はある種の機能として理解され、単能工化されていくのに対して、農山村では人は全人格的に環境や周囲の人々とかかわらざるを得ず、生活も多能工的に、まさに「百姓」として過ごさざるを得ない、このことを改めて価値化しようとする感覚を持ち始めたのだといってよい。

しかし、このような新たな価値への気づきは、またメンバーの間に農業に対する考え方の違いが埋め難くあることを明らかにすることとなった。つまり、農山村が新たな価値を持つことに気づくことで、そこで暮らすことがどのような形で、都市化してきたこれまでの社会に対する新たな価値の提示となるのか、という点で、農業生産をあげることで都市民に対して安全で安心、そして健康な生活を提供できると考えるメンバーと、そうではなくて、むしろ「農的な生活」を実践し、新しい生活スタイルを提示することで、新たな社会をつくりだすことができると考えるメンバーとの間の考え方の違いである。この両者は、農山村の新たな価値への気づきと農業生産を重要視することについてはともに同意し、価値を共有しつつも、それらを実際の生活においてどのように実現していくのかという手法にかかわる点で深い食い違いを示していた。

この溝が埋まらないまま、春の作付けや後述するような新たな取り組みが始まることで、プロジェクトがこの年度一杯で終了することも含めて、メンバーには今後の身の振り方を自ら決め、その方向に向けて準備することが求められる期限が近づきつつあった。

リーダーの戸田は、五月からメンバー一人ひとりとの時間をかけた懇談を進め、メンバーに二〇一二年三月末にプロジェクトに対する助成が切れるが、その後の自らの進路について考えるように指示を出し、その場合「旭地区に残るのか」「Ｍ－ｅａｓｙに残るのか」を基準とすることを求め、六月末を回答期限とした。

メンバーはこの時期、真剣に自分の将来について考え、悩んだようである。その結果、次のような結論が導かれることとなった。やさい安心くらぶＬＬＰに出向している二名を除いて、「旭地区に残る者」六名、そのうち「Ｍ－ｅａｓｙに残る者」五名、また「旭地区にもＭ－ｅａｓｙにも残らない者」二名である。つまり、「旭地区に残り、

Ｍ－ｅａｓｙにも残って、継続してこの事業を続けたい者」五名、「旭地区には残るが、Ｍ－ｅａｓｙからは離れ、協力者としてかかわり続けたい者」一名、そして「旭地区からもＭ－ｅａｓｙからも離れる者」二名となったのである。離れる者二名については、一名は実家の強い希望により、仕方なく離れるものであって、実際に価値観と方向性の違いから離れる者は一名という結果となった。

この決断について、六月に提出されたメンバーからの回答書には、次のように記されている。(2)

「地域の人にも元気をもらっている。ピザイベントはいつも自分たちの段取りが悪いけれど、お客さん（地域の人に限らないけれど）に助けてもらって、いつも成功（なのか?）している。山菜イベントのときも、ＡさんやＢさんがすごく助けてくれた。お米トラストの時は、ＣさんやＤさん、Ｅさんがふらりと立ち寄って手伝ってくれた。地域の人が参加してくれるのとしてくれないのではまったく色あいが変わっただろう。／イベントやトラストは、自分は知識も何もないからできないと思っていたので、やるのが怖かったが、やってみたら勉強になることがいっぱいだった。まずはやってみなければわからないことなんだと納得した。やらなければいつまで経ってもやれないだろう。／いろんな人がつながって、なにか未来につながる大きな（小さくてもいい。でも終わりは大きくなるに違いない。）楽しいことができたらと思う。」（一部伏せ字）

「あと少しで二年が経過する。実際に農業をおこなうことで問題を身近に感じたり実態を知ったりができたと思う。人との付き合い方も学んだ。共同生活の中では新たな発見もあった。プロジェクトに参加する前と少しは変わった、と思う。周囲の人にはたくさんの感謝がある。」

「今までもこれからも変わらぬ事は、地域の方々が喜ぶ事をしていきたいし、自分達の活動が地域の方々の笑顔を呼ぶものでなければならないと思っています。地域の方々と共にこの旭地区を元気にしていけたらと思います。考え方は色々ですが、自分はもともと、どんな理由があってもプロジェクト期間中は途中で辞める事だけはしないと決めていました。辞めるのは簡単ですが、続けることは難しいです。自分だけでなく多くの方々に支えられてこのプロジェクトは存在しているのだと感じていたので、もし辞めるとしても期間中は頑張ろうと思っていました。責任とはそうゆうものかなと個人的には思っています。」

「Ｍ－ｅａｓｙに残る事を決めたのも、申し訳ないですが実は「方針が好きだ」とか「何かやりたい事がある」とかではありません。地域にとってＭ－ｅａｓｙがなくてはならないものであり、無くなってしまっては、せっかく地域に吹いた良い風も弱めることになり、悲しむ人が大勢でるのではないかと思ったからです。だから、今の自分にできる事はＭ－ｅａｓｙの土台作りに少しでも貢献する事だと思い残る事にしました。自分は体を動かす事でしか力になれないのは分かっていますが出来る限りの事をしていきたいと今は思っています。ただわがままな性格上、仕事の優先順位や、やり方、モチベーション等が周りとズレていると、いくら気心の知れた仲間であっても「自分のペースや、やり方で作業出来たらな」と心の中で思ってしまう事がどうしてもあるし、自分の思い描く将来像はここに来る前から、一人または家族でやっている姿なので、将来は独立してＭ－ｅａｓｙや地域の方々と活性化に貢献できる存在に自分もなれればと思っています。」

離れる者も、次のように記している。

「最初は見ず知らずの人達が田舎で共同生活をしながら農業を生業にしていく。と言うのはどんなものか？　という感じで想像も出来なかった。実際来てみて、料理が得意な人・よく動く人・パソコン・コンピューターが得意な人・植物や虫のことをよく知っている人・先生をやってた人・サッカーが上手な人・面白い人・いろいろな性格の人がいて回りに学ぶことが多くてすごく面白かった。やっぱり会う人みな師匠だなと思った。もともと自分は田舎・農業・自然・運動・人が好きで田舎向きだと思っていた。旭に来てたくさんのこと（農業の知識・技術・料理・生活習慣）、沢山の人（Ｍ－ｅａｓｙの仲間・地域の人・支所・市役所・サッカー仲間）、仲間っていいな、みんな優しく、いつもありがたく思う。それと農業・自然・田舎暮らしは魅力的で最高だと思う。山の恵みを知れば知るほど楽しくなる。だから他の人にもこの楽しさをもっと感じてもらえたらいいなぁと思う。」

「常にお客さんや仲間まわりに支えられている。ここに来て食事のことや暮らしの考え方が良い方向に変わってよかった。本当に良かった。自分はいつも何処に行っても周りに支えられていると思った。凄くありがたいと思う。自分も支えられてばっかりじゃなく支える立場になりたい。こらからは原発の問題もあったが自然に逆らわない農業をやり、みんなに必要と思われる仕事をやりたい。いろんなことも出来てよかった。イノシシ解体やピザ窯作成・キムチや大根もち・野菜販売・イベント・野菜生産・料理・地域のお祭りに参加。ここで学んだことを〇〇でも活かしていきたい。そして自分は自分で胸を張って楽しく〇〇で輝きたい。みんな別れてもそれぞれが輝いていれば良いと思う。そしてみんなが輝き、輝く人が増えてみんなつながれば日本・世界が平和で明るくなるのではと思う。」（一部伏せ字）

「現在の農業指導の委託先は（株）Ｍ－ｅａｓｙだが自分は豊田市の呼びかけでプロジェクトに参加したという理由とこれまでに旭の人にはお世話になってきており旭に残りたい気持ちは誰よりも強いので二三年度中には（株）Ｍ－ｅａｓｙからは独立してプロジェクトに残りたいという希望はある。」

メンバーはそれぞれの思いを持ちながらも、農山村の新たな価値に気づき、また旭地区の人々に受け入れられている自分を感じ取り、恩返しをすることが、この社会に対して新しい農山村の価値を提示することになるという考え方を共有しているといってよい。彼らの間での齟齬は、それを実現するための方途についての考え方の違いであった。メンバーそれぞれが自分の人生の方向性を決断した六月であった。

5　別れの八月

このため、今後の方向性について結論が出された六月の回答書以降、Ｍ－ｅａｓｙのスタッフと地元の関係者は、

図 15　地元関係者との忘年会

「Ｍ－ｅａｓｙに残り、旭地区にも残りたい」者については、全員希望がかなえられるような手立てを講じるとともに、「Ｍ－ｅａｓｙには残らないが、旭地区には残りたい」者については、自治区長ら関係者が就労を斡旋するとともに、農業を継続できるよう、空き家と耕作地を紹介し、地元企業に就労しつつ、週末には農業を続けて、Ｍ－ｅａｓｙと緩やかな連携の関係が取れるように手配を進めた。

また、「Ｍ－ｅａｓｙにも、旭地区にも残らない」者については、プロジェクト期間中に今後の人生選択に資するような研修の機会を設けるなど、便宜を図ることとなった。

図 16　地元住民による歓送会

その後、「Ｍ－ｅａｓｙに残り、旭地区にも残りたい」と話していたメンバーのうち一名が、Ｍ－ｅａｓｙから離れ、独立したいとの希望を示すこととなったため、彼の希望を聞き入れつつ、今後の独立に向けての支援をすることとなった。また、さらに一名が、Ｍ－ｅａｓｙから完全に離れるのではなく、協力農家として自立したいとの希望を示したため、彼にも旭地区に残りながら、独立して営農しつつ、Ｍ－ｅａｓｙと連携関係が取れるような態勢を準備することとなった。

但し、このプロジェクトが国の「ふるさと雇用基金」の支援を受けている関係上、プロジェクト終了期間までは、可能な限り常に一〇名のメンバーを確保しておく必要があった。そのため、今後のプロジェクトの展開も考え、「旭地区にもＭ－ｅａｓｙにも残らない、または完全に独立する」希望を示した三名については、八月を目処にＭ－ｅａｓｙから退職、さらにプロジェクトからも離脱することとし、旭地区に残る希望を持っているものについては、継続して第三年度の最後までプロジェクトメンバーとして在職することとなった。

八月に、プロジェクトから離れる三名のための歓送会が、地元の関係者によって、賑やかに開かれた。彼らがいかに地元に根づき、大切にされていたかを示す会となったという。図15・16を参照されたい。

この時点で、プロジェクトメンバー五名が旭地区に定住すること、それに加えてリーダーの戸田夫妻と二〇一一年初夏に生まれた子どもの三名が定住することを決めており、合計八名が続けて旭地区にお世話になることとなった。

6　新しいメンバー

本プロジェクトは、その後、八月に離脱した三名を補充するためにハローワークなどを通して求人を行った。結果的に三名の枠に一〇名の応募があり、うち七名が女性であった。その後、体験生活その他の選考を通して一〇月に二名が新たにメンバーに加わることとなった。一名は、東京で企業の営業担当として暮らしてきた女性、もう一名は豊田市内でオーガニックカフェなどを経営していた女性であった。

彼女らは次のように語っている。(3)

「私がこのプロジェクトに参加したきっかけは、農業がしたいという思いからだった。二八歳のころから自然食品店に勤めていたが、この仕事は知識は増えるものの、手触りがない。いつかはなにかを作りたいな、といつも漠然と考えていた。そんな時に、震災が起こった。品不足と放射能汚染の不安が、東京で一気に広がった。ほかの店長たちは、この流れにのり、売上を順調に伸ばした。わたしはそれができなかった。ああ、私は商売人ではない。つくづくとそう思った。力が抜け、自分の体調が悪いことに気づいてしまった。手術をするために、会社を辞めた。」「術後しばらくの療養を経て、農業の職を探し始めた。震災を経験して、人間はいつ死ぬかわからないのだとひしひしと感じ、やりたいことをやろうと思ったからだ。しかし、農薬を使わずに農業をしているところで、三七歳の人間を雇ってくれるところは、なかなか見つからない。そんな時に、ハローワークでM－easyの求人票を見つけた。場所が愛知と遠かったので迷ったが、数少ないチャンスだと考え応募した。その後、戸田さんから連絡があり、福蔵寺で一週間研修を受け、正式にプロジェクトに参加することになった。」「メンバーと共に生活し、自然の中で体を動かしているうちに、自分が少しずつ解放されていくのがわかった。戸田さんをはじめここにいるメンバーは、「わたし」というものをまっすぐに見てくれるし、問うてもくれる。」「今までの人間関係は、私の店長という役職や、その他の利害関係を見てコミュニケートする、というものだった。その中で私は、駆け引きに不利になる自分の弱さを隠すため、ひたすらガードを固めて生きてきた。そのガードが、ここでは必要がない。メンバーが皆弱さを持ちながらも、お互いに補い合いながら生活しているからだ。プロジェクトに参加して、生まれて初めてガードを下げることができた。そうすることで、どうせ私はわかってもらえない、という孤独感のようなものも消えていった。」「地域の方も含めてここの人たちがあたたかいのは、自然に囲まれたこの環境のせいかもしれない。自分自身もここに住むようになって、こころがとても穏やかになった。」「こんなにも解放され、癒されるとは全く想定外の出来事だった。まちに住む人のなかで、以前の私と同じような思いを抱いている人は、おそらくたくさんいると思う。そういう人に対して、M－easyがイベントなどを通じてつながりを持つことで、オアシスのような役割を果たせるのではないか。そのような価値をお金に変えていく、ということを今まで経験したことがないので難しさは感じるが、ぜひ挑戦して形にしていきたいと思っている。」

「働いて、物質を所有する……それを維持するためにさらに働く……便利と引き換えに大切なものをなくしていく……そういう矛盾を漠然と感じる生活（極端ですが）から、二時間も車で走れば、まったく違った形の暮らしがある。（極端な表現ですが）」
「山間部の過疎化や仕事など、まだまだクリアしなければいけない事はさまざまあるけれど、部落のおじいちゃん、おばあちゃんの暮らしから、多くの事を学んで受け継いで、お互い様と助け合い、一つ一つ丁寧に暮らし、自然とともに生きていく事が一番の当たり前なのかもしれません。」

本プロジェクトの趣旨と価値観を共有するメンバーが補充されたこと、さらに都市に生活する人々にとって、このプロジェクトが強い訴求力を持っていることを示すものだといえる。
こうして、本プロジェクトは、第二年目の苦悩を乗り越え、第三年目の紆余曲折を経ながらも、趣旨と目的そしてその基礎となる価値観を共有するメンバーによって徐々に地歩が固められて今日に至ることとなった。

7 「つながり」をつくる

1 プロジェクトのさまざまな取り組み

第三年目の二〇一一年四月から一二月にかけてプロジェクトが進めてきたさまざまな取り組みは、以下の通りである。(4)

二〇一一年四月
・大豆トラスト、お米トラスト　参加者募集開始

・圃場準備
・水田苗づくり開始
二〇一一年五月
・野菜栽培開始
・「旭暮らし」テーマ設定、リーフレット作成
二〇一一年六月
・田植え
・大豆種まき
・大豆トラスト、お米トラスト　開始
・旭の暮らしを発信「旭暮らし」ブログ　開始
・「旭暮らし」フェイスブックページ作成　運用開始
・まちかど朝市（二拠点）スタート
・グリーンママン朝市（毎月一回）出店開始
・木の駅プロジェクト実行委員会　立ち上げに協力　運営参加
・リーダーの戸田　消防団へ入団
二〇一一年七月
・やまのぶ梅坪店前販売スタート
・夏の福蔵寺ご縁市を開催

二〇一一年八月
・八月末日　M、H、S　退職（地域の人と送る会を開催）（一部伏せ字）

・ＮＰＯワールドキャンパス　外国人ホームステイ　田んぼ草取り体験　一五人　受け入れ
・おむすび通貨［地域通貨のこと――筆者］　中山間地域担当になる
・有機農業意見交換会（県農政事務所主催）へ参加
・笹戸温泉組合振興会とのエコツーリズム勉強会
・築羽自治区で四谷千枚田視察　参加
・とよた都市農山村交流ネットワークＹ氏と、二四年度に向けて子ども向け農山村体験プログラム研究のために、長野県泰阜村だいだらぼっち、郡上八幡山と川の学校冒険ＫＩＤ'Ｓ視察（一部伏せ字）
二〇一一年九月
・二四年度に向けて旭高原元気村果樹園および体験事業委託打ち合わせ
・旭の集落ビジョン講演会に、移住者代表家族の一組としてパネルディスカッション参加
・お米トラスト　はざかけ杭づくり
二〇一一年一〇月
・まちかど朝市　合計三拠点に
・お米トラスト、お米　収穫
二〇一一年一一月
・秋の福蔵寺ご縁市　開催
・稲武の大井平公園もみじ祭りへ継続出店
・豊田市内のお母さんグループ「グリーンママン」、とよた都市農山村交流ネットワークとの共同プログラム「山っこくらぶ」第一回会議　三月末にモニター実施予定
・お米トラスト　収穫祭

二〇一一年一二月
・築羽自治区「つくばの夢を語る会」で区長と協力して四谷千枚田保存会の小山舜二氏を呼ぶ
・笹戸温泉組合振興会と「宿泊付じねんじょ掘り体験」を開催
・大豆トラスト　収穫、脱穀
・忘年会

地元に深く入り込み、根ざしながら、新しい価値を発信するための多くの試みが取り組まれたことがわかる。これらの試みは、基本的に、本プロジェクトが第二年目に新たな方向性を確定して以降、その方向性を確かなものとし、「農的生活」を実現して、旭地区を新たなライフスタイルの価値を発信する場所へと組み換えていくためのものであり、それはすべて人と人とをつなげることが基盤となっている。そのため、メンバーは、たとえば代表の戸田が地元の消防団に加入するなど、地元社会に深く溶け込み、地域の住民としての役割を果たしながら、地元の農山村と都市部とを結びつける役割を担おうとしていった。

この観点から試みられた取り組みには、お米トラスト・大豆トラスト、福蔵寺ご縁市などがあり、さらにはホームページの充実とブログ・ツイッター・フェイスブックの開設、旭地区の生活をブランド化する「旭暮らし」リーフレットの作成、関係するNPOや市民団体とのネットワークの構築、視察の受け入れや特徴のある地域への視察など、多岐にわたる。以下、このうちのいくつかを紹介する。

2　お米トラスト・大豆トラスト

トラストとは信用・信託を意味する言葉で、それを農林業や農山村にかかわる事業において用いる場合には、たと

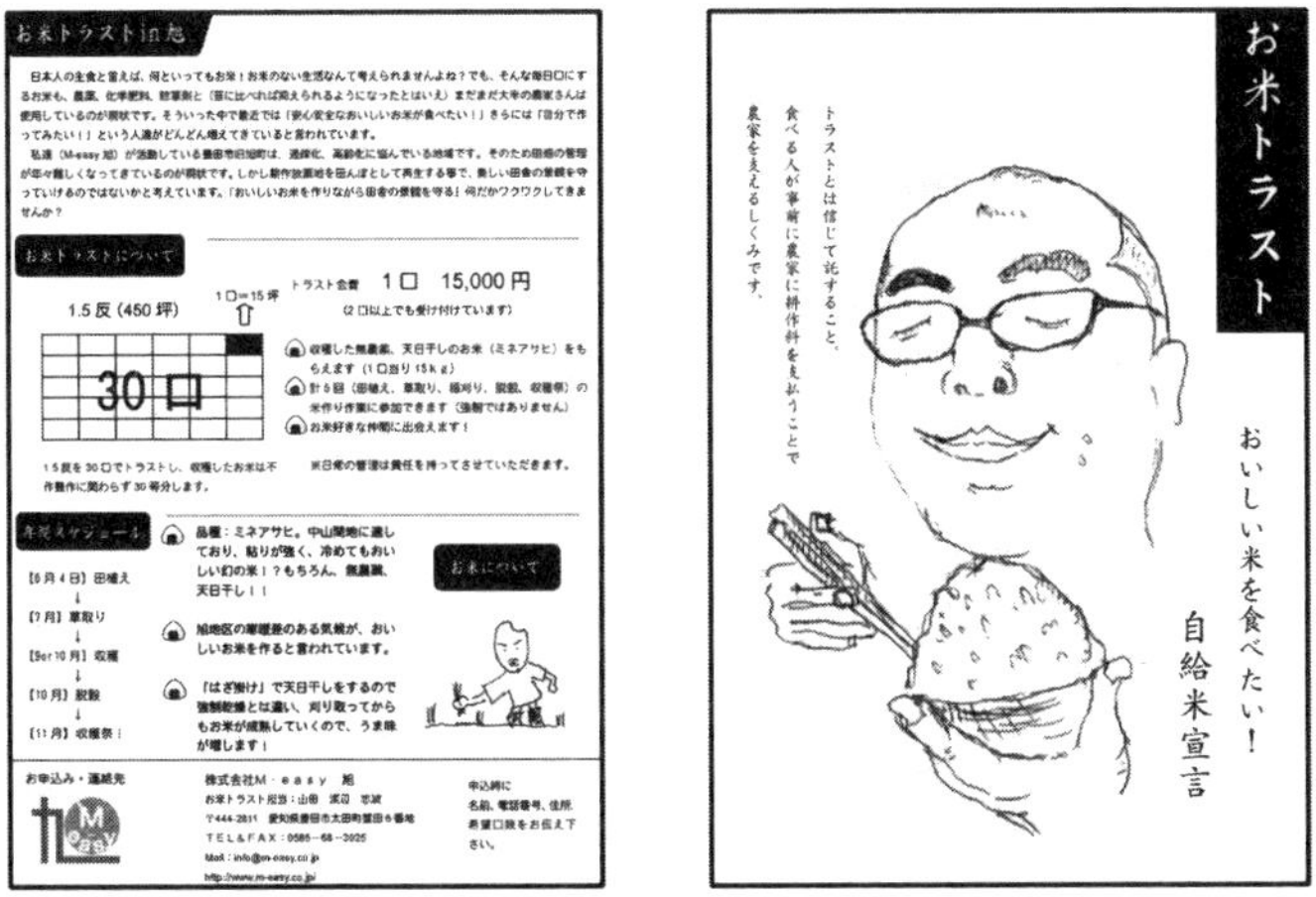

図17 「お米トラスト」チラシ（表・裏）

えば森林トラストなどに示されるように、人々が出資することで森林を保全し、森林環境の保全活動に参加し、かつそのための学習などさまざまな実践にかかわる権利を得る活動を指す場合が多い。

本プロジェクトで試行した「お米トラスト」「大豆トラスト」は、旭地区の水田を基本とする農業環境を守りつつ、安全で安心な作物を都市在住者に届けるとともに、都市と農山村との間で人々の交流の流れをつくり、さらにメンバーが自分が届ける農作物が消費者にどのように受け止められ、どのように食されているのかを実感することなどを目的としたものである。旭地区の水田と畑をメンバーが耕し、作付けし、水稲と大豆を栽培して、その収穫物を出資者に還すことを基本に、田植えや草刈り、収穫などをイベント化して、出資者に案内して、参加を求め、農山村と都市部との交流を図るとともに、農業や農山村での生活についての理解を深めてもらうこと、そのことを基礎に、旭地区での農的生活をブランド化することが目的としておかれている。

しかも、この試みには、メンバーだけでは担いきれない地域の課題、つまり旭地区の「人の手の入った自然環境」すなわち田園風景を維持しつつ、「農的な生活」を送ることができる地区として、旭地区の価値を発信するために、都市在住者を呼び込むことで、人手不足の解消と相互の交流・理解を深めようとする意図が存在していた。

代表の戸田は、「お米トラスト」「大豆トラスト」実施の経緯を、以下のように報告している。(5)

1・農作業をすることのみに関心が高く、食べてくれる消費者のことをまったくイメージできないスタッフがいたため、トラストというお客さんと一緒に生産する方式を導入することで意識変革を図りたかった。

2・中山間地域で覚悟を決めて生活するには、地域に展開している水田の活用を本気で考えなければ、自分たちの生活環境が荒れてしまう。ただし、今まで通りのお米づくりをしていては早晩限界がくることは見えている。地域に新風を吹き込み、消費者をまきこんで農業に取り組むことで、水田を守る方法をつくっていけないかという試みをしたいと考えた。

3・二三年度（二〇一一年度）はトラスト方式での農業のやり方を地域の人に知ってもらい、二四年度（二〇一二年度）以降、地域の人にも参加してもらいながら、広げていくことで、自分たちの力以上の農地面積を管理できるのではないだろうかと考えた。

4・旭では平野部と違い、年間を通して効率的に野菜を生産・販売していくことはできない。野菜出荷は七～一二月の六ヶ月間である。ビニールハウスを用いたり、無理をした生産をすればもう少し拡大することはできるが、その農業方式でも平野部とは価格競争で負けてしまうし、地域の人に広げていくことはできない。できることは、Ｍ‐ｅａｓｙおよび旭のファンをしっかりと確保して、そのお客様と「旭暮らし」を共有しながら、創造していくことである。ファンの獲得のためには、商品だけでなく、旭そのものを五感で感じていただくことが一番である。将来の顧客獲得のためにもトラスト方式は有効であると考えた。

「お米トラスト」は、一口一五坪一万五〇〇〇円、「大豆トラスト」は一口六坪五〇〇〇円で二口以上を条件に募集をかけている。

図 18 「お米トラスト」収穫風景

図 19 「大豆トラスト」チラシ（表・裏）

図 20 「大豆トラスト」収穫風景

図 21 「大豆トラスト」脱穀
（筆者も一役買っているところ）

トラストでは、図17と図19のようなチラシを準備するとともに、インターネット上でも募集を始めた。二〇一一年四月に募集を始め、六月に締め切った時点で、「お米トラスト」三〇口、「大豆トラスト」五〇口の募集口数は一杯となった。

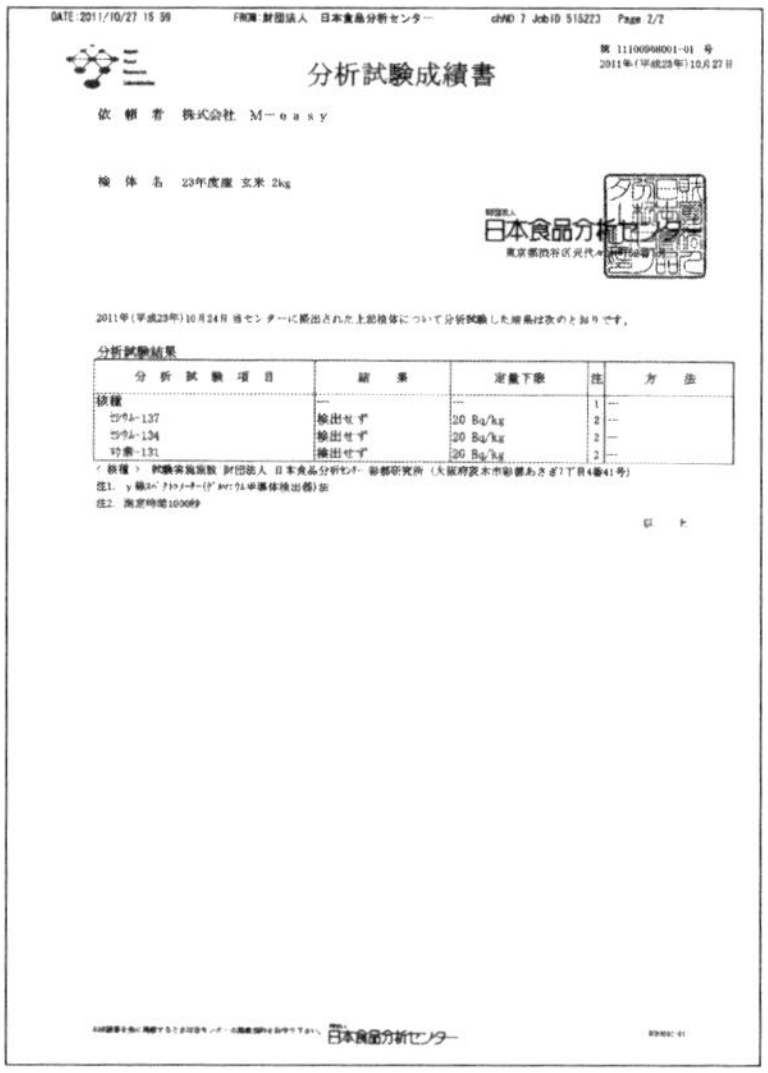
DATE:2011/10/27 15 59　FROM:財団法人　日本食品分析センター　chNO 7 JobID 515223　Page 2/2

分析試験成績書

第 11100968001-01 号
2011年(平成23年)10月27日

依 頼 者　株式会社 M−easy

検 体 名　23年度産 玄米 2kg

財団法人
日本食品分析センター

2011年(平成23年)10月24日 当センターに提出された上記検体について分析試験した結果は次のとおりです。

分析試験結果

分析試験項目	結果	定量下限	注	方法
核種	—	—	1	—
セシウム-137	検出せず	20 Bq/kg	2	—
セシウム-134	検出せず	20 Bq/kg	2	—
ヨウ素-131	検出せず	20 Bq/kg	2	—

以　上

日本食品分析センター

図22　放射性物質試験結果

「お米トラスト」では、三種類の作付けを行うこととした。一つは、苗床を作り、種籾から苗を育て、手植え、手作業での草取り、刈り取り、そしてはざかけによる天日乾燥、さらに手作業による脱穀、精米をした「自家苗代はざかけ米」、二つは苗は農協から調達するが、あとは「自家苗代はざかけ米」と同じ作付けの「はざかけ米」、そして三つははざかけ天日乾燥ではなく、遠赤外線乾燥の「遠赤外線乾燥米」である。

「お米トラスト」ではこれを「米三米《こめざんまい》」としてブランド化する試みも行うこととなった。

一〇月の収穫時、トラストそのものの収量と収益は、「お米トラスト」では、収量は三九〇キログラム、収益は四五万円、「大豆トラスト」では、収量は一九五キログラム、収益は二二万五〇〇〇円であった。

「米三米」の各米は、「自家苗代はざかけ米」が二キログラム一八〇〇円、「はざかけ米」が二キログラム一六五〇円、「遠赤外線乾燥米」が同じく一五〇〇円で販売された。どれも旭地区のブランド米である「ミネアサヒ」で、通常のミネアサヒよりはかなり高価な定価設定であったが、売れ行きは好調で、とくに最高級の「自家苗代はざかけ米」から、食に関心の強い市民やレストランに売れていった。「お米トラスト」は、手間暇かけた自然志向の訴えが消費者に届き始めており、新たなブランドの構築に手応えを感じることができるものであった。

また、二〇一一年度は東日本大震災とそれにともなう原子力発電所の放射性物質漏れで、放射線への心配が高まった年でもあった。「お米トラスト」では、安心・安全を消費者に訴える意味でも、放射線検査は大事だと考え、財団法人日本食品分析センターに放射線検査を依頼し、その結果を図22のような証明書として添付して、消費者に届けている。

「お米トラスト」「大豆トラスト」ともに、初めての試みであり、作付面積も小さく、事業収入も大きくはないが、今後、大事に育てていきたい事業として、メンバーには認識されている。次年度以降、ネーミングも変えて、餅と綿のコースを増やし、一八〇万円ほどの収益を得られるような仕組みにする予定となっている。

3　福蔵寺ご縁市

福蔵寺は、メンバーが仲間とともに生活している拠点であり、プロジェクトを受託しているＭ－ｅａｓｙの豊田事務所でもある。「ご縁市」は、この福蔵寺をステージに、地域の人々相互の交流を深めるとともに、農山村と都市との交流を促すイベントを行えないかとの地元農家の声から生まれた縁日風の市である。これもまた、人と人とをつなげることで、新しい価値を農山村につくりだし、それをさらに都市に発信して、農山村と都市との人の直接のつながりを介した交流を生み出し、促そうとする試みの一つである。

この「ご縁市」の開催はまた、住民の発案を基本としているように、メンバーが地域に溶け込み、住民からも厚い信頼を得ていることを示すことにもなった。

「福蔵寺ご縁市」の経緯について、リーダーの戸田は次のように報告している。(6)


1・地元農家さんの一言から、人が定期的に集まるイベントを太田でやれないかという話になった。

2・トラストの経緯と同じで、とくに二三年度は二四年度以降につながるファンづくりをすることを目標と掲げているため、他のイベントに参加してくださるお客さんや今までのつながりでの関係者の皆さんにさらに旭の魅力を知ってもらうために、旭の皆さんが半分、その他の地域の皆さんが半分程度の参加者でお祭りのようなことを、拠点である福蔵寺でやってみようということになった。

3・旭の魅力は、「地域に暮らしている人」。他のイベントでも、その作業や商品にも増して、地域のおじいちゃんおばあちゃんとの交流がうれしいという意見が多いので、それを体感できるイベントにつくりあげていくこととした。一度やってみて好評ならば、定期的な開催につなげていきたいと考えていた。

4・「地域の暮らしの一端を感じてもらうこと」を常に意識したいため、観光地化しないようにしながら、内輪盛り上がりだけに終始しないようにすることが今後の課題であると認識した。


このような構えで行った「ご縁市」であったが、その準備は次のように進められた。(7)


1・メンバーと発案者の農家とで実行委員会を設置。定期的にミーティング。

2・参加を地域の住民およびこだわり食品などをつくっている知人などへ依頼。

3・七月に旭地区全戸へ配られる通信に案内を載せる。

4・都市農山村交流ネットワーク、千年委員会など、関係の団体やＮＰＯなどで広告配布。

5・メンバーが居住している太田地区回覧板での告知。

6・その他、地域のいろいろな機会を利用して告知。

7・M-easyバンドの練習。

8・お蔵のお宝展の準備（二、三軒の太田地区住民のお蔵に行き、昔の道具などを発掘販売）。

9・スタッフ間での確認、市役所、支所、区長へ報告。


「ご縁市」の告知には、図23のようなチラシを作り、地元へは自治区の回覧板を使って、全戸に配布し、またプロジェクトのホームページにも掲載するなどして、普及を図った。

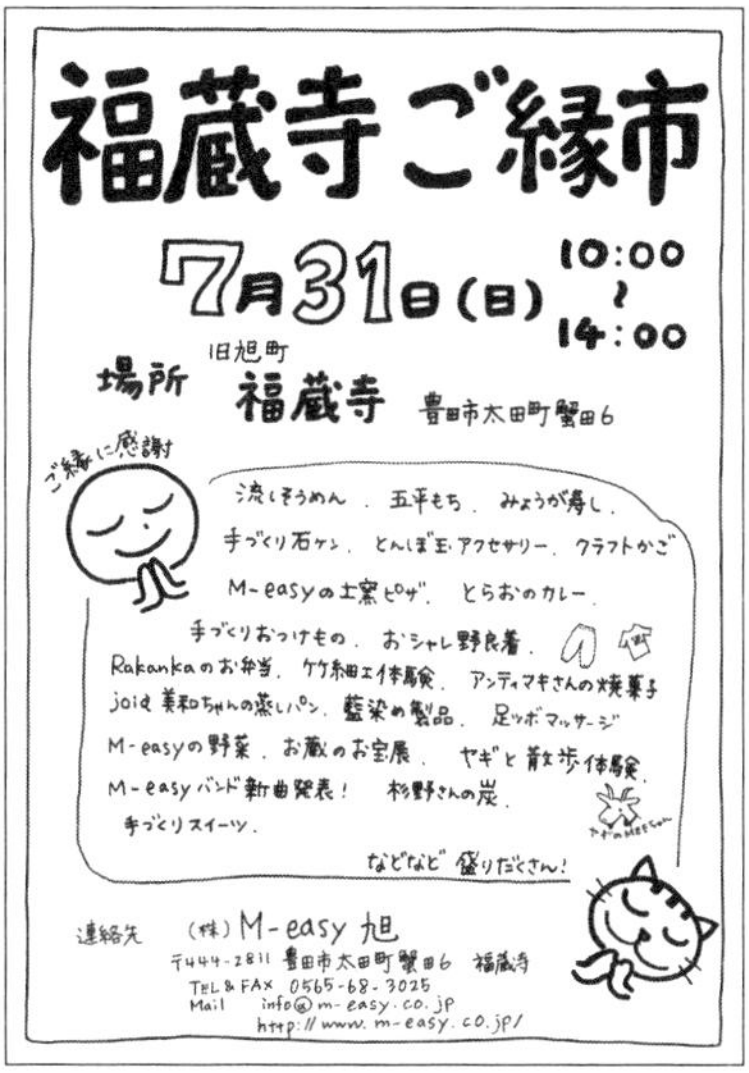

図23　福蔵寺ご縁市チラシ

「ご縁市」の試みは、初回、二〇一一年七月三一日（日）に開催され、約五〇〇名を集める盛況のうちに終えることとなった。地元の高齢者グループである「つくば元気クラブ」も応援に駆けつけ、名物の五平餅を販売した。地元の評価も高かったため、その後、冬を除く季節ごとに開催することとなった。第二回は二〇一一年一一月に開かれ、定期開催へと結びついて、今日に至っている。

「ご縁市」の様子は、図24〜図29に示す通りである。地元の農作物から工芸品、縄ない体験、ピザや五平餅の販売、そしてバンド演奏と、楽しい交流の場がつくられていることがわかる。

この試みを通して、このプロジェクトの持つ意味を、リー

図 24　福蔵寺ご縁市の様子 1

図 25　福蔵寺ご縁市の様子 2

図 26　福蔵寺ご縁市の様子 3

図 27　福蔵寺ご縁市の様子 4

図 28　福蔵寺ご縁市の様子 5

図 29　福蔵寺ご縁市の様子 6

ダーの戸田は次のように語っている。

「Ｍ－ｅａｓｙの特徴と強みは、「地域に根ざした連携」と再確認しました。『「旭暮らし」を経営の柱にすえ、生産活動をベースにしながら、農山村で受け継がれてきた健康で豊かな暮らしと自らの里山での暮らしを価値化する』を二〇一二年度以降の「続・日本再発進！若者よ田舎をめざそうプロジェクト」メンバーと共有しました。(8)」

4　福蔵寺ご縁結び

福蔵寺ご縁市の成功に刺激されて、「旭暮らし」をブランド化し、かつ本プロジェクトへの応援団を増やすこと、さらに農山村と都市との若者の交流を促し、その上で、あわよくば農村の「嫁日照り」をも解消しようと企画したのが、婚活イベント「福蔵寺ご縁結び」である。二〇一一年度に試験的に行い、その後、好評であれば、毎年行うことが予定されている。

このイベントは、いわゆる通常のお見合いイベントではなく、地元で取れた大豆を使った「ご縁味噌」づくりを参加者男女でともに行ったり、その後、一緒に餅をついたりと、「旭暮らし」を体験しつつ、親交を深めようとするもので、参加者にも好評であった。しかも、地元の高齢者が、「こんなことで若い子が来てくれるとは！」と驚いたように、地元の人々にとっては、自分たちがこの地区で守ってきた伝統的な加工品や暮らしぶりが新たな価値を持っていることに気づく大きなきっかけとなった。

図30は「ご縁結び」のチラシ、図31は「ご縁味噌」づくりの一コマである。

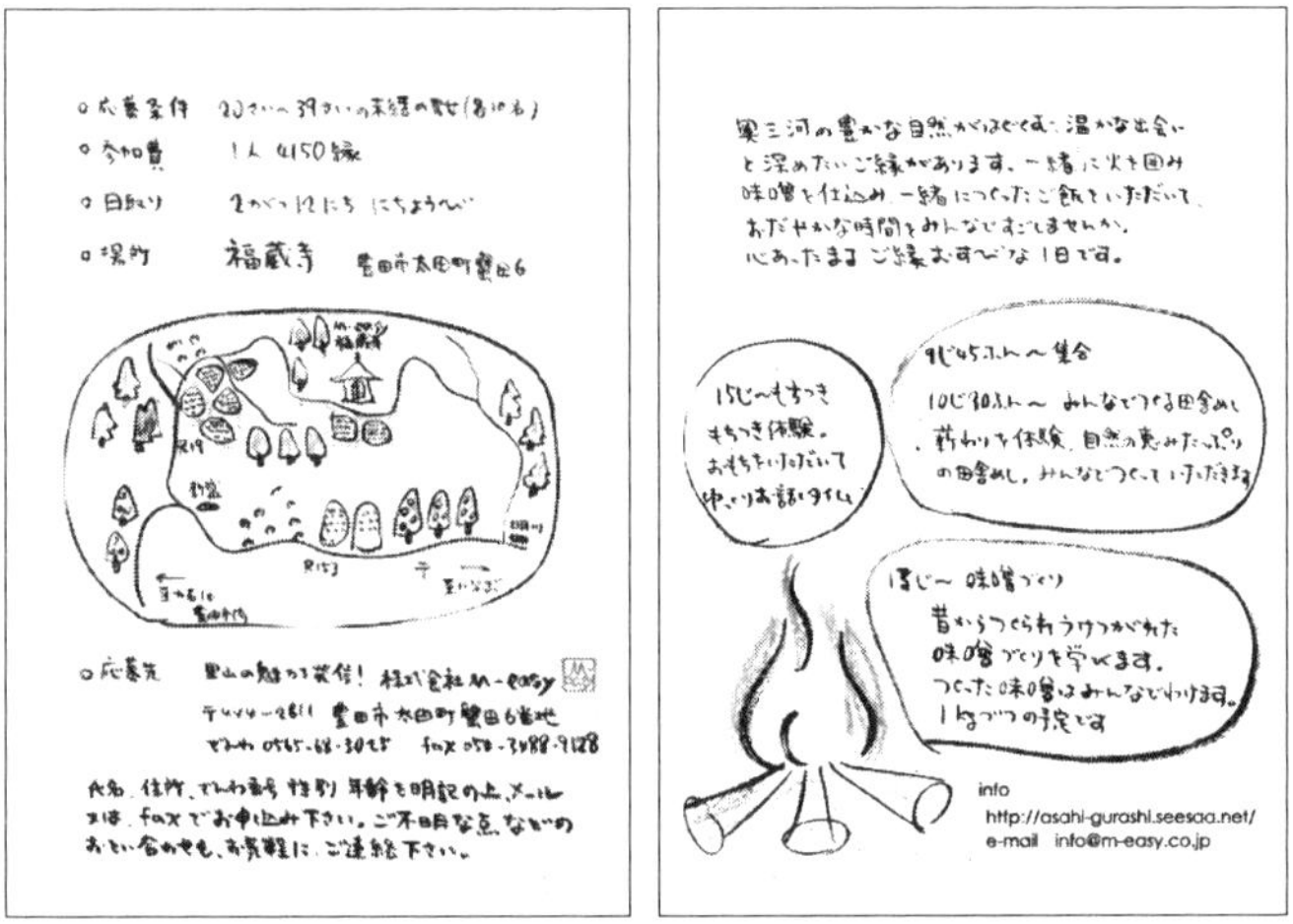

図30　福蔵寺ご縁結びのチラシ（表・裏）

図31　福蔵寺ご縁結びの「ご縁味噌」づくり

図32　自家製の移動ピザ窯

5　移動ピザ窯・石焼き芋窯とピザフェスティバル

さらに翌年、プロジェクトでは、こちらから出向いて人々の交流をつくりだす試みの一環として、移動ピザ窯や石焼き芋窯を作成し、これを軽トラに積んで、出張ピザフェスティバルを開催するなどしている。

これらの活動も、農山村の新しい生活スタイルの発信であり、また、人を集め、交流し、結びつけ、新しい価値を生み出していく試みでもある。

図32は移動ピザ窯、図33は「ひなまつりピッツァフェスティバル」のチラシである。

図33　ピッツァフェスティバルのチラシ

6　情報発信手段の開発

本プロジェクトの目的を達成するためには、メンバーがつくり続けている新しい農的生活のスタイルを常に発信し、都市部を中心とした人々とくに若い世代に訴えかけることが必要である。そのために、プロジェクトでは、これまでもホームページの開設などを試みてきた。

第三年度は、さらに情報発信力をつけるとともに、「旭暮らし」をブランド化することを目的に、リーフレットの作成とインターネットのブログやフェイスブックにページを開設し、情報を常時発信することとした。ブログやフェイスブックは、担当のメンバーが毎日、彼らの「旭暮し」の様子を報告、「農的な生活」の実際を余すところなく描写した結果、フォロアーも増え、ブログやフェイスブックを見て、現地を訪問する若者たちも増えてきている。

図34は「旭暮らし」のリーフレット、図35はブログの一部である。

図34　「旭暮らし」のリーフレット（表・裏）
（これを両面印刷、三つ折りにする）

7　このほかの取り組み

このほかにも、メンバーたちは、農業生産を基本としながらも、「生産」に縛られない「農的な生活」を実現するという方向が確定した後は、何かから解き放たれたかのようにさまざまな試みに挑戦し、一つひとつ実現しようと努力を続けている。

それはたとえば、豊田市内で活動している都市農山村交流ネットワークとの連携であったり、また名古屋大学環境学研究科の高野雅夫准教授が主宰する千年持続学校との連携であったり、さらには自然食や環境問題に敏感な市民団体、NPOなどさまざまな方面の関係者とネットワークを構築することで、自分たちの生き方に影響を受け、また新

図 35　「旭暮らし」のブログ
(see-saa blog. 2012 年 2 月 2 日)

たな生き方を発信しながら、旭地区で暮らすとはどういうことなのか、その価値を発信し続けることにつながっている。

そして、そこから彼らは、自分が仲間とともに、この地域の人々に支えられ、また支えていることを実感し、それがさらに大きなネットワークの中での自分の位置づけへと広がる中で、自分がこの社会で地に足をつけ、役割を担い、人の役に立ち、出番を持っていることを、深い自己認識とともに感じ取っている。

あるメンバーの言葉がある。

「二〇世紀は、山は山、農地は農地、道路は道路、家は家などそれぞれで管理をし、それぞれを経済原理の中で成立させようとしてきて、今の行き詰った現状に田舎はなってしまったのだと思います。」

「昔は、山を管理するときは、畑や家の日当たりを考慮したし、草刈はただ草刈ではなく、肥料や家畜飼料にしたし、その暮らしが短期的にはもうからなくても、長く続いていけるように自然に対して合理的な判断をしていたようです。」

「お金が潤沢に田舎に供給されれば別ですが、そうでない今後を考えると、もう少し、すべての暮らしの活動において、つながりをつくりながら、合理化を図っていくしか中山間地域の生き残る道はないと、山で暮らしはじめて、気づきました。」

「それが簡単な道のりではないと思いますが、その部分で価値を発揮できると信じて、覚悟を決めて進んでいこうと思っています。」(9)

（1）メンバーのＭ－ｅａｓｙ代表・戸田友介へのレポート（二〇一一年六月）による。
（2）同前。
（3）メンバーのＭ－ｅａｓｙ代表・戸田友介へのレポート（二〇一二年一月）による。
（4）Ｍ－ｅａｓｙ代表・戸田友介の筆者への報告（二〇一二年一月）による。
（5）同前。
（6）同前。
（7）同前。
（8）Ｍ－ｅａｓｙ代表・戸田友介の筆者への報告（二〇一一年九月）による。
（9）筆者との面談におけるメンバーの言葉（二〇一一年一二月）。

第4章　共変化する地元——多元的・多重的に生きること

本プロジェクトがはじまり、メンバーが旭地区に定住してから、地元も大きく変化していった。この変化にはいくつかの側面がある。一つは地元住民の変化、二つは旭支所を含めた地元行政の変化、三つはプロジェクトメンバー自身の変化、そして四つにこれら三つの変化が相互に作用して生まれた地元社会の変化である。ここではとくに第一、第二の側面について述べておきたい。

1　地元の変化

1　地元住民との関係づくり

本プロジェクトで最も重視したのは、メンバーが旭地区の地元に定住し、地域の人々に受け入れられるという関係の中で、事業を展開していくことであった。

それは、第一年目の報告にあるように、本プロジェクトを設計するきっかけとなった二〇〇八年度の合併町村五地区への訪問調査の結果から導かれた一つの方向性であった。この訪問調査から明らかになったのは、合併町村地区が

図36　バーベキュー交流会（選考）の一場面

合併後急速に疲弊していったのは、農林業の不振・働く場の縮小という経済的な要因が第一の原因ではなく、むしろ若い人々が中山間村の持つ文化的な魅力を感じることができず、都市的な文化に憧れて、地元を捨てて出て行ってしまうという、いわば文化的・価値的な要因が深くかかわっているということであった。

経済的な要因を理由とする若者の中山間村離れは、現在の地元リーダーたちの世代にすでに起きていることであり、彼らのほとんどがいったん土地を離れ、豊田市や名古屋市内でサラリーマンを経験したり、または地元の

図37　築羽小学校運動会で子どもたちと

町村役場職員や教員、郵便局員を経験して、退職後、老親の面倒を見、家・田畑を継ぐために帰ってきた者であった。農山村の疲弊をいうのであれば、七〇歳を超える彼らの世代からすでに約半世紀以上にもわたって、合併町村地区は経済的には疲弊し、過疎化が進んでいたのである。

反面、約半世紀という長い時代を経ても、各合併町村は法人格を備え、自治体としての機能を維持してきたのであり、住民は美しい田園風景を大切に保ち、現在にまで伝えてきている。それを、これまでのいわゆる利益誘導・補助金行政によるものだということは容易である。しかし、それだ

けなのだろうか、というのが、このプロジェクトの最も深いところを流れる思いである。単にカネだけで、そこまで生活しにくく、魅力のない村が維持されるものなのだろうか。そこには、旧町村の行政と住民の思いとがつくりだす、引くに引けない何かがあるのではないか。この疑問が、このプロジェクトの出発点である。

この出発点を決定づけたのが、第Ⅱ部の冒頭で紹介したように、地元リーダーたちの厳しい反応であった。繰り返しになるが、筆者ら東大研究室メンバーが二〇〇八年に各地区に訪問調査に入ったときにリーダーたちに浴びせられたのは、「お前ら、何しに来たんだ」という言葉であった。「不信感」、これが第一の印象であった。これは、第Ⅱ部第1章冒頭で記したとおりである。

しかし、「まあ、そうおっしゃらずに」といいつつ、訪問を繰り返し、最後は一升瓶を持って地元の集会所に上がり込み、にらみ合い、三日、一週間、一〇日と泊まり込むことで、ようやく彼らが重い口を開き、訥々と語り始めたその言葉ににじむのは、地元を捨てなければならなかった悔しさ、子どもたちを都会へと送り出さざるを得なかった無念さであり、そういう自分を慰めないではいられないかのように絞り出されるのは、「仕方がないじゃないか」という言葉であった。

そして、その後に口をついて出てくるのは、「あんたらに来てもらっても、もう、何もしてやれん」という言葉であり、そこに「すまんな」と誰に宛てたのでもない言葉が呑み込まれていることを感じたのは、一度や二度ではない。彼らは心優しい地元の高齢者なのだった。しかし、「それでもねえ」といって粘っていると、彼らの口から出てくるのは、次のような言葉であった。「あんたら、かかわった以上、最後までやってくれるか。このままじゃあ、どうにも気持ちが収まらん。」

地元リーダーたちは、悲しみながら怒っていた。ここに、筆者らは本プロジェクトの方向性と可能性を見た思いがしたのである。

これらを背景として、本プロジェクトは、まず、地元への挨拶回りと地元行事への積極的な参加、さらにそれ以前のメンバー選考の段階から地元の人々にかかわってもらうことで、相互に理解しあいながら、互いに受け入れ合える関係をつくること、ここから始められた。

選考の段階では、地元住民との交流会（バーベキュー）を通して、地元の人々と候補者が語り合い、意志を確認し合い、受け入れる／受け入れられる関係をつくっていった。ある自治区長はこういっている。「相当厳しいことをいいましたよ。地域に来てもらった以上、成功させなければいかん。地域に入ったは、こんなはずじゃあなかったは、では、何のためのプロジェクトなのかわからんでしょう。」

図 38　地元への説明会

図36は地元とのバーベキュー交流会の一場面である。こうしてメンバーが選考され、プロジェクトが始まった。

プロジェクト開始後も、地元に積極的にかかわることとし、地域自治区の「お役」を受けたり、また地元への説明会を幾度も開催するなどして、プロジェクトメンバーの存在を認知してもらう努力をし、さらに地元の小学校の運動会に参加するなど、老若男女を問わず、地元の人々と交流を深め、受け入れてもらえる関係づくりに力を注いできた。図37は地元の小学校運動会での一場面、図38は地元への説明会の一コマである。メンバーの緊張した面持ちが、彼らの思いを伝えている。

こうした努力の結果、プロジェクトの開始当初から、メンバーたちは地元から好意的に受け入れられ、互いに信頼関係を築きながら、事業を展開することができ、地元の人々も、彼らを受け入れることで、新しい生活への希望を持ち始めていくことになる。筆者らの調査に厳しい表情で対応した地元のリーダーたちも、彼らメンバーの前では目を細め、一升瓶を持っては彼らの宿所を訪れ、夜を明かして語り合うようになり、また地元のおばあさんたちは、家でつくった農作物加工品を彼らに届けながら、井戸端会議を楽しむという関係がつくられることになるのである。

この互いに認め／認められる関係の中で、メンバーは育てられ、早くから「恩返しをしたい」との意思を表明することになった。その結果が、当初メンバー五名が引き続き定住することを希望し、プロジェクトを離れることになった者たちも、旭地区とはかかわりを持ち続けたいと願い、実際に、離脱したメンバーの中にはいまだに福蔵寺に通っては、メンバーや地元の人たちと交流を続けている者もいるのである。このメンバーたちも、心優しいがために生きることに不器用だった都市の若者たちなのであった。お互いの優しさがともにこの土地で生きようとする意志によって結ばれるとき、その土地の生活が新しい価値を育み始めたのだといってよい。

図 39　2012 年新年会

地元との良好な関係の中でプロジェクトを進める。この点については、当初から心配がないほど、地元からの支援があったといえる。図39は二〇一二年の地元との新年会の一コマである。これまでの地元リーダーたちに混じって、地元の若手住民たちも参加し始めていることがわかる。プロジェクトメンバーが地元にしっかりと根づいていることをうかがわせる。

図 40　新城市四谷千枚田の風景

2　地元住民の変化

プロジェクトの実施にともなって、メンバーと交流することで、地元の人々にも大きな変化が訪れている。一言でいえば、筆者らの訪問調査の時に「仕方がないじゃないか」「このままじゃ気持ちが収まらん」とあきらめと悲しみ、そして怒りを示していた地元のリーダーたちが、「何とかせんならん」と自分たちが動くことで、この地域を何とかしたいと、希望を持ち始めたことに代表される、地域住民の変化である。

その象徴的な動きが、築羽自治区の「つくばの夢を語る会」の立ち上げである。すでに、第二年目の報告（第2章）で紹介したが、地元リーダーたちが発起人となって、築羽自治区の将来について語り合い、住民自らの手で地元を活性化しようとの動きがつくられていった。その背後には、築羽小学校の廃校・敷島小学校への統合という問題が存在していた。地域の核となる小学校が統廃合されることで、地域のまとまりが崩れ、地元が衰退してしまうのを防ぎつつ、プロジェクトメンバーたちとの交流を通して、新しい地元をつくりだそうとするリーダーたちの思いが、住民を動かすこととなったのである。

二〇一一年の八月、築羽自治区では、「つくばの夢を語る会」を中心に、愛知県新城市の「四谷千枚田」を訪問し、中山間村のまちづくりについて、交流を深めるとともに、学習を進め、住民が主体となった地元づくりに動き出すこととなる。そして、一二月には四谷千枚田保存会の小山舜二氏を講師に迎えての学習会を開催するなど、中山間村の交流ネットワークを広げてきている。この取り組みを通して、住民たちは自らが「お役」として維持してきた人の手の入った田園風景が、新たな時代の中で新たな価値を持ち始めていることに気づき、この地域で生活を営み、メンバーとともに新たな「むら」をつくっていくことの意味を問い返し始めている。

また、敷島自治区でも、メンバーを取り込む形で、リーダーたちが「むら」の活性化を考え始めている。彼らは、敷島未来計画策定プロジェクトを立ち上げ、二〇一〇年度には自治区の調査にもとづいて、「しきしま　ときめきプラン二〇一〇」を策定・発表するに至っている。

このプランでは、敷島自治区の過疎化を食い止めるために、まず住民が認識を共有すること、農山村と都市との交流を住民が楽しみながら進めることや、自然と人の絆を大事にしながら、人々が生き生きと暮らせるまちづくりなどが提言されており、本プロジェクトとの共通点を多く見出すことができる。

図41　「しきしま　ときめきプラン2010」

また、変化を見せているのは地元リーダーだけではない。若い母親たちも、プロジェクトメンバーと触れ合うことで、子どもが生きる地元への意識を喚起され、毎月二回、有志が集まっては、愚痴をいい合い、子育ての視点から「むら」のあり方を考える会を設けている。名付けて「あひる隊」。あひる隊メンバーは次のように語っている[1]。

「みんな、子どもがどんどん減ってくのを話題にしてるので、なんとかしたいっていうか、子どもの育つ環境をなんとか保ちたいっていうか、中学校をなくさないようにとか、小学校もまあ合併するにしてもなくさないようにっていうのをすごく考えていて、なんか地域のこととかも、だからすごく考えてます。」

「うーん、やっぱ話してるとみんな同じようなことを考えてて、子どもを安心して遊ばせられる場所がないってこの間盛り上がって、だからそういうことを何回か続けてると作ろうっていう話になるのかなあと思いながら。」
「それはお母さんたちがこう、地元の人と協力して作るってことに意味がある気がするんです。あそこの休耕田埋めちゃって作ろうよとか、みんなで。」

地元に生きる人たちがそれぞれに持っていた地元への思いが、本プロジェクトが触媒となることで、相互に結びつき合いながら、新たな動きをつくりだしていることがよくわかる。地元は停滞しているのではなく、その中で新たな社会をつくりだそうとするエネルギーがダイナミックに渦巻いていて、噴き出す機会を待っていたのだといってよい。

図42　あひる隊の会合一場面

3　地元行政の変化

行政は、本プロジェクト開始の当初から、さまざまな仕掛けを考えながら、中山間村支援に活かそうとしてきた。たとえば、後述するように、本プロジェクトメンバーが旭地区に住み、楽しい「農的な生活」を送ることで、その生活に引き寄せられるようにして、若い人々が旭地区に移り住み始めているが、その物的な基礎を整備してきたのが、豊田市の「空き家バンク」であった。

この「空き家バンク」は、プロジェクト開始当初、メンバーを定員一〇名で募集したところ、三九名の応募があったことに驚いた担当者が、年来温めていた構想で、中山間村に散在する空き家を市が一括登録・管理し、定住希望者に貸し出すという仕組みである。この「空き家バンク」に積極的に協力したのが旭支所であり、地元のリーダーたちであった。

一般に農村では農家の土地と家屋に対する執着は強く、よそ者に貸すと奪われてしまうという警戒感も強いため、空き家を貸し出す／借りることは並大抵のことではできないとされる。旭地区の農家の感情も同様であった。しかし、若い人々が農山村に目を向け、彼らが移り住んでくる可能性を感じた行政と地元のリーダーたちは、優良な空き家を見つけては所有者と交渉し、「空き家バンク」への登録数を増やしていった。

関係者は次のように語っている(2)。


「他の地域ではまず空家が出てこないっていうんですね。でも、ここの方法はすごくてですね、まずそのなんで貸してくれないのかということを訊くんですよ。で、いくつか並べるんですよ。」

「でも理由を全部つぶしちゃうんでしょう？（笑）」

「そう（笑）、それ全部つぶしてしまうと、貸さざるをえない。そうやって一戸ずつ落としていくみたいな作戦で。」

「たとえばお盆に帰るからとか、仏壇があるからとかっていうんだけど、もう集落でみんな面倒みてやるから、仏壇も、っていうともう誰も反対できなくなるっていう（笑）。」

「それで貸さないとお前この仏壇どうするんだっていうね、親不孝じゃないかってさあ。で集落みんなで面倒見てやるからっていうとさ、みんな反対できなくなるっていってたよ。」

「やっぱり。だからその仏壇はそういう位牌がほしいのか仏壇がほしいのか、でこのまま放っとくと家が全部つぶれるぞみたいな。」


その結果、旭地区では優良な空き家がたくさん登録され、借り手が続々と現れて、いまでは、「空き家バンク」に空きがなくなり、待機者が出るまでになっているという。

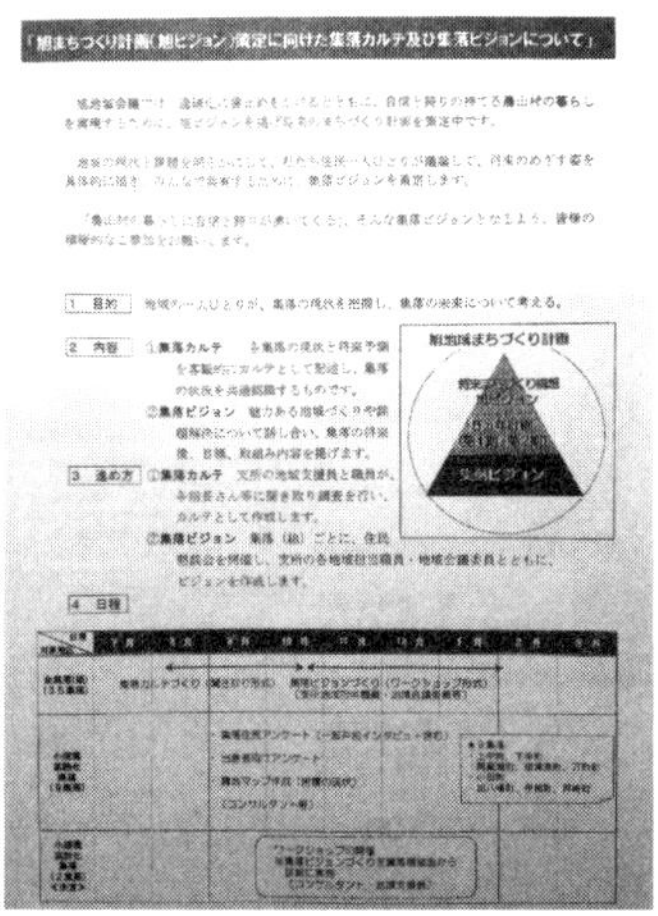

図 43 「旭地域まちづくり計画」策定についての説明書

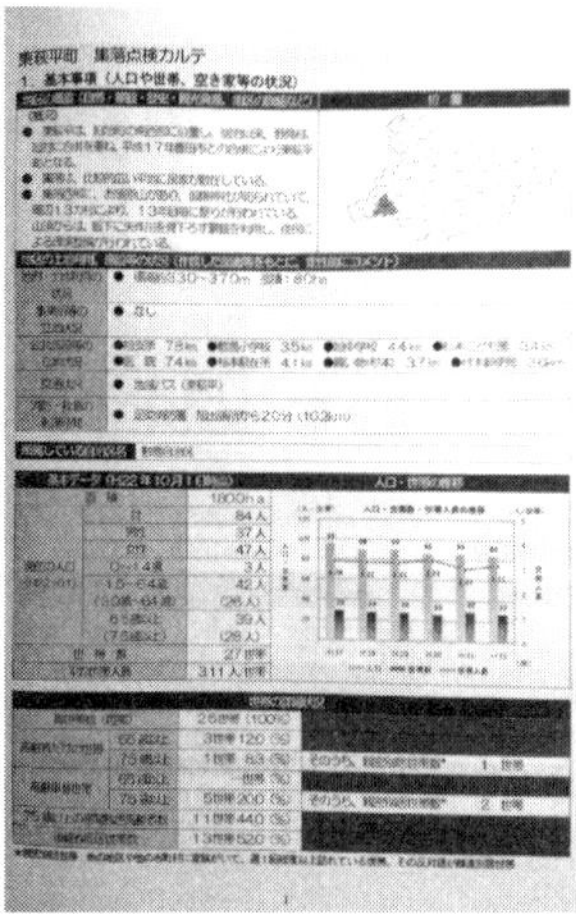

図 44 「集落カルテ」の一例（東萩平町集落）

また、旭支所は新たな地域自治組織である旭地域会議と共同で、旭地区のまちづくり計画を策定するとともに、その基礎資料となる集落カルテの作成を進め、二〇一一年に第一期五カ年計画を策定している。この計画は「旭地域まちづくり計画（旭ビジョン）」と名付けられ、「過疎化に歯止めをかけるとともに、自信と誇りを持てる農山村の暮らしを実現する」ことを目的とし、住民一人ひとりが地域の現状と課題を明らかにして、共有し、議論を重ね、将来の目指す姿を具体的に描き、住民皆がその姿の実現に向けて動くことを基本的な方針としているものである。[3]

具体的な内容は、支所職員と地域支援員が、各自治区のさらに下部組織である集落単位の組にまでおりて、組長を基本とする地域のアクターに聞き取り調査を行いながら「集落カルテ」を作成し、集落住民とその集落が抱える課題を共有するとともに、その「カルテ」をもとに、住民懇談会を開催して、支所の各地域担当員と地域会議委員が協力して、「集落ビジョン」を策定し、その「ビジョン」にもとづく「むら」づくりを住民自身が進めることを支援するというものである。[4] この「集落カルテ」「集落ビジョン」の策定も、本プロジェクトが旭地区で活動することに刺激を受け、プロジェクトメンバーの動きを各集落にまで波及できないかと考えて、支所長を中心に行われているものである。(5)

図43は「旭地域まちづくり計画（旭ビジョン）」策定に関する説明書、図44は「集落カルテ」の一例（プロジェクトメンバーが空き家を借りている東萩平町集落）である。この「カルテ」にもとづいてつくられたのが、図45のような「旭ビジョン第一期五カ年計画［二〇一一～二〇一五］」である。この五カ年計画は、さらに第二期まで予定されており、今後一〇年間で旭地区を「若者が住み続けられる魅力あるまち　旭」「地域が助け合い安心して暮らせるまち　旭」「誰もが訪れたくなる美しい山里　旭」へとつくりあげていくことが謳われている。(6)

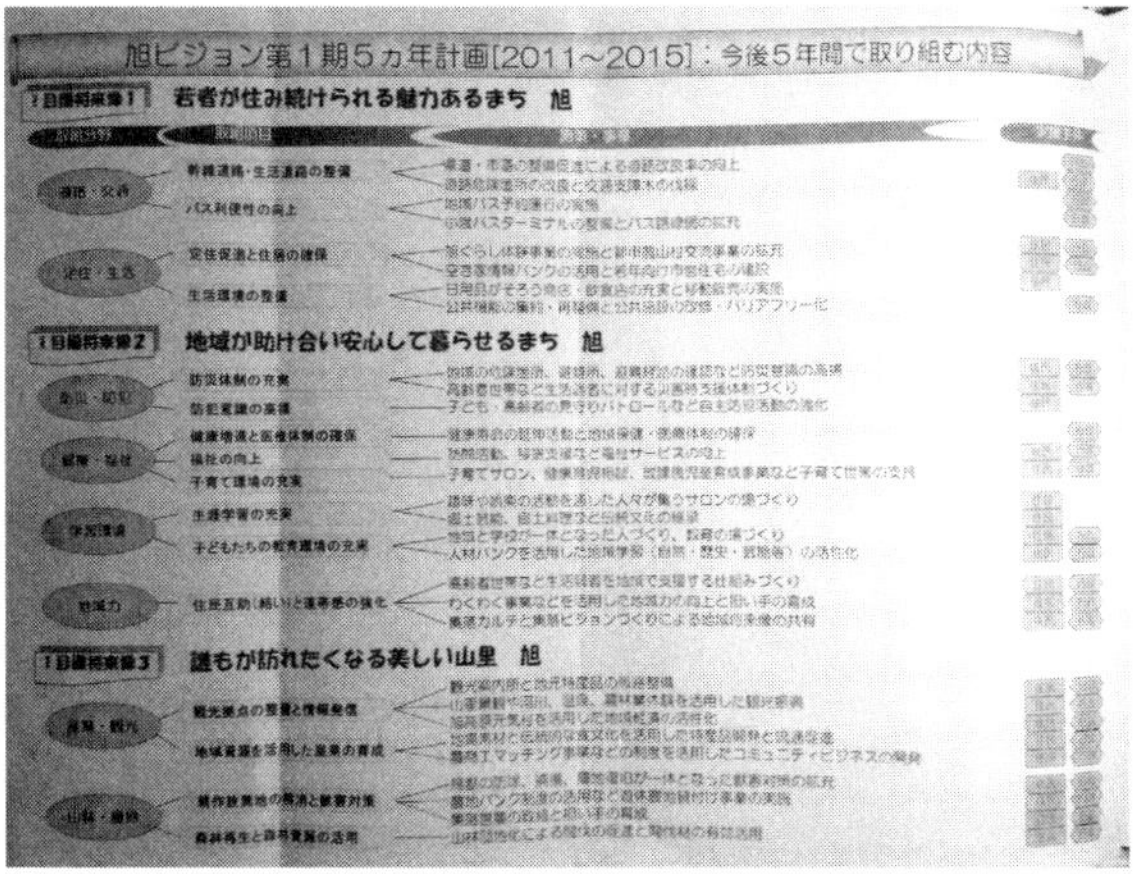

図45　「旭ビジョン第１期５カ年計画」

　本プロジェクトの方向性と合致するものであり、旭地区の人々が地域会議を中心として、この「まち」の持つ「農的な生活」の魅力を認識し始めていることがうかがえる。

　さらに、旭支所では、「空き家バンク」に空きがなくなっていること、また「旭ビジョン第一期五カ年計画」にもとづいて、将来的に旭地区への定住希望の若者を受け入れ、「旭暮らし」を体験しながら、定住に向けての支援をするための、若者向けの低家賃市営住宅の建設を豊田市に要請し、許可された。すでに建設も終え、入居が始まっている。

地元の行政が、豊田市の進める都市内分権施策を活用しながら、独自の地域自立型行政を実施しようとする動きをつくりだすきっかけを、本プロジェクトがもたらすことになったのだといえる。

2 地元社会の新しいネットワーク

1 つながりをつくり続ける

既述のように地元とのつながりを大切にしてきた本プロジェクトだが、メンバーたちは、地域自治会の「お役」や農地の保全、さらには消防団や宮行事などの仕事の他に、たくさんの新たなつながりづくりに動き回っている。

二〇一一年度、本プロジェクトがかかわった地域内のイベントには、次のようなものがある。(7)

- ・押井地区のおくわ神社の春祭り
- ・簗羽の盆踊り、敷島の盆踊り
- ・簗羽の運動会、敷島の運動会、旭全体のスポーツフェスタ
- ・小渡の天王祭の花火での出店
- ・小渡のジャズライブでの出店
- ・太田、東萩平、小畑、加塩、押井、郷社、榊野などの秋の大祭
- ・笹戸じねんじょもみじ祭り
- ・稲武の大井平公園もみじ祭りへの定期出店
- ・つくばの里　梅まつりの共催

図 47　お祭りに出動したピザ窯

図 46　おくわ神社神事後の慰労会

プロジェクトメンバーたちは、これらのイベントに参加し、手伝い、役割を担い、さらにピザ窯を持ち込んでは営業にと、つねに八面六臂の活躍をしながら、地域との絆を深めていった。旭地区でのイベントには、プロジェクトメンバーが裏方として、また主催者として、さらには協力者としてすでに必要不可欠な存在となっている。

地域とのかかわりは、イベントだけではない。むしろ、日常的な地道なかかわりが、彼らの地元社会における評価を高め、相互の信頼感を強めることとなっている。

たとえば、つくば元気クラブとのかかわりでは、彼らが仲介役となって、つくば元気クラブの加工品である梅干・らっきょう・こんにゃくを、本プロジェクトの販売を支援しているやさい安心くらぶＬＬＰを中心に、年一〇〇万円ほど販売している。また自治区の産業部では、地域の高齢農家の自家用野菜を買い取って販売している。彼らメンバーは、旭の小渡地区の人々が中心に取り組んでいる「夢たけのこ」という淡竹の水煮の瓶詰めの製造および販売の手伝いを進めている。こちらは毎年生産量も販売量も伸びており、ブランド化に向けて動いている。

さらに、これらの活動を基盤として、「まちかど朝市」を豊田市内二拠点でスタートさせた。これは、やさい安心くらぶＬＬＰと同様、

図48　小渡ジャズライブ

本プロジェクトの農作物や加工品そして協力農家の作物や加工品を、豊田市民のお宅の庭先を借りて移動販売するもので、消費者と直接対話できる関係の中で、ネットワークを広げていこうとする試みである。この試みは、二〇一一年度に始まったばかりであり、プロジェクト終了時には、収益事業化には至ってはいないが、市民との直接の関係の中で、メンバー自身が自らかかわっている事業の意味を問い返す機会となっている。図49は「まちかど朝市」の一場面、図50は常連となった子どもと「おみせやさんごっこ」をしているところである。

これらの活動が地元の信頼をかち取り、リーダーの戸田は二〇一二年度から、以下の役割を担うこととなった。

旭地域会議委員、旭観光協会理事、余平地区の宮係、消防団ラッパ係、旭木の駅プロジェクト実行委員、梅まつり実行委員、とよた都市農山村交流ネットワーク理事、鞍ヶ池プレイパークプレイリーダーなど。[8]

地元に溶け込み、地元の住民として彼らが認知されていることの証左だといってよいであろう。

2　ネットワークを広げる

本プロジェクトの既述のようなネットワークは、二〇一一年度、さらに地域外のネットワークと連携をとり、より広汎な人々を互いに結びつけるようになった。

たとえば、豊田市内の母親グループ・グリーンママンとの連携がある。このグループは、小さな子どもを持つ子育

図49　まちかど朝市

図50　まちかど朝市
（子どもとおみせやさんごっこ）

て世代の母親を中心に、食と健康をテーマに活動している。本プロジェクトとは、グリーンママン主催の「グリーンママン朝市」での販売や味噌づくり・こんにゃくつくりなど加工品の講習、さらにはイベントへの参加など、さまざまなかかわりを持っている。

また、都市と農山村との交流を促進するＮＰＯ法人とよた都市農山村交流ネットワークとは、リーダーの戸田が幹事を務める（二〇一二年度は理事）など、密接な関係があり、交流ネットワーク主催のさまざまな行事に本プロジェクトメンバーも参加している。

名古屋大学環境学研究科の高野雅夫准教授が主宰する千年持続学校の活動とも連携があり、彼らが主催する農山村での生活に関するセミナーや小水力発電などの環境技術を学ぶとともに、さまざまなイベントで協力関係にある。

さらに、旭地区にある笹戸温泉組合振興会とは、エコツーリズムの勉強会を行ったり、「宿泊付じねんじょ掘り大会」を共催するなどして、関係を深めている。今後、二〇一〇年度に行った「本膳料理」復活イベントを受けて、「本膳料理」をメインにした観光メニューを開発するなどの相談が進んでいる。

ＮＰＯ法人ワールドキャンパスと連携した、ホームステイの外国人たちの農業体験の受け入れも、大変好評だった。「人生で一番の経験だった」という参加者もいて、二〇一二年度は一日だけでなく宿泊で研修したいとの提案があり、打ち合わせを予定している。

とよた都市農山村交流ネットワークが受け入れているセカンドスクール事業の子どもたちの農家民泊の手伝いも進めており、さらには、トヨタ系企業労働組合の稲作事業についても、今後、旭地区に展開したいとの打診があり、二〇一二年現在、関係の団体と協議中である。

図51　グリーンママン味噌づくり講習会

(1) あひる隊メンバーとの懇談（二〇一一年一二月）による。
(2) 地域関係者との懇談（二〇一一年一二月）による。
(3) 旭地域会議「旭地域まちづくり計画（旭ビジョン）策定に向けた集落カルテ及び集落ビジョンについて」より。
(4) 同前。
(5) 旭支所長との懇談（二〇一一年一二月）による。
(6)「旭ビジョン第一期五カ年計画」より。
(7) Ｍ－ｅａｓｙ代表・戸田友介の筆者への報告（二〇一二年二月）による。
(8) 同前。

第5章　赤ちゃんが来た！——自生して展開するプロジェクトへ

1　赤ちゃんが来た！　そして人口増へ

これら新しいネットワークを構築していく過程で、二〇一一年度は、旭地区にとって特別な意義のある一年となった。プロジェクト実施地域の人口が増加したのである。自然増減・社会増減をあわせて一名の増加であった。二〇〇五年から六年間で三三九名もの人口減であり[1]、しかも約半世紀近く過疎化が進行し、人口減と高齢化に悩まされていた旭地区の中で、一つの地域とはいえ、二〇一一年に人口減が止まったのである。

この背景には、既述のように「空き家バンク」を整備し、熱心に都市部の若者を受け入れようとしてきた地元住民と支所の熱意と努力が存在する。社会増をもたらした人口の流入は、多くが「空き家バンク」制度を利用したものであった。

そして、転入者の多くが、本プロジェクトの存在を知っており、メンバーが共同生活していることを頼って、また本プロジェクトが主催しているさまざまなイベントに参加することで、田舎暮らしのイメージをつくり、安心して旭地区に移り住んできているのである。

図 52　Y 夫妻結婚式

「空き家バンク」制度を利用して旭地区に移住し、近くの神社で結婚式を挙げたY夫妻も、その一例である。彼らは、安心・安全で自給自足できる農業をめざして、旭地区にやってきたが、その折り、本プロジェクトのメンバーが仲間とともに共同生活を送り、楽しそうにしていることが、安心材料となったという。
このほか、本プロジェクトの新メンバーにも、「空き家バンク」制度を使い、メンバーと触れ合うことで、安心して移住することができた者がいる。彼女はいう。(2)

「空き家バンク制度を利用して移り住んだものの、いわゆる「よそ者」な私たちを受け入れてもらえるだろうかと言う事は、やはり一番の心配でもありました。活動の中でＭ－ｅａｓｙのメンバーをとおし、このように地域のお年寄り等と関わる機会がある事は、私たちにとってはとても心強く、これからの暮らしのなかでの地域との関わり方のヒントにもなりました。」

このような新しい動きの中で、二〇一一年初夏、リーダーの戸田夫妻に男の子が誕生した。地元集落では実に二五年ぶりの子どもの誕生であった。この子の誕生を地元住民は心から祝い、しばらくの間、高齢の住民たちは興奮状態だったという。いまでも、近隣のおばあさんたちは、「この子の顔を見ないうちは、一日が暮れていかん」といっては、戸田の自宅を訪れ、この子を抱き、あやして帰っていくという。自治区長はいう。「やっぱりねえ、子どもの声が聞こえるのと聞こえないのとでは、気持ちの張り合いが違うねえ。」

この子の誕生は、地元に大きな希望をもたらすことになった。しかも、彼らが楽しそうに暮らすことに背中を押されるようにして移り住んできた若い夫婦のうち、わかっているだけで四組の夫婦が二〇一二年に出産予定であり（本書執筆時、すでに誕生している——筆者追記）、地元はちょっとしたベビーブームとなっているのである。

その上、農山村の生活に憧れて周辺の中山間村に移住してきた若い世代が、移住後、旭地区でメンバーたちが楽しそうな「農的な生活」を送っていることを聞きつけ、彼らを訪問し、一緒にご飯を食べ、宿泊し、農作業やイベントを体験し、さらに地元住民と触れ合う経験を繰り返すことで、改めて旭地区に移住してくる例も出始めている。

この意味では、旭地区が新しい時代の新しい生活の価値を発信することで、生活のあり方を模索している若い人々を惹きつけ始めているものといえる。

いま、大切なもの
生き方探し自給の道
夫婦で移住 山里に畑
大震災と私 福島への新婚旅行、断念

図53　Y夫妻を特集した記事
（『朝日新聞』2012年1月3日）

戸田は次のように報告している[3]。「いつの間にか、旭が一番進んだ地域になっていました。」

2　メンバーの成長

二〇一二年三月末日をもって、実質二年六ヵ月にわたったプロジェクトは一応の区切りを迎えた。プロジェクトメンバー一〇名のうち当初からの者は五名、やさい安心くらぶ

ＬＬＰに出向している二名を除き、現在は七名が事業を継続している。この七名が全員、プロジェクトの終了後も、ある者はＭ‐ｅａｓｙの社員として、またある者は独立して、旭地区に住み続ける意思を表明している。さらに、完全に本プロジェクトから離脱した一名も、旭地区で営農すべく、準備を進めている。結果的には、八名がこの地区に住み続けることとなる。ここに、Ｍ‐ｅａｓｙの代表取締役で、本プロジェクトの現地リーダーである戸田とその妻、そして子どもの三名が加わる。一一名が旭地区に継続して住み続けることになるのである。しかも、彼らの存在が、域外から若い人々を惹きつけ、地元では人口減が止まりつつあるのである。

彼らは、自らを「続・日本再発進！　若者よ田舎をめざそうプロジェクト」と名付けて、「旭暮らし」という新しい生活のあり方を、「ブランド化」しつつ、発信し、この地区を人が互いに慮りながら、気遣いあい、支えあい、農業を基本的な生業としつつ、多様な生活の試みを続けることで、安心で安全な、そして楽しい「農的な生活」ができる土地として新たに価値化し、より多くの若い人々を惹きつける魅力ある「むら」へとつくりあげようとしている。

この二年六ヵ月、第一年目・第二年目の報告に記したように、さまざまな苦難と紆余曲折を経て、現在に至っている彼らは、これまでの人生で経験したことのない体験をしつつ、それでも仲間同士支えあい、地元の人々に支えられて、大きく成長した。その証が、プロジェクト終了後も、旭地区に住み続けたいとの強い思いを持つに至り、仲間との間で、自分の生活を考え、地元の人々とのかかわりの中で、自分がここで生きていくことに真剣に向きあおうとしているということであろう。

住み続けることを選択した現在のメンバーのうち、二名は結婚を予定しており（二人は二〇一二年一二月に地元で結婚式を挙げた——筆者注）、地元の人々が空き家探しをしてくれている。彼らは、結婚後も、夫となる彼はＭ‐ｅａｓｙから離れつつも、旭地区に住んで、Ｍ‐ｅａｓｙと緩やかな連携をとりながら、「農的な生活」を実現するよう努力し、妻となる彼女はＭ－ｅａｓｙに残り、さまざまな新しいライフスタイルを提案しながら、旭地区を豊かで楽しい「農的な生活」を実現できる場にしたいと意気込んでいる。当然ながら、子どももこの地で産み、近隣のおばあさんたちにお世話になりながら育てたいという。

当初メンバーのひとりは、採用後、軽いアスペルガー症候群であることが疑われた。知的には高く、農業技術などには詳しくても、周囲との人間関係の間合いの取り方がつかめず、周囲が振り回されることが多く、メンバーも精神的に疲労した時期があった。しかし、メンバーは彼女を切り捨てることなく、できる役割をできるように担うことを期待し、しっかりと受け入れていった。地域住民も、彼女を「そういう子だから」として受け入れ、温かなまなざしを注いでくれた。その結果、当初、細切れの文章を前後の脈絡なく記述することしかできなかった彼女は、二年後には、長文のレポートを論理立てて執筆できるほどにまでなり、仲間や地元の人々との間でも会話に加わり、楽しく議論することができるようになった。この彼女は、帰省の度に「もういい加減帰ってこい」と説得する親から逃げるように旭地区に戻り、「ここしか私の居場所はない」と語っている。人生で初めて、自分を何の偏見もなく受け入れてくれる場所が見つかり、ここに住み続けたいと強く希望しているのである。

Ｍ－ｅａｓｙからは離れるが、旭地区に住み続け、関係を保ち続けるメンバーのひとりは、地元の尽力で空き家を斡旋してもらい、就労先が見つかり、さらに耕作地を紹介してもらうことで、企業で働きつつ、週末に農業を営み、さらには二〇一二年度から始まる集落営農の耕作機械オペレータとして生計を立てる予定にしている。彼が旭地区に残りたいと考えた最大の理由は、地元の子どもとの交流と住民との関係である。彼は、フットサルの交流を通して、子どもたちに慕われ、この土地から離れられなくなってしまった。しかも、「農的な生活」を基本とした、安心で安全な生活を送りたいという希望は、メンバーと共有している。彼はいう。「地元の子どもたちが慕ってくれるし、皆さんもとてもよくしてくれる。恩返しがしたい。将来は、ここで結婚して、子どもを育てたい。」

彼らはそれぞれに、この二年六ヵ月、自分の人生を考え、自分なりの人生の方向をつかんできたのだといえる。彼らはいう。(4)

「いろいろあったなって。今はこれでよかったんじゃないですか。こういう形になってきて良かったと思う。僕はこの二年間、個人的にいわれるんじゃなくて、地域とか旭で何かあると、まずM-easyに頼むわってなる。役所でも、おばあちゃんたちの区民会議も、なんかあったらあんたら来てよ、とか。あんたら一緒に作ろうよ、とか。運動会も全部出る(笑)。そういうのでも絶対に話がくるところにM-easyがなってるんで、大丈夫だなって思って。僕は結局は、一人で、いつかは離れてやろうと思ってたんで、だったらM-easyがこの中心であって、僕らはそのうちみんな独立してまわりにたくさんいて、一緒にやっていく。そうしたらまた、どんどんいろんな人が出てくるし、入ってくる。そういう人らがたくさん住んでいるところになれば、この地区もにぎやかになるだろうなって思う。近くにAさんって人も入ってきて、夫婦で農園やってるけど、その隣にも帰ってきて自然薯やり始めた若い三〇代の人もいるし。だから、M-easyが真ん中になって、そういう人がまわりにがーっているような。人が入ってくるようになったし、そういう風がいいかなって思う。」(一部伏せ字)

「体調を崩して、家から出れなくなったとかそういうわけじゃないんだけど、いつもやっぱりちょっとストレスを抱えていて、で気分的にもなんか、あのーすっきりしない感じ、があったんだけど、今はそういうことあんまりないですね。むしろ自然の中でやっぱりそれが、浄化されるというか。で、田舎暮らしがしたいな、ってこう田舎に憧れて、来たんですけど、自分が思っていた以上にもっと田舎は素敵なものがたくさんあって、ほんとただ星がきれいとか、あの、のんびりしてて、なごやかとかそういうぐらいしか思ってなかったのが、田舎に来て、近所のおじいさんおばあさんと一緒に農作業をしたり、話したりしてると、なんかいろんな技をみんな持っていて、でそれを目の当たりにして、で、もうその人たちが亡くなると、それが途絶えちゃうじゃないですか。で、これはほんとにもったいないものだな、形がないけど残してかなきゃいけないものだなっていうことがたくさんあって、それが田舎にやってきて、自分が引き継いでいきたいなって思うようになりました。」

「ひとつ浮かぶのは、つながりがある。人とのつながりがある、仕事の中に。一年前と今の一年と違うのは、そこもあるのかな。なんか自分たちだけでなんか、ごりごりしてたから、なんだろうな、こうあんまりお客さんとも接触ないし、今はお客さんともすごい接触あるし、そこが違うのが一つあるかな。プログラマーやってたときもね、大体、そんな仕事上につながりっていうのは、ないからね。うん、少しはなんか、自分の人に対して張ってた壁が少しは落ちて崩れたかな、って気はしてる。」

「ちょっとわかったことがある。たぶん自分は一人じゃ生きていけません。」

「私は、今割と販売に行くことが多いので、感じるのは、やっぱみんなすごく注目していてくれているなっていうのは思っていて、今私たちの野菜を買ってくれるお客さんはやっぱり、安全なものだったり、田舎のことに興味がある人たちが多いので、かと言ってでももう家族、そこに家があって、仕事もあるので自分がそっちに移り住むことはできないけど、でも、福蔵寺に遊びに行きたいとか、イベントがあるときは参加したいとか、すごく気にしてくれていて、戸田さんが一生懸命あのブログを更新しているのを、結構みんな見てる。結構みんなみてるねえ！　そうそう、ちょくちょく言われる。で、私あんま見てなかったから、お客さんに言われて、あ、そうなんですか〜っとか言って。」

「お客さんは、ほんと気にしてくれてるんだなーって。今はお客さんもここに来たことがある人がいっぱいいるし、あの、顔もみんなわかるし、これ誰が作ったの、とか聞かれるし、お客さんが、すごく私たちのことを理解してくれてるし、私たちも、やっぱり相手の顔も浮かぶから、そんなに手抜いてはいけないな、とか。あ、でもそんなスーパーとも違うから、変なところに気を使わなくていい。すごい見た目を綺麗にしなきゃいけないとかじゃなくて、やっぱ信頼関係ができてきたなあ、とは感じますね。お客さんだけどお客さんじゃない、っていうのを一応目指してたんで。だからお客さんっていう表現がなじむようなな、なじまないような。」

「あーはい。僕も販売ちょろちょろだけ行かせてもらったことがあるので、その、いつまでも行かないので、ついてったときは、初めて行ったところが、六、七〇〇〇円くらいあった販売が、次行くと同じ人が来て、違うお客さん、新しいお客さんが来て、次もう一回行くと、三回目にその人が来てて、また新しいお客さんって、確実に増えていくのを見ると、ああすげーなって、なんか支援者が増えてくみたいな感じなんで。あれは、販売に行くとすごくわかりやすかったりする。ああそうなんだーって。で、だから結局三回しか会ってないお客さんだけど、ああーってなる。また来てくださったんだって。」

「地域の人はやっぱり、もう今はあれなんじゃないかな。初め来た頃は、大事に大事にしてもらってたんで、VIP待遇でしたけど、今は普通に悪口もいわれますし。住民扱いしてもらえたな、と思います。そんなん駄目だ、みたいにいう人はいうし。そうですね、ほんとに、昔ほどの、すごい大事に扱われとる感は、なくなったので、逆に認められてきたんじゃないかな、住民としてですよ、技術とかじゃなくて。住民としては、そうだと思います。あの、おじいちゃんおばあちゃんもそうだし、同年代の人ら、お祭りの余興だとかで行ったりしても、僕二年目まで、余興団行っても僕の名前M‐easyでしたからね。でも、いまは自分の名前で呼んでもらえる。去年は僕、M‐easyという名前でした。」

この雑談めいた会話の中からでも、彼らがこの二年六ヵ月で旭地区で生きるとはどういうことなのかを自分なりに問い詰め、地元に受け入れられている自分を見つけ出し、自信を持ち始めていることがうかがえる。こういう彼らの存在が、半世紀近く過疎化に悩み、自らの可能性を見出せないで苦しんできた地元を励まし、地元に生きる人々を元気づけ、将来の希望を見出せるような刺激を与えてきたことは想像に難くない。その結果、旭地区は近隣から見て、賑やかで、楽しそうな、魅力的な「むら」として息を吹き返そうとしているのである。

3　メンバーの思い

プロジェクトを締めくくるに当たって、メンバーそれぞれに思いを書いてもらったレポートがある。彼らの一言一言がこのプロジェクトとは一体何だったのかを雄弁に語ってくれている。その一部を紹介しておく(5)。

「ここに来てからの2年を振り返ると本当に色々な事がありました。自分の気持ちに正直に、ブレないようにと思って生活していましたが、最後の最後でプロジェクト期間後は「M‐easyを辞める」という決断をしました。仲間だけでなく大勢の方に迷惑をかける事になってしまい、申し訳なく思っています。ただ、そう決めたからには人任せにせず、何事も責任を持って頑張ろうと思っています。」「M‐easyのこれまでやってきた事は、お金にあまりなっていないのかもしれませんが、あくまでも「今の時点」の話なだけで、今後続けていく事でちゃんと成り立つと個人的には思っています。またお金以上に地域に元気を与える事ができたのも間違いないと思っています。集荷して販売する事も、イベントでピザを売ることも、そして「福蔵寺ご縁市」というイベントを主催できるようになった事も、地域に沢山の笑顔をもたらせたと思っていますし、継続していくべき事だと思います。そういう点でM‐easyは地域になくてはならない存在にもうすでになっているのではないかと思います。」「自分は今はまず、自慢の米と野菜を作りたいと思っています。今思うと、必死に米を育てた事が昨年一番楽しく充実していた事だと思います。自分が販売に行って、苦労して育てた米が売れた時は本当に感動しました。それが全てです。その気持ちに正直に、同じように野菜も作ってみたいと思っています。それができるようになってようやくスタートだと思っています。その土台があって、鶏、ヤギといった動物を飼ってみたり、麹を使った発酵食品を作ってみたり、山菜やキノコ、また薪を利用してみたり、田舎の当たり前の生活をしたいと思っています。何かをやって人を呼ぶというよりは、自分は普段の生活をそのまま提供して人を呼ぶ事ができるようになりたいです。また、今までそれほど協力的でなかった方々が色々な所で顔を出してくれたり、声をかけてくれるようになったように、多くの人をもっと巻き込んでみんなで地域を考えていけるようになれると良いです。例えば将来、学校の給食が地域で作られたものだけでできていたら楽しいだろうなと思います。そうゆう輪に自分も参加していたいです。何事も良い物や本物は時間がかかるものだと思うし、お金があろうがなかろうが、そのとき自分が本当に楽しいのか、心が満たされているのかが一番大事だと思っています。」

「二〇一〇年九月から会社の体制が変わった。同年度の冬に、次年度はファン作りを目標にすることに決めた。少しずつイベントをはじめた。二〇一一年二月に田舎暮らし体験でお昼ご飯付きの納豆づくりとこんにゃく作り。お昼ごはんの大豆コロッケが爆発し、こんにゃく作りがうまくいかなかったにもかかわらず、お客さんは喜んでくれた。お客さんに恵まれたと感じた。三月に農山村交流まつりでピザを販売。地域の方がずっと火の番をしてくれたのが印象的だった。バンドもはじめてやった。楽しかった。四月に山菜イベント開催。山菜採り体験とお昼ご飯を出した。講師を地域の方にお願いして、山菜の説明をしてもらったり天ぷらを揚げてもらったりした。それがお客さんにも好評だった。このとき、自分らだけでやるのではなく、地域の力を借りることで何倍もいいものが生まれるんだなと実感した。七月に福蔵寺ご縁市。たくさんの人が集まった。外からもたくさんの出店があったし、地元の太田組やつくば工房の出店もあって、今まで例のないようなイベントなんだろうなと興奮を覚えた。カレーを出店して、お前のカレーを食べに来たんだと言われてプレッシャーを感じた。美味しいと言ってくれる人もいて、それはとても嬉しかった。一一月の福蔵寺ご縁市も大盛況だった。太田組の方々がイモ煮とイモ掘りで盛り上げてくれたのが印象的だった。音楽をやる人も増えておもしろかった。ただ、このままだとマンネリ化するなとも感じた。ピザを応援してくれる地域の方もたくさんいる。八月は小渡の花火でのピザ販売。ピザソースが足りなくなって、もっと売れたのに残念だった。秋は小畑、押井、加塩、東萩平、旭八幡のお祭りでピザを焼いた。」

「不安をたくさん抱えたままトラストもはじめた。まずは耕作放棄地の開墾から。地域の方にユンボやトラクターで開墾してもらう。自分たちだけでなんとかできたらいいけれど、自分たちの力だけでは無理で、地域の人に頼っていいんだということを知った。田んぼのアトの整備や畦作り、杭の準備、杭やナルを貸してもらったり、脱穀機を貸してもらったり、ほとんどを地域の方に助けてもらった。稲の苗は種籾から。ちゃんと育つかすごく心配だったけれど、見事に育って、地域の人にも立派だと褒めてもらえて嬉しかった。田植えや稲刈りは豊森の方々や山里学校の方にも手伝ってもらった。トラスト自体は情報の発信が遅かったこともあって、行事に参加できる人が少なかったけれど、いろいろな意見を聞くことができたし、収量が目標より少なかったけれどちゃんとお米を渡すことができて、いい経験になった。なにごともやってみなければわからないことも実体験を通して理解した。」「地域の仕事の手伝いにも参加した。一月、二月は味噌作り、六月は夢夕ケノコ、板取の家の解体など。一緒に仕事をすることで地域の方との関係がもっと深まった。」「この一年は前の一年より、地域の人をはじめ多くの人と関わりを持つことができて、いろんなことが勉強になったし、つながりができた。これから先もつながっていくことで、何かを成し遂げられたらと思う。」

「トラストやイベントなどをきっかけに遊びに来る人が増えて、知っている人も増えている。旭にも着々と人が入っているらしい。入ってきた人が知り合いだったり、知り合いの知り合いだったりして面白い。なんだか初めのころよりも周りがにぎやかになっている気がする……不思議な人が多いのは気のせいだろうか。」「類は友を呼ぶということわざを考えさせられることがある。きっと誰かが類なのだろう。自分たちの周りにいる人は初めから好意的で、いつもお世話になってばかりだったがそろそろ何かを返していければと思ったりしている。」「そうやって、人と出会う機会が多くなったので、話すのは以前ほど苦にならなくなったように思う、顔も覚えている人は覚えているし。」「ほかに変わったことは……興味を持つことが増えた。今年はイベントだけじゃなくて研修も多かったのでいろんな地域に行った。研修先だけでなくその旅程で、あまり接点の無かった人たちの様子で、また、距離が離れてもあまり変化の無かったことなど、いろいろと覚えたことがあった。」「これまでに受け取ったものや培ったもの、学んだことややりたいこと。そういうことを全部いっぺんにかき混ぜてみるのも面白いのかもしれないと、今これを書きながらふと考えたりする。」

「メンバーと共に生活し、自然の中で体を動かしているうちに、自分が少しずつ解放されていくのがわかった。ここにいるメンバーは、「わたし」というものをまっすぐに見てくれるし、問うてもくれる。」「今までの人間関係は、私の店長という役職や、その他の利害関係を見てコミュニケートする、というものだった。その中で私は、駆け引きに不利になる自分の弱さを隠すため、ひたすらガードを固めて生きてきた。そのガードが、ここでは必要がない。メンバーが皆弱さを持ちながらも、お互いに補い合いながら生活しているからだ。プロジェクトに参加して、生まれて初めてガードを下げることができた。そうすることで、どうせ私はわかってもらえない、という孤独感のようなものも消えていった。」「地域の方も含めてここのひとたちがあたたかいのは、自然に囲まれたこの環境のせいかもしれない。自分自身もここに住むようになって、こころがとても穏やかになった。こんなにも解放され、癒されるとは全く想定外の出来事だった。」

「つながり」なのだ、といってよいであろう。いまや、人を惹きつけるのは、カネでもなければ、モノでもない。「つながり」とそれがつくりだすその地域の価値や文化といった、これまでの社会であれば、漠然としていて、とらえどころがなく、カネとモノが基礎にあって初めて意味があるとされていたもの、そういうものがいまや人を癒し、惹きつけ、そして新しい「むら」をつくり、そこに新しい経済が回り始める。こういう関係ができあがりつつあるのだといえる。

それだから、彼らメンバーを受け入れた地元社会も、変わっていこうとする。メンバーもその動きをとらえている。(6)

「地域の人々も我々の活動を見てか初年度よりも次年度、次年度よりも今になるにつれて、村の外から来る人に対する印象や受け入れ方も温かくなったように感じます。なので外からの人を招こうと東萩平の中だけでもみても喫茶店がオープンしたり、お須原山の整備を行い、景観を良くするため木を伐採したり、空家に若者を呼び込もうと働きかけたり等、他にも様々な活動をして地域を活性化させようとしています。地域の人たちで情報を交換する場が増えたので今ある萩平もどんどん良くなっていくと思います。高齢化が進む中で今まで行われていた祭りや行事が今まで通り行う事が困難になってきているという声が多々聞こえますが、それでも規模を縮小してでも行う、町にいる息子さんたちに行事の時だけでも帰ってきてもらい一緒になって参加するという取り組みがより一層強まってきました。」

そして、「旭暮らし」が新しいブランドとして立ち上がっていく。あるメンバーはこう語っている。(7)

「この一年のＭ‐ｅａｓｙの新たな取り組みとして、トラスト、ご縁市、まちかど朝市などがあるが、これによって福蔵寺を訪れる人の数は格段に増えた。前から旭の自然やお寺という人々の生活にずっと根付いてきた歴史ある場所の魅力は感じてきたが、ここをたくさんの方たちが訪れることによって、ここでの「旭暮らし」というものが、本当に価値のある魅力的な、いわば最先端の暮らしであることを再認識した。」「地域にも同じような変化を感じる。ここへ来た頃はよく、「なんでこんなところへ来たの？」と聞かれることがたびたびあった。私たちがここでの生活を続けるうちに、そしてここへたくさんの人たちが訪れるうちに、地域の人たちも自分たちが今まで気にもとめていなかった「旭暮らし」がとても価値のあるものだと認識し始めているのではないかと思う。」「旭のおじいちゃん、おばあちゃんたちには、独自の時間が流れているように感じる。何事にも動じない強さ、確実さを感じ、一緒にいるとなぜかホッとして、焦ったり考えすぎて不安になったりしている自分が小さく思える。いいことをするには時間がかかる。旭のおじいちゃん、おばあちゃんの生き方に習いながら、楽しく確実にいい世の中を創っていきたい。」

4 地元からの評価

本プロジェクト二年六ヵ月の成果については、地元からも高い評価が与えられている。ある種、結果オーライ的な面もあるが、プロジェクトメンバーがお世話になった旭地区の簗羽自治区・敷島自治区の両区長はともに「いまさら、評価だなんて、もう、いいが」といって目を細める。地元の関係者は、次のように語っている(8)。

「最初は、半信半疑だったね。農林業じゃ食えんといって自分たあが出ていった土地だよ。そこに、いくらあんた、東大がかかわるっていったって、素人の若者を突っ込んで定住させるなんて、無茶だと思っとった。実際、はじめの頃は、どうなるんだろうと遠巻きで見とったしね。わしらも、よくわからんかったんだ。あんたらが何を考えて、このプロジェクトをはじめよったのか。農家になるんじゃないっていったって、農業で食わんかったら何があるんだと。で、農業じゃ食えんだろうと。どうするんだ、ってね。でも、若い人が来てくれるっていうし、ここで彼らをがっかりさせちゃ申し訳ない。そういう思いで、みんな土地の人たちは頑張ってくれたと思う。それが、いまのいい関係につながっていったんだね。」

「はじめはもう、一人でも二人でもここに残ってくれりゃあ、プロジェクトは大成功だと思っとりました。なんせ、若い子がどんどん出て行ってしまって、年寄りばっかりが残るし、みんな年ばっかりとって、やる気がなくなっていってしまうし、もう、この地域は俺んたあの代で終わりだと思っとったんですわ。でも、せっかくのプロジェクトだから、何とかもう一遍この地区を元気にできんか、そのためにはとにかく一人でもいいから残ってもらえんか、そんな思いでいたんです。そうしたら、戸田さん夫妻を入れて一一人が残るっていうじゃない。赤ちゃんもね。もう、うれしくてね。」

「飯を食えとらんという人がいるけど、そうじゃないですよ。彼らは一生懸命になって、いろんなことを試みている。五〇年も土地の人間が逃げ出したところです。たった二年や三年で、しかも農業で飯が食えるようになるなんて考える方がバカですよ。それを彼らに求めるのも酷でしょう。私ら地元の者が、彼らを支えますよ。彼らは、わしらの子どもたちが捨てていったこの土地を大切にしてくれる、わしらにとっての宝物なんです。」

「この二年半、彼らが入ってくれたことで、地元も大きく変わりましたよ。みんな、やる気が出てきた。これまで人が減るわ、年寄りばかりになっていくわで、しょんぼりしとった連中が、よっしゃ、なんとかせにゃならんと一念発起して、立ち上がったんです。これだけでも、プロジェクトの意味は大きい。」

「わしらも、このプロジェクトが目指していたものが、ようやくわかってきたような気がする。農業だけ、林業だけ、会社勤めだけ、そうでなきゃならんと思い込んできたのはわしらだった。でも、時代が変わってきた。わしらの祖先がしっかりと守ってきた暮らしぶりが、今の若い子たちを惹きつける。それは、農業だけ、林業だけ、勤め人だけという生活ではなくて、いろんなことを楽しくやりながら、それ全部が生活だし、仕事だという生き方、そういうものがこの地区にはあって、それがまたこの土地を魅力的なものにしていく。わしらも目が覚めたんです。」

「こうやって若い子たちが集まってくれて、子どもが生まれると、わしらにだって未来があると思えるようになる。そうするといろんなものが回り始めるんです。支所もそう。彼らが来ることで、こんな田舎でも若い人は来てくれると初めて気づいた。だから、いろんな手を打って、この土地を魅力的なものにしようと頑張った。市営住宅を引っぱってきたのも、彼らがいたからです。こうやって、どんどんいろんなつながりができていけば、経済だって回っていきますよ。新しい農村の経済がね。」

このような地元関係者の評価は、旭支所長をはじめこのプロジェクトを支えてくれた行政職員にも共通してみられるものである。(9)

「このプロジェクト、大成功だと考えています。はじめは農業で食べていくのだと受け止めていたので、どうなるのかな、と心配していましたし、彼らにも厳しいことをいいました。でも、そうではなくて、この地域を住むに魅力的なまちにしていくのだ、そのためには農業だけではなくて、いわゆる「農的な生活」をすることなんだと彼らが示してくれ、それに私たちが気づくことで、支援のあり方もずいぶん変わったと思います。何よりも、支所から若い人たちに仕掛けていく、そのための取り組みを進めようと思えるようになった。これが大きいです。空き家バンクもそうだし、集落カルテをつくって自分たちでこの土地を盛り立てていこうとするようになったことも、そして若者定住促進のための市営住宅を建設することも、彼らがいなければ、考えつきもしなかったことだと思います。」

「彼らは、この二年半で、地元の信頼をかち取っています。それが、来年度、戸田さんに地域会議委員をお願いしたり、観光協会理事をお願いしたりという結果につながっています。彼らにはお礼をいいたい。そして、これからも旭をよろしくとお願いしたい。」

さらに、地元で活動するさまざまな住民ネットワークの関係者も、次のように語っている。(10)

「一年目の秋からですかね、彼らが大きく変わったと感じたのは。それまでも頑張っていましたよ。でもそのときからものすごく積極的に地域に入ってくるようになって、それで地域が変わっていったんです。私たちも彼らと連携することで、いろんな楽しい生活があることを学びましたし、彼らが持っている地元の人たちとの関係を通して、生きる知恵をもらうことができた。もう、いうことないですね。地元だけではなくて、市民とのネットワークもできてきているし、何よりもつながりを大事にしようっていう感じがとてもよく伝わってくる。そうしたことが、これからの社会をつくっていくんだと思います。私たちも彼らとつながりながら、次の時代をつくりだすことができればと考えています。」

筆者の手許には、旭地区に住む若者からの手紙がある。彼は地元に住みながら、地元のことに強い関心を持たず、豊田市内に通勤する普通の住民だったが、本プロジェクトに触れることで、自分と旭地区に「パラダイムシフト」が起こっているのだという。地元のリーダーや高齢者だけでなく、若者が本プロジェクトをどうとらえているのか興味深い内容が書かれているので、以下、少し長くなるが抜粋して紹介する。(11)

「私は現在、旭地区に住んでいます。そこから毎日、四、五〇分かけて豊田市駅前の会社まで通勤しています。街に勤めながら、いずれは長男として家を継ぐという、この旭ではどちらかというと普通の若者です。」「M‐easyと出会った頃の自分は、旭の現状に何の問題も感じておらず、またM‐easyの挑戦の意味も理解できてはいませんでした。」「今まさに旭ではパラダイムシフトが起こっている最中。そしてM‐easyの挑戦が、私たちの暮らしにとってもどれほど重要な挑戦であったのかを、この一年間、旭支所やNPOのみなさん等の様々な働きかけの中で、やっと理解できてきたように思います。」「M‐easyや農山村へのシフト千年委員会という有志のみなさんとの出会いで、私のパラダイムシフトが起きてしまいました。人類の暮らしが持続可能であるために、農山村共同体で営まれていた百姓や自給自足的暮らしを今こそ見直す必要があるということを。そしてそのヒントが、旭のようなこんなド田舎にはあるということを教えていただきました。」「ちょっと大げさかもしれませんが、壮大なテーマの答えの模索が実は旭や足助でも行われているなんて、なんかちょっとうれしくないですか。地元のみなさんにもぜひ知ってほしいことのひとつです。」「そんな中で、Ｍ－ｅａｓｙのみんな以外にも、田舎に憧れて移り住んでくる若者がこんなにもいるものなんだと知ることになりました。」「Ｍ－ｅａｓｙはもとより、彼らの多くは、自給自足的な暮らしに憧れ、なるべく自分の手で生みだして暮すことに価値を見いだした人たちでした。」「現代社会のシステムや都会生活の歪みに気付き、田舎での持続可能で自立した暮らしを求めて移り住んできたのではないでしょうか。」

「Ｍ－ｅａｓｙと他のＩターン者との違いは、やはりＭ－ｅａｓｙが過疎地域活性化モデル事業として田舎に入ってしまったことです。当時の彼らは、旭の住民にいかに存在を認めていただくかという点に、相当な力を入れていたように思います。周りの集落のちいさなお祭りやイベントにまでせっせと顔を出していました。旭のことをもっと知らなければならない、旭の土地を、人を、もっともっと好きにならなければならない。」「旭のために、旭のために。」「そうしなければ自分たちがこの地にいることを許されない。大きな期待を背負ったこのプロジェクトを、絶対に失敗させるわけには行かない。当時の彼らは、そんな必死さというか、気の毒になるくらいの一生懸命さで取り組んでいたように思います。」

「農山村共同体は、閉鎖的で、よそ者を過剰に意識する。馴染むことができなければ存在を許されない。そういった部分が昔は確かにあったかもしれません。より過酷な環境下の村であればあるほど、皆で協力し一体となって、時に自然と戦いながらも厳しい自然と共生してゆかなければならなかった。だから農山村共同体の元々あるそういった性質を責めることはできない。」「旭にもそんな閉鎖的な部分があったのかどうかはよく分かりませんが、今は時代が違う。」「今の旭には、より多くのよそ者が必要です。よそ者は旭に吹く新しい風です。〝よそ者よそ者〟と言っていますが、差別ではないです。敬意を込めた〝よそ者〟です。」「〝よそ者〟のおかげで、やっと大切なことに気付き、動き始めることができた。〝よそ者〟のおかげで、我々も共同体の一員なんだと再認識することもできた。たぶん〝よそ者〟がいなければ気付くことすらできず、ただただ故郷は廃れていくだけであったでしょう。これからは私たち地元の人間が変わらなければならない。閉鎖的であってはいけない。価値観の多様性を認めていかなければいけない。旭の器量の大きさの見せどころです。」

「四月からはＭ‐ｅａｓｙのみんなの新しい生活がスタートします。プロジェクトが終わり、本当の意味で、旭に根差した暮らしのスタート。でも、私を含めて、Ｍ‐ｅａｓｙのファンはすでにたくさんいるので、全く問題はないでしょう。プロジェクトは大成功ですね！」「そして旭地区もこれからが再スタートです。Ｍ‐ｅａｓｙや他の新しい旭の住民のみんなと共に、喜びも苦労も分かち合いながら、新しいこれからの旭をつくりあげていけたらいいですね。」

プロジェクト実施地区に、新しい希望が芽生えている。

5　今後の課題

以上のように地元関係者からは高く評価され、一旦、締めくくりの時期を迎える本プロジェクトであるが、残された課題もある。そのうちの最大のものは、やはり、メンバーが地元に根ざして生活をしていくにあたっての経済的な保障の問題である。これについては、本書で紹介したさまざまな取り組みが実を結び始めることで、次第に形となって見えてくるものと思われるが、地元の関係者がこの点を心配しているのも事実である。二〇一一年度、さまざまな取り組みの中で、本プロジェクトが挙げた事業収入は約四五〇万円であり、メンバー一人あたり約五五万円であったという(12)。この額で、メンバーが地元で暮らしていけないことはないが、今後、彼ら集団で年間一五〇〇万円ほどの収入があると、かなり生活も楽になり、さまざまな方面への取り組みにも手を出せるようになる。

現在のところ、この年度に取り組んださまざまな事業を以降も拡大するとともに、支所その他の関係者から以下のような支援の申し出を受けている。

一つは、二〇一二年度以降、旭地区で進められる集落営農の重機オペレータの仕事である。農地を保ちつつ、環境保全と農業保護のため、旭地区では既述の集落カルテづくりを通した地域調査によって、高齢化の進展で従来のような農業の維持は困難と判断し、二〇一二年度以降、国の制度を利用した集落営農を導入することにしている。この耕作機械・重機を扱うオペレータの確保が課題となっており、この部分を彼らメンバーが担えないか打診があるのである。このオペレータを受けた場合、年間で五〇〇万円ほどの収益となるという。しかし、現メンバーで受けるには、Ｍ‐ｅａｓｙが生産農家としての体制を確立する必要もあり、現在検討中である。

第二は、豊田市出資の公社である旭高原元気村が、二〇一一年末に株式会社化し、株式会社旭高原となったのを機に、事業の見直しがなされ、現在、同社所有の観光果樹園の整備が課題化されている。この整備をＭ‐ｅａｓｙに委託する提案があり、基本的に受託する方向で話が進んでいる。受託した場合、年間四五〇万円ほどの受託料を得ることができ、さらに果実を加工・販売することも可能となるため、つくば工房などの加工施設を利用して、新たな商品開発も可能となると期待される。

第三は、東大牧野研究室が持っている、都市生活者を農山村とつなげ、癒しを提供するプログラムの事業化の提案がなされている(13)。実験的な実施結果にもとづけば、一プログラム一週間、約二〇名の受け入れで五〇万円から一〇〇万円の受入れ経費を得る事ができるため、年間で二〇〇〜三〇〇万円ほどの収益を上げることができそうである。現在、関係の組織・団体と検討が進められている。

どれも現有のメンバーで対応可能かどうか、より具体的な検討が必要ではあるが、どれもまた、本プロジェクトが基本的な課題としている文化的な価値を高めることで、農山村の新たな価値と新たな生活スタイルを発信し、より多くの人々が農山村に移り住むことで、農山村を賑やかで、楽しい、そして安全で安心な「農的な生活」を営むことのできる場所へとつくりあげていくことと深くかかわるものである。実現の方向で検討が進められている。

また、今後、本プロジェクトをもとにして、各地に普及させて、同様のプロジェクトを進めるにあたっては、成果の評価指標の開発を進める必要がある。とくに今後、各地に展開するにあたっては、評価指標を明確にし、ある種の標準化が求められるものと思われる。

この点については、当面、以下のように考えられる。従来の行政評価で多く取り入れられているＰＤＣＡサイクル（plan-do-check-act cycle）によるいわゆる量的な評価では、このプロジェクトの本質的な意味をとらえることはできない。このプロジェクトは、農業生産を基礎として、いわゆる計量的な指標をもって評価できる成果、つまり経済的な活性化が求められていたのではなく、中山間村疲弊の大きな要因としての地域住民の「あきらめ」にも似た感情と若い人々が地元を離れていく文化的な環境の問題を克服して、中山間村を新しい「農的な生活」を楽しむことができる地域へと組み換えることが目指されてきた。

そのため、評価についても、筆者の研究室によるプロジェクトメンバーへの介入を中心とした質的な評価を行ってきた。今後は、それをさらに発展させる形で、プロセス評価を導入し、プロジェクトメンバーが毎日つけて、Ｍ－ｅａｓｙに報告している「日報」と毎年の節目ごとにメンバーが執筆している感想文をもとに、事業の進展を評価することが考えられる。その場合の観点は、ＶＩＰＳサイクル（vision-imagination-participation-satisfaction cycle）とでも呼ぶべきものとなる。今後の課題である。

さらに、最後になるが、行政のかかわり方について、一言指摘しておかざるを得ない。

本プロジェクトは、すでに何度も触れているように、二〇〇八年度の豊田市からの委託研究「生活文化（ひとの暮らしぶり）に着目した過疎地域のあり方について――豊田市合併町村地区調査」の結果から得られた知見にもとづいて、合併町村を支援するために、従来の経済的な観点ではなく、文化的な観点から、農山村を新たな価値とライフスタイルを発信する「農的な生活」を実現する場へと組み換える実験的措置として、豊田市からの依頼で始められたものである。当初、担当者の意気込みはすさまじく、国（厚生労働省）の「ふるさと雇用再生特別基金事業」への応募によって、プロジェクトメンバー二年六ヵ月の給与を保障するなど、さまざまな支援がなされることとなった。また、旭地区のプロジェクト受け入れ集落にもたびたび足を運び、プロジェクトの受け入れと支援を訴えるなど、側面から本プロジェクトの進行を支えてもくれた。この点については、プロジェクトメンバーも感謝しており、地元のリーダーたちも「よくやってくれていた」と評価している。

旭支所も所長はじめ職員が一丸となって、本プロジェクトを支えてくれ、また集落カルテの作成を進め、集落単位の将来計画を策定し、さらに若者定住促進のための市営住宅を誘致するなど、打って出る行政へと転換してきた。この点についても、メンバーの誰もが支所職員に感謝しているし、また地元からも支所に対しては高い評価が与えられている。

しかし、プロジェクト期間二年六ヵ月の間に、豊田市役所の担当部署である社会部の組織変更と人事異動のため、担当課長が異動となり、さらには部長までもが異動となることで、担当者も入れ替わり、最終年度には、このプロジェクトを準備し、また推進してきた行政職員が誰もこのプロジェクトにかかわらない状況が生まれていた。

その結果、第三年度は担当者そのものがこのプロジェクトにどのようにかかわったらよいのか困惑するという事態が招かれ、それが、地元からの批判的な声が高まることの一因ともなったようである。地元では、市役所本庁職員に対する以下のような批判の声が聴かれており、結果的にプロジェクト実施地区の民心は、豊田市政から離れていったといわざるを得ない一面がある(14)。

「市の職員は、この二年半、みんながどれくらい大変な思いをして、この旭のために頑張ってくれたのか。そういうことを全然見とらん。担当者だといって威張っとるが、一度も現地に入ってこん者が何いっとるか。地元をバカにするにもほどがある。」

「所詮、豊田市は豊田市にしか関心がないということでしょう。このプロジェクト、はじまりは市役所も一生懸命だったと思うが、最後の年なんて、担当者は一度もこっちにこんわ、もうやめたくて仕方がなかったんじゃないですか。わしらも、もう、市には愛想が尽きた。結局、合併するっていうことはこういうことなんですわ。」

「合併町村地区の急激な疲弊を何とかしたい」。合併を推進した前市長の強い思いで始められたこのプロジェクトが、結果的に合併町村地区の人々の豊田市行政への評価を否定的なものとしてしまったとしたら、それは豊田市としても本意ではないのではないか。

行政組織内部のさまざまな事情により、担当者が変更となり、その担当者も事業について十分な理解がないまま負担を抱え込んだであろうことなど、考慮すべき点があることは了解したいと思う。また、このような状況で、最悪の事態を避けるために、市役所本庁地域支援課と旭支所との連携を図り、支所職員が地元に密着するようにして支援を進め、またさまざまな取り組みを展開し、地元から高い評価を得るに至っていることに対しては、その努力を多としたい。しかし、反面で、こうした行政担当者の努力が地元に見えにくいことは確かであり、今後、同様のプロジェクトを展開する場合、行政内部のより緊密な連携と、それにもとづく地元への積極的なかかわりが求められる。

6　新たな仕組みの構築を

今後、本プロジェクトから得られた知見をもとに、他の地区の活性化事業を展開する上で、行政的には考えておくべき事が、もう一つある。それは、行政施策として同様のプロジェクトを推進する場合の「仕組み」とでもいうべきものの構築である。本プロジェクトが第三年目に入って、既述のように成功したと評価される状態に至る過程で、強く作用したのは、Ｍ－ｅａｓｙという若者主体の農業ベンチャーの存在と、彼らが拠点を旭地区に移し、リーダー夫妻が移り住んだことである。プロジェクトメンバーもＭ－ｅａｓｙの社員として地域に住まい、彼らがいっているように、プロジェクトの初めのうちは、地元からも彼らは「Ｍ－ｅａｓｙ」と呼ばれていた。そして、この彼らが地元で住民と良好な関係を築き、楽しい「農的な生活」をつくり上げていくことで、都市や周辺農村に住んでいた若者たちが彼らに惹きつけられるようにして旭地区に移り、また彼らと交流することで、旭地区に定住する志向を強めてきたのである。

この意味では、若者たちを個人単位で農山村に移住させるのではなく、Ｍ－ｅａｓｙという会社または組織が受け皿となって、地元との関係をつくり、またメンバーがこの組織の一員として地域に定住すること、さらには個別に住まうのではなく、さまざまな問題を抱えながらも集団生活をすることで、互いに受け入れあい、支えあう関係をつくりだしてきたことが、良好に作用してきたことは指摘してよい。

今後、本プロジェクトから得られた知見をもとに、同様のプロジェクトを広めることを考える場合、この点をまず、行政的には押さえておく必要があるものと思われる。

その上で、今後の農山村活性化事業として、豊田市で同様のプロジェクトを進める場合には、次のような仕組みを考えることができるように思われる。

まず、旭地区にあるＭ－ｅａｓｙを拠点として活用し、彼らが住んでいる福蔵寺を農山村活性化事業の基地として位置づけること。その上で、旭地区その他農山村に移住したいと考えている希望者を、しばらく福蔵寺で迎え入れ、本プロジェクトメンバーとの共同生活を送る中で、田舎生活のノウハウや近所づきあいなどを学びつつ、本プロジェクトメンバーとの間で支えあい、受け入れあう関係をつくること。また、その一方で、同様のプロジェクトを広げたいと考えている地域の地元リーダーや思いのある人々を、M‐easyが受け入れ、常に交流を深めるとともに、福蔵寺で彼らリーダーを受け入れ、メンバーとの交流と相互理解を深め、さらにそれぞれの地元をフィールドとする体験プログラムなどを取り入れて、移住希望者と各地域のリーダーおよび各地域住民との関係を深めること。その上で、相互に意志が一致した移住希望者とリーダーとをマッチングして、できれば三名以上の複数名でその地域に移住させて、その地域の人々に支援される形で定住を進めること。そして、移住した後も、M‐easyや福蔵寺のメンバーたちとの交流を維持でき、何か問題や困難があった場合には、相互に助けあうことができるようにすること。

基本的にこのようないわば新たな「農的な移住」を促す仕組みをつくりだすことで、移住にともなう移住希望者と受け入れの地元双方の心理的なバリアだけではなく、不安を取り除き、また相互に理解し合いながら、支え合い、農業技術の伝授と定住に向けての支援を進めることがより一層促進されるものと思われる。この仕組みはまた、プロジェクトの核となったような地元定住型の農業ベンチャーがいくつもあるわけではなく、またM‐easyのように地元に定着して住民の信頼を勝ちとることは容易ではないことなどの制約条件を考慮してのことでもある。

今後、より具体的な仕組みの構築の検討と実験的な実施が求められる。

（1）旭市支所提供資料による。
（2）メンバーの筆者へのレポート（二〇一二年一月）による。
（3）M‐easy代表・戸田友介の筆者への報告（二〇一二年二月）による。

(4) メンバーと筆者との懇談(二〇一一年一二月)による。
(5) メンバーの筆者へのレポート(二〇一二年一月)による。最後のレポートは第3章でも紹介した。
(6) 同前。
(7) 同前。
(8) 旭地区関係者との懇談(二〇一二年一月)による。
(9) 豊田市役所旭支所での関係者との懇談(二〇一二年一月)による。
(10) とよた都市農山村交流ネットワーク、千年持続学校など住民のネットワーク関係者と筆者との懇談(二〇一一年一二月)による。
(11) 旭地区在住のS氏から筆者宛の手紙より。
(12) M-easy代表・戸田友介からの筆者への報告(二〇一一年一二月)による。
(13) 中高年者のための人生リバイバル・プログラム(http://www.p.u-tokyo.ac.jp/shimoyama/revival/index.html を参照のこと)。
(14) 地元住民との懇談(二〇一一年一二月)による。

第6章　生きることとしての学びへ——その後のプロジェクト

1　自生するように展開する事業

本プロジェクトは、二〇一二年三月をもって一応の区切りを迎えた。当初から三年計画で筆者の研究室と豊田市との間で契約が結ばれ、また豊田市がメンバーの雇用にために申請した国の助成金も三年を限度とするものであったためである。しかし、プロジェクトそのものは、その後も、メンバーを中心とするＭ－ｅａｓｙの仲間たちや地元の住民、彼らを取り巻くさまざまな市民のネットワーク、そして行政関係者によって継続され、今日に至っている。本書で報告した足かけ三年間で、プロジェクト対象地区の豊田市旭地区に、過疎と高齢化に悩む中山間村を活性化させる種をまくことができた、ということであろう。正念場は、プロジェクトが終了したあとのメンバーや地元住民たちの努力に委ねられたといってもよい。

プロジェクト終了当初は、彼らが自立できるのか、プロジェクトが最終的には期待される方向へと動き始めていたとはいえ、若干の心配と危惧は隠しようもなかった。しかし、その後の彼らの営みと住民たちの活動、そしてそれを取り巻く市民のネットワークや行政の支援によって、メンバーの営みはそれぞれの自立を含めて、新たな局面を迎え、さらにこの地区を生きるに値する「むら」へとつくりあげていくものとなったといってよい。

プロジェクト二年目から三年目にかけて始められた「ご縁市」は、年三回開催が定例化し、その都度五〇〇名を超える集客力を誇り、農山村と都市とを結ぶ一大イベントへと成長した。「トラスト」は、「お米トラスト」「大豆トラスト」だけでなく、「綿花」や「お餅」へと展開し、単に作物をつくり、収穫するものから、都市の住民とともに加工品をつくりだす事業へと発展している。「大豆トラスト」では味噌仕込み・味噌づくりが行われ、収穫で終わりではなく、仕込んだ味噌ができあがる一年後まで関係が継続することとなり、「綿花トラスト」では、綿花を収穫したあと、糸へと紡ぎ、それを布へと織り上げる営みが組み込まれることとなった。「お餅トラスト」はその字のごとく、餅米を収穫した後、都市民と地元の人々が一緒になって餅つきをするイベントへと展開している。単に農作業をし、収穫して、自然と触れ合うというだけでなく、農山村と都市との交流を促し、そこに農山村で培われてきた文化や技術の伝承と、それらを交流し、学ぶことによる楽しさを体験すること、つまり農山村の生活そのものを都市民が体験し、その楽しさやうれしさを身体で実感できるような事業へとつくりあげられているのである。

図 54　農山村定住応援住宅エビネの里
（愛知県交流居住センターホームページより）

このほか、旭高原元気村からの委託事業も始まり、毎年、定額の委託料収入がメンバーたちに入ることとなり、彼らの生活の経済的な安定を促すこととなった。豊田市内の市民グループとの交流もますます盛んになり、食の安全だけではなく、むしろ生き方そのものを都市民に提案するような事業へと展開している。さらには、同じく豊田市の中山間村に入っているさまざまな団体や組織とも交流を深め、情報を交換するとともに、新しい生活のあり方を研究する営みが進められた。そこでは、地域通貨「おむすび通貨」をつかった新しい流通と市場の形成や、間伐材の流通を促すために構築が進められている「木の駅」のネットワーク化のプロジェクト、さらには小水力や木質チップなどの自然エネルギーによるエネルギーの自足自給システムの開発などが、進められている。まさに、大きな潜在力を持った中山間村が、その潜在力を開発されるのを待っていたかのように、彼らメンバーが定住することで、この地域は大きく変貌を遂げようとしているのである。

旭支所が誘致した若者定住促進のための市営住宅「エビネの里」（農山村定住応援住宅）も完成し、すでに九世帯が新たな生活を営んでいる。図54を参照されたい。

また、彼らメンバーが楽しそうな生活をしていることが口コミで広がり、プロジェクト実施地区にはその後も、若者たちが移住してきており、子どもが増えるとともに、新たに農園を開くなど、新しい生活を実践しはじめている。前章でも紹介したY夫妻も、ゆったり、自然のリズムに合わせた生活を提案し、農作物をつくり、鶏を飼い、安心・安全な食べ物を、信頼感を共有している人々に届ける「てくてく農園」を開き、ゆっくりとではあるが、しっかりと地に足のついた生活をはじめている。プロジェクト終了後、一年間で、この地区では新たに六人の子どもが生まれ、地域に活気をもたらしている。

さらに、二〇一二年には、筆者の研究室と共同で、都市部で生きづらさを抱えている人々を対象に、「生きる」ことを真正面に据えて、新たな人生を考えてもらうための実験的なプログラム「山里で「生きる」を考える講座」を実施した。参加者は、五名と少なかったが、東京や名古屋などから、会社勤めなどで疲れ、精神的にも不安定になった

図55　『耕 Life』のホームページ
（http://www.kou-life.com/nou-style/starT.html#prettyPhoto）

人々が自分を改めてとらえ直そうと参加し、筆者の研究室による価値観を転換するためのプログラムとＭ‐ｅａｓｙが用意したさまざまな体験プログラムを経て、自分が新しくなっていく経験をすることとなった。Ｍ‐ｅａｓｙのメンバーにとっても、彼らの生活が、都市で生きづらさを抱えている人々にとって、強い訴求力を持つものであることを、改めて感じ取ることができる試みとなった。

このほか、豊田市の農業振興のための機関である農ライフ創成センターも、二〇一三年三月には旭地区に「旭研修所」を開設し、トヨタ自動車などの定年退職者を主な対象者として、就農促進の事業を始めている。

このような「よそ者」の動きは地元をも刺激しないではいない。土地の顔役たちだけではない。おじい、おばあたちが立ち上がり、農作業を指導したり、若者を受け入れたりするだけではなく、地元の若者たちが新たな事業の試みをはじめているのである。たとえば、交流フリーペーパー『耕Ｌｉｆｅ』が、地元のデザインオフィスから創刊され、また、野良着ファッションショーをご当地アイドルとのジョイントによって行うなど、田舎暮らしの楽しさを市民にアピールしながら、農山村と都市との交流を進め、新たな価値を発信し始めている。図55を参照されたい。

まさに、さまざまに、ざわざわと、まるで植物が自生するかのように展開する事業があふれ出し、それでいて全体として調和がとれている、とでもいうべき状態なのである。

2 メンバーの新たな門出

そして、二〇一二年一二月、新たな「むら」が生まれていることを象徴するようなできごとが起きた。プロジェクトメンバーだったTくんとSさんが育んできた愛を成就させ、地元で結婚式を挙げたのである。この結婚を本人たちだけでなく、メンバー、そして地元の人々は心から喜び、彼らを祝福するために一〇〇名もの人々が集まった。式場は、地元の氏神様、そして披露宴会場も地元の温泉旅館と、何から何まで地元にこだわり、地元に住み続けることを宣言した結婚式であった。図56に示されるように、吹きさらしの中、厳寒の一二月、地元の人々総出で祝ってくれた、凍てつく空気がほんのりと春色に見える結婚式であった。

筆者も式に招待されていたのだが、北海道出張から雪のために帰れず、空港で祝辞を書いてメールで送り、プロジェクトリーダーだった戸田夫妻に代読してもらうこととなった。残念で仕方がない。

ここに、長くなるが祝辞を掲載して、筆者の思いを記しておきたい。

「Tくん　Sさん　ご結婚おめでとうございます。

T家のご家族・ご親族のみなさま、S家のご家族・ご親族のみなさま、TくんとSさんが、今日のよき日を迎えら

図56　Tくん・Sさん結婚式

れましたこと、心よりお喜び申し上げます。おめでとうございます。

本来でしたら、このハレの席に駆けつけ、お二人に直接お祝いのことばをお贈りしたかったのですが、北海道への出張の帰りに風雪に見舞われ、いまだに雪の中に閉じ込められておりますため、それも果たせません。ここに、私の気持ちを綴った文章をお届けしますので、戸田夫妻による代読をもって、私のお祝いのことばに代えさせていただければと存じます。

私が、Tくん、Sさんと初めて出会いましたのは、お二人が参加してくださった、豊田市と東京大学との産学共同プロジェクト「若者よ田舎をめざそうプロジェクト」の参加者選考合宿においてでした。明るく振る舞いながらも、一心不乱に仕事を進めるTくん、そして何か思い詰めたようでもありながら、一つひとつ考えながら仕事を進めるSさん、それぞれの姿を見ながら、こんな若者が参加してくれればいいなあ、と思ったことを覚えています。そして、この「こんな若者が」という思いには、なぜこんな好青年が、きちんとした職を持つこともなく、このプロジェクトに参加しようとしているのかという、複雑な気持ちが絡まっていました。この社会は、こういうまじめでひたむきな青年にさえも職に就くことを許さなくなってしまったのかという、情けなくなるような気持ちと、逆に、このような青年たちが魅力を感じて参加しようとしてくれている「田舎をめざそうプロジェクト」は、彼ら自身が身をもってその可能性を示してくれているのだという気持ちが、重なり合ったものでした。

お二人は、このプロジェクトで知り合い、惹かれ合い、今日の日を迎えることになったのですが、お二人は、名古屋テレビが報道した特集でも、とくに重点的に取り上げられているメンバーでした。テレビのクルーにも、当初から、お二人が何か特別な存在として、そしてお二人が惹かれあっているがゆえに、絵になる存在として、感じられていたのだと思います。

今の日本社会は、すでに失われた二〇年といわれるように、思うように経済発展ができず、呻吟しています。しかも、少子高齢化と過疎化はとどまるところを知らず、日本全体が縮小していく時代に入りました。このような時代には、過去の成功体験は通用しません。しかし残念なことに、私たちおとなには、過去の成功体験しか、今を測る基準がないのです。

「田舎をめざそうプロジェクト」は、若者の就農プロジェクトではありません。若者たちが農山村に移り住むことで、農山村の生活のあり方を変え、若者たちの持つ文化との交流によって、農山村に生きる高齢者の文化を変えて、農山村を活性化しようというプロジェクトです。そして、このプロジェクトへの参加メンバーに期待されたのは、新しい「農的な生活」をつくりだすことで、農山村を生きるに魅力的な土地へとつくりかえることでした。

このプロジェクトの始まりから、そして今日でも、試行錯誤の繰り返しでした。「農的な生活」といいながらも、当初は、農業生産性を高める実験を進め、メンバーに大きな苦労を強いたこともありました。しかし、こんな中で、彼らメンバーは喧嘩をしながらも、ともに支えあい、認めあい、信頼しあって、このプロジェクトを楽しそうに進めてくれました。しかも、この彼らは、地元の人々とも深い交流を結び、地元の厚い信頼を勝ち取ってもいます。

彼らの素直で、人に優しく、そして生活を楽しもうとする生き方は、私たちに、改めて今の社会がおかれている時代の新しさを気づかせてくれました。それは、過去の成功体験にとらわれ、規模を拡大すること、お金の量で価値を評価すること、このような生き方とは異なる生き方があるのだということです。

この農山村で彼らが私たちに教えてくれた生き方とは、人と人とのつながりの大切さであり、人が人とつながるとき、そこにはお金では買うことのできない、安定した生活の基盤がつくられているということ、その基盤の上で、彼ら自身が自分の身体の声に耳を澄ませながら営むなりわいこそが、人が生きるに値する生活であること、こういうことです。

ここには大切なものが含まれています。つまり、市場でモノが売り買いされるのには何が必要なのかということです。単に、モノをお金と交換するだけであれば、それは一回こっきりの交換で終わってしまいます。しかし、普通は、この売買という交換は一回では終わらずに、続いていくことになります。それは、人が人と交換したがる存在だからですし、人はまず人に何かをあげたくなる、贈り物をする存在だからです。そして、贈り物をされた人は、お返しをしないではいられなくなる。そういう関係の中で、人は人のことを慮り、人は人のことを我がことのようにして考え、想像し、そして、人に喜んでもらうことで、自分がうれしくなる。こういう関係の中で、モノを交換しようとするのです。このような市場はまた、人が人との間で信用や信頼を創り出す市場でもあります。

しかし、昨今の市場主義は、このような人が人を慮り、人が人のために贈り物をすることで、自分がうれしくなるという関係を、余分なものとして切り捨て、人を孤立させることで、人と人との間をカネだけで結びつけようとしています。このような市場主義の社会は、生きづらいものです。

作家の海堂尊がこういっています。「地獄にはご馳走がたくさんあり、長い箸が用意されている。それは長すぎて、自分の口には入れられない。だから亡者たちは、目の前に食べ物があるのに、飢えて争う。これが地獄です。そして天国は地獄の隣にある。天国にもご馳走がたくさんあり、地獄と同じように長い箸が用意されている。そう、実は天国は地獄とまったく変わらない。／天国では、長い箸で他人に食べさせてあげている。そして自分も他人に食べさせてもらう。地獄の亡者は自分のことしか考えない。だからご馳走を前にして飢えて争う。」（以上、海堂尊『極北クレイマー』より）

まるで今の日本社会を描いているようですが、このような社会にあって、TくんとSさんは、自分の箸でご馳走を他人に食べさせてあげることを、いともたやすく、軽やかに、そして楽しげにやって見せてくれるメンバーでした。このことが、このプロジェクトの可能性を私たちに確信させることとなったのです。

確かに、これまでの社会の中で、そして多くの人々が過去の成功体験にとらわれて、新しい社会をつくりだすことができないでいる中で、このプロジェクトを成功させるのはたやすいことではありません。むしろ、このプロジェクトには成功ということばは似合わないのかもしれません。しかし、そんななかで、TくんとSさん、そしてメンバーの一人ひとりが、自分が生きることを大切にして、そして軽やかに、楽しく、日々の営みを続けていくこと、そうすることでこのプロジェクトの輪が広がり、より多くの人々を惹きつけて、新しい生活を生み出していくことになるのだと信じています。

私が今、北海道にいるのも、みなさんのプロジェクトを紹介するためです。そして、どこでみなさんのことをお話ししても、多くの人々の共感を呼ぶのです。社会はそこまで変わってきているのです。

これから、若い二人の前途には、パイオニアとしての苦労が待ち構えているでしょう。しかし、彼らの周りには仲間がいて、そして彼ら自身が人を惹きつけてやまない存在として、当たり前のように生活をしていくのでしょう。

これからも、私たちは、TくんとSさんそして仲間のメンバーたちの営みに学びながら、この社会を人が生きるに値する社会にしていけるよう努めたいと思います。
Tくん、Sさん、気負うことなく、自分の身体の声に耳を澄ませながら、地に足をつけて、お二人の新しい生活を築き上げていってください。
今日は本当におめでとうございます。」

千年持続学校を主宰している高野雅夫（名古屋大学）が式の様子を詳しくブログに報告してくれている。高野も私と同じような思いを抱き、彼が環境学を志すにあたって書かれた小説の中の、自然の中で人々がその一員として楽しく愉快に暮らしているユートピアがここにはすでに実現しているという。先生のブログを一部抜粋する。

「私たちは彼らから多くのことを学んだ。私は過疎問題に対して、以前は、まず農業や林業を再生し、雇用を作り出すことによって、若者が移住できるようになると考えていた。そういう観点で、若者よ田舎をめざそうプロジェクトは大丈夫だろうかと気をもんでいたこともあった。その考えがまちがいだったことを教えてくれたのは彼らである。「地域のじっちゃんから、あんたたちがここにいるだけで元気が出てくる、いてくれるだけでいいと言われた」と。まず住み着くこと。そこからすべてがはじまる。新たな雇用や生業は、外野にいる人間が作ってあげることはできない。そこに住み続ける決意をもった者が、さまざまなリスクを承知で、新しいことに果敢に挑戦することによって、はじめて作り出すことができる。もちろん、まだまだよちよち歩きだけれども、確実にその営みがはじまっている。／Tちゃんはとにかくこの太田町に住むことにこだわり、それを実現させた。Sさんの将来の夢は、地域のばっちゃんたちのように「かわいいおばあちゃん」になることとのこと。ここで生まれて生きて年齢を重ね、そして死ぬ。二人がめざしているのは、そんな当たり前な地域の姿である。一方、地元の人たちは彼らを影《（ママ）》に日向に支援しつつ、彼らからこの地域に暮らす幸せを受け取っている。／「小説」に書いた「ユートピア」を生きてこの目で見ることができるとは思っていなかった。気がついてみると、目の前にある。その幸せを実感した一日であった。」(http://blog.goo.ne.jp/daizusensei/e/7c7cc85f91de55ad3669f952ec5352d2、一部伏せ字)

Tくん・Sさん夫妻によれば、TくんはM－easyを離れて自ら農園を開き、Sさんは農園を手伝う傍ら、M－easyに残り、地元の文化や技術を発掘して、新しく価値づけ、Tくんの農園でそれを実現するとともに、都市へと発信し、農山村と都市を結びつける仕事に専念することとしているという。プロジェクトから自立し、M－easyを取り巻いて、新しい「農的な生活」のネットワークが地元に広がるとともに、それがさらに都市へとそれぞれに展開していくのである。

また、二〇一三年四月には、メンバーの女性が地元の男性と結婚し、M－easyを離れたが、彼女は夫の地元である足助地区で、大工の夫を支えながら、彼女自身が考える「農的な生活」を実践している。ここにもまた、プロジェクトのネットワークが広がっているのである。

3　新しい生活へ

プロジェクトリーダーであった戸田は、プロジェクト終了後一年たった二〇一三年の四月、次のようなメッセージをブログに掲げている。彼らのこれまでの営みの総括であり、もう後ろを振り返る必要がないという決断であり、将来に向けて新しい生活を営もうとする決意の表明だと、筆者は受け止めている。長くなるが、全文を掲載する。

「株式会社Ｍ－ｅａｓｙの戸田友介です。Ｍ－ｅａｓｙは二〇〇三年四月二二日、当時名古屋大学の学生を中心に設立しました。「Making the Earth Alive Synergy」の頭文字をとって、エムイージーと読みます。いきいきとした地球、大地、地域を皆の力で創り上げていきたいという想いがこめられています。

二〇〇一年から始まった名古屋大学大学院教育発達科学研究科牧野篤准教授（現 東京大学教授）を座長とする「ひと循環型社会支援機構」。大学の先生、企業経営者、学生が垣根を越えて、新しい協働のしくみを創り上げようと、二一世紀の社会について議論し、実践し、取り組んでいました。Ｍ－ｅａｓｙもその取り組みの一環です。

当時、グローバルな関係性の中で少子高齢化による人口減少、低い食料自給率、石油の枯渇が心配され、生活面では一九九八年以降年間の自殺者が三万人を越え、食の偽装事件が何度も発覚するなど時代の転換地点にいました。学生だった自分たちが、これから社会人になり、家庭をつくり、人生をまっとうしていくためにどうすればいいだろうかと考える中、仲間とともに、たくさんの人のご協力によってＭ－ｅａｓｙを立ち上げました。

そのとき私たちは「農業」をテーマとして選びました。農家出身者も、農学部の学生もおらず、でも、私たちの体をつくる基は、自分たちが食べる「食」、しかも高齢化による担い手不足。私たち若者が取り組むことで社会が変わるかもしれない。授業の合間に弥富の農家さんのもとへ通い研修をさせていただき、はじめて食べた採れたてのトマト、何でもできる農家のお父さんのかっこよさ、家族全員で取り組む仕事、そこには私たちが学ぶべきことがたくさんありました。一方で、灼熱のビニールハウスの中で最小限ながらも散布しなければいけない化学農薬。カッパとマスク、保護のために牛乳を飲み、シャワーを浴びる。大切な食は、農家の体と環境の犠牲によって成り立っていることを痛烈に実感しました。

弥富から常滑へご縁があり、自分たちで無農薬有機栽培の農業を実践しながら、地域のおばあちゃんたちの暮らしの中にあった自家用野菜の引き売りを始め、「やさい安心くらぶＬＬＰ」を立ち上げました。都市と田舎が協力しながら、安心安全な食を支える関係性をつくっていく。都市部では移動販売の売り場がつくる新しいコミュニティが、生きがいづくりが広がっています。

二〇〇九年九月〜二〇一二年三月、豊田市、東京大学、株式会社Ｍ－ｅａｓｙの産官学連携事業「日本再発進！若者よ田舎をめざそうプロジェクト」。豊田市旧旭町にご縁をいただき、プロジェクト終了後も一〇名の若者が旭に残り、今にいたります。

過疎高齢化といわれる中山間地。たしかにお年寄りが多く、子どもが少ない。高齢化率・出生率をみても、二〇五〇年頃にいたるだろう日本全体の人口構造がここにはあります。でも、元気なお年寄り、地域で支えあう関係性、のびのびと育つ子どもたち、食やエネルギーを自給できる地域力、昔から受け継がれた生活の知恵、近年、旭にＵＩターンの若者が増えてきているのは、これからの時代を生きるための何かをここで感じるからこそと思います。

暮らしを一番に大切にしながら、地域の担い手となり、大地とともに生きる。そんな当たり前の日々をしなやかに営んでいきたいと思います。

二〇一三年四月二一日

戸田友介」

戸田夫妻には、八月にこの世界に生まれてくる二人目の生命が宿っている。（本書改稿の途中で、女の子が生まれた。おめでとう！）

しかも筆者には思いもかけないことに、前述の高野が、二〇一三年の六月からこのプロジェクト実施地区の近くに移住し、先生のご専門である環境技術を使ったエネルギーの地産地消モデルの構築へと乗り出したのだという。小水力発電と太陽光などの自然エネルギー、さらには間伐材を使ったペレットボイラーによる発電など、さまざまな技術を組み合わせて、この地域でのエネルギーの地産地消を目指すのだと聞いている。

さらに、高野先生はM－ｅａｓｙの拠点である福蔵寺で毎朝の座禅の会を主催し、自然と人間の心・体の共生を探求し始めている。先生自らがバンドを組んで、あちこちの舞台に出没するという情報も流れてきている。

一つの「農的な生活」の試みが、コミュニティをエネルギーの自立をも実現するような自律した生活圏へと、しかも豊かな文化と価値に溢れる、人が生きるに値する〈場〉へと組み換えていくのである。

4　「つながり」が地域を変え、経済を生む

以上、本書第Ⅱ部では「若者よ田舎をめざそうプロジェクト」の考え方、そして事業の経過と成果の概要について報告した。第Ⅱ部冒頭に示した課題に対しては、さまざまな試行錯誤さらには紆余曲折を経て、基本的にすべて将来的な目途が立つところにまで試行が進んできたといってよいであろう。そして、既述のように、地元を含めた関係者からは、基本的に成功であったとの評価を得ることとなった。

本プロジェクトは、過疎化と高齢化に悩む中山間村が新たな価値を獲得し、発信することで、新たな生活スタイルを提案し、実現するコミュニティへと自ら変容する仕組みを、若い世代と地元の高齢者との交流をつくりだし、若い世代が地元の産業である農林業にかかわり、また地元の持つ伝統文化や生活様式を発掘することを通じて、構築しようとするものである。それを表す言葉が「旭暮らし」である。

この試みは、すでに明らかなように、以下のような複雑な要素を組み込んで実験的に進められてきたものである。つまり、①地域コミュニティにおける人々の生活を支える基本的な「経済」の再生、②人々の生活から生み出され、それを支えている様式としての「文化」の発掘・再評価と創造、そして③本来地域コミュニティにおいて機能していたはずの地縁関係とそこから生まれる人間関係によって支えられてきた「福祉」機能の新たな形での組み換えと再生、さらに④それらの基礎であるべき地域コミュニティに生きる人々相互の関係を相互の承認関係へと組み換えて、その関係の中できちんと生きている自分を認識し、またそのように生きている他者を認めることによる、相互の「存在」にかかわる認識の形成と、その認識に支えられる他者への積極的なかかわりの創造、この四者である。本プロジェクトは、「経済」「文化」「福祉」という、地域コミュニティに生きる人々にとって欠くことのできない生活の諸領域が崩落しつつある今日において、これらを再び人々の「存在」において結びつけつつ、価値化し、新たな社会のあり方を構想し、それを実現していく新たな地域コミュニティの姿を描き出し、かつ実現していこうとするものであったといえる。そして、その核となるのが「つながり」の再生であり、プロジェクトの展開は、この順序を遡行する形で進んだのである。

このとき、着目したいのは、新たなコミュニティモデルは、従来のようなある種の静的なコミュニティのあり方、つまり既存の人的・物的または価値的な資源を分配し、配置するシステムとしてのコミュニティから、従来の経済の仕組みを解体・再構築し、文化を発掘して再価値化し、さらには旧来の人間関係を組み換えて新たな価値にもとづく関係へと再生しつつ、地域のあり方を、関係性というレベルで組み換えて、再生していくコミュニティへと移行しているということである。それはつまり、静的な資源配置のためのコミュニティ・システムから、動的な、常にそれ自らが変化し続けることで、新たな仕組みを構築し続ける、関係態としてのコミュニティ・プロセスへの展開という事態が生じているといってよいであろう。これまでのように農林業という経済活動を中心に考えるのではなく、むしろ人と人とのつながりが生み出す文化や暮らしぶりをコミュニティ形成の基本に据えることによって、そこに新しい価値が生まれ、人と人とのつながりを介した情報と新たな価値の発信があり、それが人々とくに若い人を惹きつけることで、地域に活気をもたらし、その賑わいの中で人々がさらにつながりあうことによって、新たな経済が生まれていくという循環をつくりだすことでもある。

それは、地域コミュニティの持つハードウェアの大規模な組み換えや再配分を必要とするのではなく、地域コミュニティにおける住民を基本とした人々の相互承認関係を基礎に、人々が自らこのコミュニティにきちんと位置づきつつ、役割を十全に果たすことを通して、自らの存在の対他性を他者との〈関係態〉としての自己へと組み換えることで、常に他者との相互媒介を基本とした新たな価値を創造し続けるプロセスとしての地域コミュニティが構築されることを意味している。このような地域コミュニティの変容によって、経済的な営みが人的な関係を媒介として、それ自体が相互承認関係にもとづく信頼と信用に定礎された新たな市場をつくりだし、また生産における地域住民の相互援助と相互扶助を実現しつつ、人間関係に定礎された生産活動を生み出すことへとつながっていく。それはまた、地域の人間関係を、幾重にも重なったさまざまなネットワークからなる気遣いと見守り、そしてそこから生まれる信頼と安心が、新たな市場を構成する、より動的で生産性の高い経済プロセスへと組み換えていくことになる。

ここでは、共同体規制から解放された自由で孤独な個人が、顔の見えない市場において生産と消費を繰り返す不安定な市場社会ではなく、相互承認関係にもとづく、地域コミュニティに十全に位置づいているという感覚を基礎にした、自己がその地域コミュニティにおいて他者との関係を十全に生きる自由を獲得しながら、他者との〈関係態〉である個人が常に関係を組み換え、よりよい生を全うする営みを続けることが生産と消費であるという、安定的で、しかも動的な、常に移行し続けることで、人々の生活基盤である「経済」「福祉」「文化」をその「存在」において結びつけ続けるコミュニティが生まれることになる。このコミュニティは、人と人とが自らそこに存在することで認め／認められるという関係、つまり他者に対する承認の〈贈与〉を行うことで、自らが承認されるという〈答礼〉を受けることができるという〈贈与―答礼〉の関係を基礎に、そこから他者に対する配慮を可能とする想像力が生まれ、その他者とともに生活する自分を他者を通して認識することで、他者を自分がそこに存在するためにかけがえのない存在として認め合う関係がつくりだされる。その関係を基礎とすることで、新たな価値の交換が生まれ、そこに新たなモノの交換が生まれて、それらが循環するようになる。相互承認の〈贈与―答礼〉関係が、価値交換の〈贈与―答礼〉関係へと展開し、それが新たな経済を生み出していくのである。

この意味では、本プロジェクトがつくりだしてきた地域コミュニティの「つながり」を基本としたあり方は、本来、私たちが生きる市場社会の原理を改めて中山間村において実現し、人の「存在」を基盤とした「経済」「福祉」「文化」が相互に媒介し合いながら、一つの地域社会の「生活」をつくりだす試みであったといってよい。このような市場の形成においては、人は自分が他者から排除され、孤立するのではなく、ともに認めあい、受け入れあって、ともに生活を支えあう関係へと進み入ることになる。包容力のある社会が生まれ、その社会に抱かれている自分を、各人が実感をもって感じ取ることができるようになる。そのコミュニティが、自分を受け入れてくれる居場所となり、そのコミュニティで役割を担い、出番を持つことで、自分がこの社会に十全に息づいていることを感じ取れるようになるのである。

このようなコミュニティこそが、本来のあるべき市場社会である。自己と他者との相互に承認しあう関係の中で営まれる価値の交換は、その交換にかかわる人の自己そのものがその価値に反映していることで、さらに次の他者との交換へと展開していく。自己が他者を通してネットワークを広げ、次の他者との関係へと進み出ていくのであり、それが市場社会を拡大していくことになる。ここに新たな自己認識に定礎された需要が喚起され、その需要を満たすための経済が動き始める。

本プロジェクトが示しているのは、このような新たなダイナミズムに満たされた「農的な生活」の可能性である。従来のような人々が孤立することを前提につくられた、大量生産・大量消費の市場社会は、人々が同じモノを所有して、その孤立する自己の欠損つまり寂しさを埋め合わせることで、他者と同じ自分を感じ取り、みんなの中の自分を意識することができるという人の存在のあり方を利用してきた。しかし、そのような市場が行き詰まりを見せ、人々がこの社会で孤立し、モノを所有することでは自己が満たされなくなっている今日、私たちには、本プロジェクトが示したようなコミュニティのあり方を模索し、実現し続けていくことが、求められているのだと思われる。

そして、それを実現するためには、既述の試みがすでに内包しているように、地域コミュニティに生きる人々が常に「学び」を続け、自らを常に他者との関係の中にひらきつつ、他者との〈関係態〉として生成していく自己へとつくりかえ、つくりだし続けることが必要となる。今後、この試行が進められる中で、新たな生活スタイルと生活の価値を構成し、発信して、人々が自ら納得して人生を歩むことのできるコミュニティのモデルを構築することが期待される。

本プロジェクトから得られた知見は極めてシンプルなものである。

「つながり」が人を活かし、地域を変え、新しい価値を生み出し、新しい生活をつくりだし、その生活に根ざした経済を循環させるのである。その底流にあるもの、それは自らが生活することと学ぶことが一体となることで、常に「つながり」をつくり続け、それそのものが自分の存在であるかのようにして、学び続けるということである。

終章　〈学び〉としての社会へ

私たちは一体どんな時代に生きているのだろうか。そして、私たちは一体どんな社会に生きているのだろうか。大不況、少子高齢化、人口減少、そして大震災と津波、原子力災害、さらには人々の孤立化と孤独死、社会の分散化などなど、この社会には否定的な事象が満ちあふれている。その上に、学生たちにのしかかるのは、就職難の三文字である。

人々はこの社会に疲れ切り、昔を懐かしむ風潮が社会を包み、成功体験の時代を「取り戻す」ことが政治の空気となってしまったかの感がある。しかし、一体いつの社会を取り戻そうというのだろうか。そして、学生たちにとって、取り戻すべき時代や社会とはどのような時代と社会なのだろうか。

学生たちは、バブル経済崩壊の頃に生まれ、その後「悪くなる一方」といわれ続けた社会で、子ども時代を、そして今の若者時代を送っている。そこには、昔を懐かしみ、昔を取り戻そうとするおとなたちが持っていたはずの成功体験や、熱い青春の苦しみや、がむしゃらな無鉄砲さや、一途な思いなど、そういう近代産業社会がもたらした若者の生態なんぞありはしない。その上、彼らは「草食系」、覇気がないゆとり世代と呼ばれ、この社会の将来はもう希望のないものであるかのようにして、語られる。彼らに、彼ら自身に（政治的な）責任のない一人あたり一〇〇〇万円もの借金を抱えさせ、放射線被害を遺産として残していく、無責任きわまりない上の世代から。

しかし、心優しい若者たちは、こんな仕打ちに反抗するでもなく、受忍しているように見える。そして、自分が生きているこの社会は、それほど悪くないかもしれない、と感じているようでもある。過労死するほど働かなくても、そこそこに生きていかれ、手元にスマホやタブレットＰＣがあれば、世界中の誰とでもつながることができ、そして日々進化していくゲームはそれなりに楽しい。しかも、いまや誰もが表現者として、フラットなネットワークの中で、さまざまな情報を享受し、発信し、相互に影響を与え合って、新しい価値をつくりだし、それをまた交換して、次々に自分にふさわしいと思うものをつくりだすことができる。だが反面、この社会基盤は「取り戻す」派の人々が築き上げたものだといってもよい。いわば、彼らは遺産の上にいまの生活を享受しているのだともいえる。

それゆえにか、若い人々の生き方を、「取り戻す」派の人々は、価値がないという。カネにならないではないか、ＧＤＰを押し上げることにならないではないか、経済成長につながらないではないか、そしていつまでも遺産が残っていると思うな、と。

しかし、考えてみれば、たかだか二〇年前、学生たちが生まれた頃に、スマホもタブレットＰＣも存在していなかった。携帯電話も、普及が始まった頃で、人々にとっては高嶺の花、せいぜいテレフォンカードやポケベルと呼ばれるページャー（呼び出し機）を使うのが関の山だった。パソコンもまだまだブラウン管がついた重いデスクトップ型のものが主流で、ラップトップ（膝の上）型パソコンすら普及していなかった。記憶媒体も、いまやお目にかかれないフロッピーディスクが主流で、記録容量も一メガバイトもあれば、夢のようだった。インターネットもようやく整備が始まっていたが、ブロードバンドなんてものは存在せず、電話回線を使った、速度の遅いナローバンド通信が主流だった。それでも人々はその利便性に目を見張った。

それがいまやコンピュータはポケットに入る大きさになり、いつでもどこでも世界とつながることができ、離れていても顔を見ながら会話もできる時代になった。一言のつぶやきが、幾千もの人々のつぶやきを引き起こし、一つのムーブメントを生み出すことも可能となった。これまでであれば会社や研究室、居間や書斎などの特定の場所にいなければできなかったことが、ほんの立ち話の途中で、電車の中で、そしてファストフードの店の中でできてしまう。

＊＊＊

こういう時代には、旧来の社会秩序は壊れてしまう。なぜなら、それは邪魔だからだ。旧来の社会秩序は、資源の偏在を基本として、分配と所有をその目的としてつくられていた。持てる者から持たざる者へ、上流から下流へ、そして中心から周縁へ。その秩序を形成する背後には、資源の希少性が生み出す価値が存在していた。少ないからこそ、価値があり、その希少性を制した者が支配者となる。そして、私たちが生きているこの社会の枠組みの根底には、この希少性を普遍性へと破壊しながら、次の希少性へと移行し続けてきた、近代産業社会が横たわっている。希少だから価値があるのだが、その希少性を保ちつつ壊すことつまり普遍化することで富を生み出す仕組みが、資本主義の大量生産と大量消費の生産モデルであり、そのからくりは人の労働の本質にある。労働力商品としての人には、生産物や消費財としての商品にはない特徴があることになっている。剰余価値、つまり生命の維持や生活の需要のために必要な価値以上のものをつくりだしてしまうという過剰性にこそ、その特徴がある。

大量生産・大量消費のシステムは、希少性を破壊しつつ、富を増大させる資本主義の本性に絡みつかれていて、希少性と普遍性を両立させるために、つまり希少性の根拠である場所の偏在を遍在へと組み換える一方で、新たな希少性を生み出すために、時間を操作するようになる。つまり空間を均質化し、時間を均質化することで、希少性と普遍性を両立させようとするが、そこでは速ければ速いほど価値がある。市場を席巻するためには、速度こそが課題化されることとなるのである。技術革新は、いかにして人の労働生産性を高めるか、つまり効率化するか、生産時間を短縮するかを競って行われてきた。その行き着く先は、人の生身の身体が持つ力能つまり労働力を商品化し、その商品が生み出す価値をやりとりするという生産と消費の「手間暇」を省く、つまり人の労働を排除することで瞬時の価値産出を可能とする手法である。それはまた、人の身体を不合理なモノとして排除することと同じである。それが、昨今のマネーゲームの世界だといってよいだろう。

そこでは、人の欲望こそが希少性の根拠となり、身体を介さない、瞬時の普遍化が価値の偏在つまり希少性を生み出すことになる。ここではすでに、欲望は身体的・生理的な欲望つまり物質的な欲望を離れ、観念的・感覚的なものへと変化している。それは、最終的には自己承認の欲求としてしか残らないものとしてある。マネーはすでに、モノを購入するための媒体ではなく、自らの存在を誇示するための記号へと化している。だからこそ、それは、際限のないゲームへの没入とアディクションを導くことになる。そして、そこにあるのは、オリジナルではない、何か。つまりn次創作と呼ばれる差異化のみとなる。

そしてだからこそ、このネットワーク社会では、あらゆる人々が他者の承認を求めて、他者とは異なる価値を発信し続けることが強迫的に求められるようになる。そこではすでに物質の交換はなされず、カネそのものは生命や生活の維持に使われるだけで、より多くのカネを用いて、物質生活を豊かにすることは求められない。そこで求められるのは、モノを媒介としない、カネによって表示されるより直接的なリスペクトでしかない。ヘーゲルのいう近代社会精神、つまり「オレを認めろ」と他者を強迫する精神の究極の形がここにあるといってもよいかもしれない。

しかしここには、ヘーゲルがいうようなオレを認めろと他者を強迫しておきながら、実は他者を認めないではいられない、つまり他者を認めなければ自分を認めることができない自分という存在、すなわち他者の存在を通して自分を見つめる目を持つ自律的な自我が形成されることはない。常に自分が他者から賞賛されることでしか自分を保つすべがなくなるのである。しかも、その他者とは誰でもない他者であり、フェイスブックに「いいね！」をくれるような他者でしかあり得ない。どうしたら「いいね」をくれるのか、その見当すらつかずに、それでも他者を想像して、「いいね」をもらえるように努力するしかない。誰でもない他者に自分が支配されることになる。そして、だからこそ、マネーゲームは自分から降りることができなくなってしまう。

＊　＊　＊

彼ら学生たちが生きてきた社会とは、こういう社会なのだ。そして、ここで生まれるのは、自己の不全感だといってよい。ある種の虚しさだといってもよいかもしれない。しかしそれは、すでにあるモノを失ったという喪失感ではなく、ないことであるかのような空虚感とでもいうべき感覚だといったらよいだろうか。強いていえば、身体があるのにないことによってこそある、つまり否定しがたくあるのにもかかわらず、ないことにすることで、ようやくあることになる、そういうものが身体として存在せざるを得ないという感じである。それはつまり、自分の存在がこの社会からは排除されていながら、排除されることではじめてそこにあることを感じ取ることができるような虚しさであるといってよい。だからこそ、彼らは仲間を大事に思い、仲間と〈場〉を共有することで、このないことである状態を、あることである状態にしよう、つまり仲間との相互の承認関係の中で、かけがえのない自分として存在することで自分がそこに居ることを感じ取ろうとでもしているかのように振る舞うことになる。

身体感覚を共有しながら、相互に承認し合うことで、自分を保とうとしているかのように、お互いを守りあい、お互いのために尽くしあうことになるとでもいったらよいのだろうか。この彼らの現実には、彼らを批判する「取り戻す」派の人々がいうような社会は存在しない。だからこそ、彼らは怒りもせず、ただ静かに、仲間との関係に浸り、日々を楽しげにやり過ごすことになる。そこでは、カネはすでに記号としての意味を失い、交換の媒体としての価値も失っている。

ここで最後に残ってしまうのは、そうであっても「ある」ことになってしまうコト、つまり身体が存在してしまう、生命が存在してしまうというコトだ。社会から排除された不合理なモノとしての身体ではなく、むしろそうであっても社会に存在してしまわざるを得ないコトとしての身体、そういうものが問われているのだといえる。

身体の存在を不合理なモノとして排除する社会にあって、改めて身体の存在を根拠にこの社会のあり方を構想し直すこと、そこに、物質としてではない身体のあり方をとらえ、つくりだす可能性をとらえること、このことが求められているのではないだろうか。そうすることで、このネットワーク社会に生きる彼らが、自分を自分自身として受けとめつつ、自分をつくりだし続けることができるようになること。そこでは、ないことによってあるかのような空虚な感覚に苛まれることもなく、常に自分を他者との〈間〉でつくりかえ続け、変化し続けるコトこそが、自分そのものであると感じ取れるような自分のあり方を生み出すことができるようになること。これらが問われているのである。そして、このことを問うことは、再びこの社会を構想し直すことへとつながるようになること。「取り戻す」派のいう社会がすでに存在しないということは、つまり一世代前の人々が持っている身体感覚や実存の感覚がすでに若者のものではないということであり、それは端的には、社会の構成を決定づけている権力のあり方が根本的に変わっていることを意味しているのである。

＊　＊　＊

「取り戻す」派の人々が懐かしんでいるのは、一つの強い規範権力が支配する社会のあり方である。その規範権力とは国家の名前を冠する強い「父」としての権力であるといってよい。その権力が支配する物質的な空間は領土として均質化され、他国の領土とは明確な境界によって区分けされ、その境界内部の均質化・画一化と価値の普遍化がもたらされる場でもある。そこでは、境界内外の区分にもとづく価値の普遍化と一般化が進められ、人々は国民という具体的抽象として存在することになる。つまりは、日本国民としてのアイデンティティを持った個人として育成されることになる。そして、この均質空間内では、時間も均質化され、いわゆる時計時間ですべての人々が同じように動く社会が構成される。時間通りに動く電車、時間通りに始まるテレビ番組、時間通りに始まる学校と会社、時間通りに起きて通勤する人々、時間通りに食事をとる人々、そして時間通りに就寝する人々。そこでは、自然の営みがつくりだす昼夜の変化とはかかわりなく、また自然の営みが生み出す空間の変化、つまり風景や気温、風雨や日光そして匂いなどの変化とはかかわりなく、人々が「勤労」する空間と時間が社会全体に押し広げられ、人々の「生活」はそことは切断された空間と時間において営まれながらも、「勤労」のために均質化され、画一化されるものとなる。

そして、規範権力がこの均質化された時空を支配し、人々をその時空に適応させるために、訓練を施し、身体を規律化し、価値観を規制して、いわゆる産業的身体をもった、画一的な国家的価値を共有する国民へと人々を育成することになる。そこでは、言語も画一化されて権力的な管理の下に置かれ、人々の思考の様式をも縛ることとなる。

この社会では、人々は「父」である権力のもとに、同じ価値を共有し、同じ時間に従って、同じ空間で「勤労」し、同じく均質の時空で「生活」する「われわれ」としての強いアイデンティティを持つ国民として、ある種の一体感を共有することになる。そこでは、権力が社会の中心であり、それは価値の中心でもあり、しかも国家と重ねられるものとして存在する。

そして、それは「勤労」に支えられた社会でもあった。つまり、人の労働が価値を生み出し、人はその身体に宿る「労働力」という力能を商品として売ることで自らの生活の糧を得ることが制度化された社会であり、そこでは身体と権力とが一体の関係を結んでいた。それは、つまり社会の拡張が自然の征服と相似形のイメージを結び、人工的な、画一化され、均質化された空間の拡大が、発展のイメージと相似形を結んでいることと重なる。人間が自然を支配すること、つまり勤労する身体が自らを拡張し、その根拠であるはずの自然を支配し、理性化すること、それがつまり進歩であり、発展であるとされた。それはまた都市化と同じことである。

しかも、都市化とは、工業化でもあり、農林漁業から工業へと移行することが進歩発展であるというイメージをつくりだし、農山漁村を否定することと結びついていた。それはさらに社会そのものの価値を貨幣という単一の尺度で測り、評価することと表裏をなすものでもあった。画一的な価値と均質な時間が支配する社会は、「父」である国家が貨幣という単一の尺度つまり唯一の規範をもって統制する均質な人々が働く均質な空間として構成されるのである。

そして、この均質空間を支えるのが「勤労」する身体の強度であった。それを「父」が回収し、アイデンティティと国民文化として人々に与えることによって、人々は強い帰属の意識を抱き、国家への求心力を強めることとなっていた。ここでは、国家が社会を包摂し、同値することになる。だからこそ、「取り戻す」派の人々が懐かしむ社会とは、マッチョな社会であり、力強く、肉食的なイメージをともなう強い国家であることになる。

きわめておおざっぱに描写すれば、このようにいうことができるであろう。

＊　＊　＊

しかし、このような社会は、それが画一的な貨幣という尺度で価値を測る価値均一で序列的な社会であり、しかもその価値は常に希少性によってもたらされるものでありながら、それを普遍化することで利益を生み出すという矛盾した構造を有するものである。しかも、価値を生み出す労働力は均質なのであり、それを価値づけし、購入する消費者の価値観も均質なのであって、この社会では希少性は時間と空間の短縮または分割と縮減とによってもたらされるものであるほかはなくなることとなる。

この社会における利益の生産は、効率性によって支配されることとなり、それは究極的には、価値を生産するはずであった人の労働を排除する。そこでは、価値の生産から時間性を排除する一方で、消費単位の個別化つまり生産と消費のカスタマイズによる価値の多元化と多様化によって、それまで価値評価の対象ではなかった労働力以外の部分、つまり人の存在そのものを貨幣という一つの尺度で評価し、経済活動に組み込むことが求められるようになる。価値の生産から人の労働つまり身体が排除される一方で、嗜好や嗜癖そして生理さらには人格などが単一の指標によって評価され、価値化されるのである。価値は生産されるものではなく、他者とのズレまたは差異によって評価され、瞬時の移動と人々の嗜好の対象となることによって評価されるものへと組み換えられる。金融経済とサービス経済の大衆消費社会がそれである。

このような社会では、人々は「勤労」による身体の強度を失い、自らの存在の根拠である時空をも他者と共有することなく、「われわれ」の中に固有の場所と時間を占める個人であることをやめてしまう。人々の存在そのものの根拠が失われ、人々の実存が曖昧化することで、人は自らの存在を他者との関係において同定することから、即物的に感じ取ることへと移行することとなる。ここ四半世紀も続いている「私さがし」がその顕著な例である。しかし、いったんこの社会から排除されてしまった人々の労働と身体は、それが社会の時空と切り離せないがゆえに、個人へと還ってくることはない。それが社会病理としての精神的な抑圧を強めることとなる。

しかも、経済の実態として、このような金融経済とサービス経済の大衆消費社会に舵を切った社会においては、従来の人の勤労と身体に支えられ、人々に存在の強度を与えていた製造業を基本とする経済は、海外への移転を進め、国内の企業系列など雇用創出の仕組みを解体している。その上、製造業の技術は蓄積型であり、いったん海外に流出し、国内での蓄積が滞ってしまうと、その再開は困難な体系を有している。このため、この社会で、製造業が復活し、人々に改めてその実存を保障するような「勤労」つまり価値生産の時空を提供することは、すでにきわめて困難となっている。

このように見てくれば、いくら強い「父」としての国家の復活を願っても、「取り戻す」派の人々が望んでいるその基盤であるはずの社会は還ってくることはまずないと考えざるを得ない。

＊＊＊

しかし、「取り戻す」派の人々は、既述のように強い国家を標榜し、国家内外の境界を改めて明確に引き直し、対外的には強い国家を、対内的には強い権力を演出しようとする。金融経済とサービス経済の社会にあって、後景に退いていた国家が、改めて前景に迫り出そうとするのである。ところが、その国家は、旧来の国家のように人々が「われわれ」の個人つまり国民として存在する、身体の強度に支えられた時空を共有することで成立する社会に定礎されたものではなく、むしろ人々が個人であることの根拠を失い、時空という身体性を失った、人を排除する社会、つまり具体的であることをみずから否定した空虚で抽象的な社会に足場を置くものでしかなくなっている。そのため、この国家では、権力が宣揚する固有の文化、固有の価値観そのものが、社会とは無縁のものとして中空を浮遊する空虚なものとなり、それがゆえに、この国家は、従来の社会における固有の文化を基礎づけていた「勤労」とくに労働集約的な産業としての農業や職人的な技、さらには人々の生産労働を犠牲にしても痛痒を感じない、つまりは人々の身体を毀損し、その存在を犠牲にすることに自制が働かない、自らの具体性を欠いた妄想的な権力となる。

この意味では、この国家は、そして自らの言動を内省し、そして自らの言動を制御しつつ、自らの可謬性におののきながら、慎重にかつ漸進的に社会を経営する権力ではなくなっていく。それはまた、人々の忠誠心を購入するために、人々の生活を保障しようとする「生権力」であること、つまり国民国家であることを、この国家がやめることを意味している。この国家は、人々の身体性を欠くことで、自らの言動を内省・制御する参照系を失った空虚な言説としての国家となり、その言説は自らの根拠である身体性を持たないがゆえに無謬性を纏い、身体の強度と感覚に制御されない、「正しく間違える」権力へと自らを肥大化させていくこととなる。そこでは、言説は身体の具体性を欠くことによって、マッチョイズム（マチズモ）が際限なく肥大し、その言説に煽られる国家は、自らを強いマッチョな「父」へと措定しようとする衝動に駆られていく。

これはまた、一九二〇年代に台頭してきた全体主義やその裏返しでしかない性格を持つ社会主義・共産主義と同じ構造を、昨今の国家が持ち始めていることを物語っている。当時、金融経済がグローバル化し、各国の国内生産は効率化を競うことで人々の労働疎外を極限にまで推し進める状況が出現していた。そこでは、各国の貿易依存が強まれば強まるほど、国内生産における人の労働疎外、つまり生産における実存の毀損が激しくなり、社会から人が排除され、人々は自らの身体の強度にもとづく内省の機制を失い、言説への依存を強めた。その結果、国家が社会を包摂して否定し、言説に煽られる全体主義的な国家の暴走を許すこととなった。そして、グローバル化と貿易依存が通貨切り下げ競争を招き、それが各国の相互依存関係を破壊し、戦争を招き寄せてしまったのである。

昨今の日本社会の状況も、当時とは経済規模や産業構造のあり方が異なるとはいえ、国家が社会の持つ身体性という根拠を失い、言説によって暴走し始めている状況は否定しがたいように思われる。それはまた、経済が貿易に依存しすぎ、グローバル化によって海外市場の影響を被り、壊滅的な打撃を受けている状況下、通貨切り下げを進めて、さらに貿易依存体質を強めようとする事態と構造的に通底している。すでに人々が社会から排除され、社会が国家の基盤としての位置づけを失っている状況で、通貨切り下げ、貿易依存の強化を進めることは、さらに社会の解体を促し、妄想の身体としてのマッチョな国家を言挙げすることにつながらざるを得ない。そこには、社会に生きる人々の生身の生活ではなく、身体性を排除する金融資本の利益しか残されてはいない。しかも、人々が社会から排除されている状況では、この国家の暴走を防ぐ手立ては、ほとんど残されていないといわざるを得ない。

私たちは改めて、自らの存在に身体性を回復しながら、物理的なモノではない身体を立ち上げ、社会を構成し直して、権力のあり方を組み換えていく必要がある。しかしそれは、従来のように国家と社会とを同値して、規範権力としての国家による社会の経営を再現することではない。また、社会によって国家を包摂し返して、社会が前景化することを目指すものでもない。そこではむしろ、社会に生きる人々が自らの身体性を回復することで、国家の妄想の言説を組み換えることができるような自らの〈コトバ〉を持つこと、そしてその〈コトバ〉を持つことによって人々自身が自らを新たな〈社会〉へと構成し直していくことが求められる。つまり、〈わたし〉が〈わたしたち〉であり、〈わたしたち〉が〈わたし〉であることによって紡ぎ出される関係性の織物でありながら、その織物を〈わたし〉である〈わたしたち〉が常に引き裂いては、織り直し続ける過剰な不均衡としてこの社会を構成し、その社会に身体性を与えることで、それが〈コトバ〉として語られ、その〈コトバ〉が常に人々の〈間〉に身体性を回復し続けるような関係の構造として権力を編成することが課題化されるのである。それはまた、妄想の言説としての国家に対して、新たな〈わたしたち〉自身の〈コトバ〉をもって、新たな権力を構成することに通じている。

＊　＊　＊

マッチョではない権力、「父」の規範を妄想する身体ではなく、存在としての身体の感覚に定礎された権力をつくりだすこと。そこでは、〈コトバ〉の持つ事後性と過剰性、そしてそれが生み出す存在論的不均衡としての〈わたしたち〉が鍵となる。私たちが〈わたしたち〉の〈わたし〉としてこの社会に他者とともに生き、他者との〈間〉にある実存として、普遍的で個別な固有の時空を獲得するためには、〈コトバ〉がそこに存在することが必須である。なぜなら、〈コトバ〉とは私固有のものではなく、つねに私と他者との〈間〉に産する〈わたしたち〉のものであるがゆえに〈わたし〉のものであり得る、〈わたし〉を根拠づけるものだからである。

私たちが自ら〈わたしたち〉の〈わたし〉として社会に生き、自己を認識するためには、〈コトバ〉の持つ事後性と過剰性に私たちが囚われていることが必要である。私たちが〈コトバ〉を用いて意思疎通でき、〈コトバ〉を用いて自己認識することができるのは、〈コトバ〉が〈コトバ〉に先んじて、その〈コトバ〉によって表現できるもの、つまり社会的な価値や意思が私たちの共通了解となっているものだからである。私たちが〈コトバ〉を用いて認識し、他者を承認し、自己を主体として立ち上げるのは、常にこの共通了解となっている〈コトバ〉を支えている価値や意思が、すでに事前に了解されていることによる。つまり、〈コトバ〉で私たちがとらえているのは、すでにそうあるべくしてあったことの事後的な表現でしかなく、私たちはそれを事後的に〈コトバ〉化して言表活動へと展開することで、事後的に認識することができるに過ぎない。その事前了解としてある関係性こそは、身体に定礎され、媒介された、人間としての普遍性がもたらす個別性の感覚である。

しかし、私たちはそうすることで、自らが他者とともにある〈わたしたち〉の〈わたし〉である他はないことを認識することができ、しかもその〈わたし〉は〈わたしたち〉の〈コトバ〉を用いる普遍的な存在でありながら、その〈コトバ〉を〈わたし〉へと語りかける固有の存在でもあることになる。ここで、私たちは、〈コトバ〉に駆動されるかのようにして他者へと自らを投じることになる。私たちは、〈わたしたち〉の〈わたし〉であることによって、〈わたし〉の〈わたしたち〉へと過剰に自らを表出し、常に〈コトバ〉によって身体性が駆動される存在論的な不均衡としてその関係を組み換え続けることになる。

これが、新たな〈社会〉の基盤となるのである。

＊＊＊

国家が社会から乖離し、暴走するとは、理性が身体性を抑圧して、社会を国家に同値させるということではなく、言説が理性の判断を離れて暴走すること、または言説が妄想化した身体として暴走することを意味する。その背後には、理性が身体性を失う事態が存在している。そうではなくて、言説が身体的な感覚に定礎されて〈コトバ〉となることは、〈コトバ〉を発する主体が自らの確かな存在の感覚を基礎とした判断を下すこと、つまり暴走する妄想としての身体ではなく、自らの〈コトバ〉を持つ身体として立つことを意味している。

このとき、〈社会〉は国家と同値しながら、国家を支える旧来の社会ではなく、むしろ国家とは異なる新たな社会として構成され、人々を身体性に定礎された〈コトバ〉によって深く結びつけながら、そのものが〈コトバ〉によって構成される身体性を有した、新たな経済実態として立ち現れることとなる。そこでは、人々自体が経済主体であり、生産者でありながら、消費者であるような存在のあり方を示すこととなる。この〈社会〉では、権力が富の分配と所有を担うのではなく、富は常に人々の〈間〉につくりだされ、組み換えられ続け、循環する価値となる。

そして、そこでは権利のあり方も変容する。権利は、天賦人権論を基礎として、旧来の国家の枠組みにおけるように、国家が人民に分配し、保障し、人民が保有するものではなくなり、人々が社会に生きる〈わたしたち〉として、〈わたし〉と〈わたし〉との〈間〉で生成し、承認し、常に組み換えながら、社会を構成し続ける媒介物である価値としてつくりだし続けるものとなる。

このような〈社会〉が国家の基盤として広大な領域に広がることで、暴走する国家はその身体の妄想を剝ぎ取られ、〈社会〉へと構成され直すこととなる。そこでは、国家は社会を基礎とした権力として、人々の身体性を媒介とした〈コトバ〉によって、〈社会〉の中に再配置されることになる。つまり、人々の〈コトバ〉によって担われる存在論的な織物として構成されることとなるのである。

「取り戻す」派の言説は、繰り返すが、妄想化した身体でしかない。それはまた、この国が社会を基礎として創り出してきた文化そのものを否定することにつながる。それは、この国土に生きる人々の生活から紡ぎ出され、生活に支えられ、また支えるものとしての〈クニ〉の基礎、すなわち「文化」を否定する。それは、国家の屹立ではあっても、〈クニ〉の基礎である社会の解体つまり〈クニ〉そのものの崩壊を意味している。

それゆえに、人々の語る〈コトバ〉は、人々が自らの身体に定礎された「文化」を語ることによって、「政治」を語る〈コトバ〉へと転化する。人々が身体に基礎づけられた存在を語り合う関係を通して自らの存在のあり方つまり社会を構想するとき、それは権力論として、この社会を再構成することへとつながっていくのである。権力は、希少性を制する強力な中心ではなく、社会に広く広がる相互性として再構成されることになる。

本書で取り上げたいくつかの考察と「むら」づくりの実践は、この新たな身体性に定礎された権力の構成のあり方を考えようとしたものでもある。この社会では、人々が常にお互いの関係の中で、身体をさらしながら、ともに承認関係をつくりだし、カネではない「ナニモノカ」を交換し合うことで、自分の存在を人々の中に位置づけ、常に他者との関係の中においてこそ、自分が新たな自分へと駆動していく感覚を持って、暮らしている。そして、そこでは、人々はよそ者を喜び、有無をいわせずに、相互の承認と他者の中にいることの快感に浸れる関係へと巻き込んで、楽しそうに生活を営んでいる。さらに、そこから、私たち自身が他者を巻き込む「利他性」に感染し、「利他的」であることによってこそ、他者から自分が還ってくるという「利己性」にしびれる感覚を持つことができる。こういう〈社会〉が構想され、その〈社会〉そのものが〈わたしたち〉そのものとして、動的に変化し続けていく。この〈わたしたち〉の〈わたし〉相互の〈間〉で権力は組み換えられ続けながら、〈わたしたち〉を集団的に構成し続けるものとなるのである。

＊　＊　＊

このような社会では、富の生産と表裏の関係にある知識の分配のあり方も変化することとなる。富が権力によって人々に分配され、所有される社会にあっては、知識も同じく権力によって人々に分配され、所有されていた。人々は権力が分配する知識を所有することで、みずからを国民へと形成していたのである。しかし、既述のような新しい社会においては、富は人々の〈間〉で生成され続けるものとなり、知識そのものも、人々の〈間〉で生成され、組み換えられ、新たな知識へと生まれ変わっていく、循環するものとして存在することになる。人々は知識の受け手であるだけでなく、つくり手であり、発信者であり、媒介者でもあって、知識をつくりだし、循環させることで、この社会を構成することになるのである。ここで議論は「序章」の問いへと還ることとなる。

新しい社会では、経済的な量の拡大ではなく、価値多元的な文化資源を人々の日常生活と結びつけ、新たな価値を多元的に創造していくことが問われることとなる。既述の新しい「むら」づくりの実践で私たちが見たのは、その一例であるといってよい。そこでは、人々が日常の生活実践にアプローチする身体的な構えが、知識つまり価値の創造として問われることとなる。私たちは、あるものを見、対象化し、意味づけし、価値づけする場合、すでにそのものを見、とらえ、意味づけし、価値づけするようにあらかじめ身体的な技法を獲得している。知覚は知覚主体に先行して知覚主体をつくりだし、しかも知覚される客体そのものが、知覚によってあらかじめ決められていて、事後的に客体であると知覚されるに過ぎない。私たちは常に平衡的に「ある」ように、事後的に知覚を組み換えることで認知をつくりだしており、主体と客体の関係も常に動的に組み換えられつつ、私たちの知覚によって知覚され直している過剰な存在論的不均衡、つまり過剰性によってこそ均衡を保つことができる、変化し続けるものなのである。それが、私たちの存在である。

しかも、この事後性と過剰であることによって動的な平衡状態を保つことができるという私たちの存在の性格は、〈コトバ〉の持つ性質と重なる。〈コトバ〉は身体にもとづく「発話」においては、個別的であっても、その持つ意味を基本とする「言語」としては集合的なものであり、私自身を私が所属する集団のシンボル的な生環境へと閉じ込めないではいない。それゆえに、〈コトバ〉は類的な普遍である身体に定礎されつつ、それが個別性を担保する〈カラダ〉を媒介するものでもあることによって、過去の表現行為の残滓を破壊せざるを得ず、つまり事後的に私を集団へと位置づけつつ、過剰に自己を表出せざるを得ず、そこに新しい表現行為を獲得することで、私を〈わたし〉へと、集団を〈わたしたち〉へと立ち上げながら、新しい平衡状態、つまり〈わたしたち〉の〈わたし〉をつくりだしていく。そこに〈わたし〉が〈わたしたち〉として立ち上がる〈コトバ〉による相互承認と〈カラダ〉がもたらす身体性の強度が介在しているのである。この相互承認の闘争においてこそ、そこに新たな集団的な知識が生成され、循環し、〈わたし〉が〈わたしたち〉として、〈社会〉へと立ち上がることとなる。このような知識の生成と循環のあり方は、〈わたし〉が〈わたしたち〉としてこの社会に存することの根拠となり、〈わたし〉が〈わたしたち〉としてこの社会を構成することそのものとなる。

これが、〈学び〉である。社会は〈わたしたち〉である〈わたし〉の〈学び〉の過剰で動的なプロセスなのである。〈学び〉こそは、社会のあり方そのものなのだといってよいであろう。

あとがき

本書で試みたのは、一言でいえば、自我論や人格論を組み込んだコミュニティ論を描き出すことです。そこでは、コミュニティは人々が生きている動態を自らの存在のあり方とする動的な〈社会〉であり、それはそのまま人々の〈学び〉であり、さらに生成する自我や人格の様態である〈学び〉と同値されます。

この議論の背景には、近代産業社会を経て日本社会が到達した福祉国家の崩落と国家の構造の企業型組織への組み換えが存在します。それは国家が富を再分配して、国民生活を保護しつつ、国家への忠誠心を購入するような羊飼いの権力から、基礎自治体を切り捨て、国民を保護から切り離して孤立させ、不安を煽りつつ、安価な労働力としてグローバル資本へと売り渡し、国家のシステムだけを生き残らせようとする権力へと転換していることと連動しているように見えます。ここにはまた、これまでのいわゆる民主主義の背理が存在しています。

それは絶対王権を換骨奪胎してつくりあげられた国民主権の政体が、個体主義を基本として、権力による富＝利益の分配とその個人による所有を基本的な枠組みとして構成されていることとかかわります。つまり、各個人の自由を保障するために、平等すなわち自由の条件としての尊厳、人権や諸権利、さらにはそれらを保障するための物質的な生活の基盤、そういうものを所与のものとして、それらを権力が人々に分配することで、人々を国民へと形成し、人々が国家への求心力を高めていくという構造から、権力が平等を分配するのではなく、自由を強要し、人々の間に自己責任と少ないパイをめぐる闘争を仕掛ける構造へと、国家のあり方が変容しているということです。

その草刈り場が基礎自治体のさらに基層に位置づくコミュニティです。だから、本書では、地域コミュニティという一見曖昧でとらえどころのないものを、とくにリジッドな定義をすることなく、取り上げつつ、そこで人々が互いに配慮しあいながら生きることが、相互の変容を導き、新たな生活を生み出して、社会を安定的に構成していくことの可能性を検討しようとしたのです。そのプロセスを本書では〈学び〉と呼んでいます。

この議論では、権力は所与のものとして、平等＝福祉の所与の諸条件を分配し、人々にそれを所有させることで、人々を国民へと育成して、保護するものではなくなります。権力は、コミュニティで営まれる〈学び〉の動態において、その動態が持つ関係によって規定されながら、常に生成され続けるものへと変容し、平等の条件として、相互に自由をつくりだす自由を承認しあう関係がとらえられ、それそのものが権力として、関係の中から生成されつつ、常に組み換えられていく、曖昧で流動的でしなやかな、それでいて、人々の生活の確かな実感に支えられたものへと変容していきます。人々は常に自らが関係論的に権力を生成し続ける当事者として、コミュニティに生きることとなります。

このような議論に対しては、次のような批判があり得ます。いわゆる国家論が欠落しているという批判です。昨今のように国家や行政権力が、民衆を切り捨て、生活を不安定にさせることで、人々を自己責任の網の目に絡め取りながら、グローバル資本へと売り飛ばそうとするような状況の下で、本書のようにコミュニティをとらえようとするのであれば、そこではコミュニティにおける人々の生活を安定させるためのミニマムの保障を権力に求めるべきであって、それすらしない本書の議論は、結果的に、昨今の政治的な動向に迎合することとなる、というのです。

この批判は、あり得べきものですし、それは近代国家の枠組みと深くかかわります。近代国家は自らと他者との境界を明確に引いて、その内側で自由を保障するための平等を確保し、民主主義を実践して、権力による富＝福祉の分配を行おうとします。これは、個体主義的な観点にもとづくものです。つまり、個体である個人に富を分配することで、その個人を集合概念としての、権力によって平等を保障され、その枠組み内で内面の自由の追求を至上の価値とする国民へと育成して、国家的な統合を果たし、それがさらに富の再分配を可能とするという、いわば閉じられた循環を形成する権力の構造です。

この権力構造は超越論と手を結んでいます。つまり、どこかに超越的で所与の権力や富、つまり普遍的で不可侵の、それ以上問うてはならない価値を置き、それを個体である個人へと分配し、所有させることで、その個人を集合概念へと構成し直し、国家という枠組みを安定させるという構造になっています。

近代国家の教育学は、この個体主義をカント的な超越論的観念論からフロイト的な自我の生成・人格の形成といういわば超越論的生成論へと移行させ、そこに人間という存在の本質を措くことで、その居場所を見つけ出しました。これは一見、分配論とは異なるように見えます。しかし、それは、個人が成長し、発達するという観点に示されるように、人間に普遍＝所与のものが見出され、つまり所与である成長や発達が人々一人ひとりへの教育学的なまなざしによって分配され、それを促して、内面の開花を図るという、教え、育てることの分配、しかも平等な分配を基本とし、そのことによって成長し、開花した人々が、国民という一つの集合概念へと育成される、つまり分配の結果、一つの価値へと統合されていくととらえていることにおいては、分配論、しかも超越論的観念論、つまり人間の本性を所与のものとして前提する分配論でしかないと見ることもできます。常に、先験的に成長や発達や人格の形成や自我の生成という価値を措いた上で、その実現が生成や形成として語られているのです。形成と陶冶、教育と学習支援など細かな議論は可能ですが、基本的な枠組みは変わりません。

しかしいまや、人々が生きている「地場」であるコミュニティが、権力によって放棄され、分配は自己責任と相互に闘争する自由の分配へ、所有は平等の条件ではなく、いがみ合い、蹴落としあう自由の所有へと、組み換えられています。それでも、国家や行政権力を批判して、平等のミニマムの分配を求めるという議論の方途はあります。しかし、本書で扱ってきたように、自我論や人格論を組み込んだ視点で既存のコミュニティを考察すると、実は、権力が平等の分配を行っていたときから、コミュニティの構成のあり方は、個体主義的であるというよりは、むしろ関係論的だといったほうがよいものなのです。

それは、ドゥルーズの「無人島」の議論にも擬することができるものです。つまり個体としての個人と個人が存在していながらも、その個人がコミュニティという「島」を客体化し、自らを相互に主体として認識していない状態が、無人島なのですが、本来コミュニティはそうではなくて、そこに存在する個人そのものがコミュニティの関係において構成され、組み換えられ続ける主体として、主体の所与性を脱して、生成するものとしてあるということです。ここでは、個人が個体主義的に主体化するのではなくて、関係こそが主体化し、それが常に動き、組み換わっていくことにおいて、関係が動的に安定し、コミュニティが平衡状態を呈するようになっています。主体は個体ではなく、〈関係態〉とでも呼ぶべきものとなっているのです。

ここで問われるのは、個人の対象認識の構えのようなもの、つまりあらかじめそのようにしか対象をとらえられないようにされていながら、それを事後的に意識化し、認識することで、遅れてやってくる主体、つまり自我の意識のありようです。それは、生成を基本としたある種の経験論的な観念論、つまり自我を所与の前提として、それを分配する超越論ではないけれども、関係論的に生成するものとして自我はあらざるを得ないと描く、経験論だけれども観念論を組み込んでいるもの、こういうものとして構成される必要があるようにも思います。

そして、この観点からは、権力のあり方そのものが、所与のものとして措かれ、人民主権によって分配論的に構成されるものから、関係論的で、事後的に生成されてはその都度組み換えられる、ある種の宙ぶらりんな、循環するものへと変容していきます。この社会イメージとしては、雑踏というプラットフォームがまさに雑踏に生きる人々によって関係的に構成され、その上に各個人がOSや様々なソフトとして自生し、それらがその場に居合わせた偶然性を契機に、相互に関係を組み換えながら、その社会を豊かに構成していく、〈関係態〉として自己を生成し、そうすることでその社会が平衡状態を保ち続け、それが新しい価値の循環つまり経済を生み出していく、こういうものとなります。権力はここでは所与のものではなくて、その都度生成し、組み換えられ続けるものとなります。

しかし、そうはいっても、筆者そのものが個体主義的分配論の教育学の中で生きてきているのですから、この観点から脱し切れているわけではないでしょう。今後、研究実践を通して、議論を深めることができればと思います。

本書のこの議論は、実は、前著『認められたい欲望と過剰な自分語り』（東京大学出版会、二〇一一年）の課題意識、つまり「所与ではなく生成」（同書、三〇四頁）を引き継ぐものでもあります。この課題意識が、本書において、深められているのかどうか、読者の皆さんの批判をお願いしたく思います。本書は、前著に引き続き、東京大学出版会の後藤健介さんのお世話になりました。出版の相談の段階から、本書の価値を見出してくださり、具体的な形にするまでの粘り強い、伴走するかのようにして対話を重ね、私の中にある何かを引き出してくださるかかわり方に、ソクラテスの産婆術にも似た配慮を感じています。また、筆者自身の単著としては一〇冊目となる本書を、後藤さんに担当していただくことができ、とてもうれしく思います。ありがとうございました。

二〇一四年五月

牧野　篤

人名索引

事項索引

さ　行

た　行

な　行

は　行

ま　行

や　行

ら　行

わ　行

著者略歴
1960年生まれ．東京大学大学院教育学研究科教授
名古屋大学大学院教育学研究科博士課程修了．博士（教育学）．中国中央教育科学研究所客員研究員．名古屋大学大学院教育発達科学研究科助教授・教授を経て，2008年より現職．

主要著書
『多文化コミュニティの学校教育―カナダの小学校より』（学術図書出版社，1999年）
『「わたし」の再構築と社会・生涯教育―グローバル化・少子高齢社会 そして大学』（大学教育出版，2005年）
『中国変動社会の教育―流動化する個人と市場主義への対応』（勁草書房，2006年）
『シニア世代の学びと社会―大学がしかける知の循環』（勁草書房，2009年）
『認められたい欲望と過剰な自分語り―そして居合わせた他者・過去とともにある私へ』（東京大学出版会，2011年）
『人が生きる社会と生涯学習―弱くある私たちが結びつくこと』（大学教育出版，2012年）

生きることとしての学び
2010年代・自生する地域コミュニティと共変化する人々

2014年 6 月30日　初　版

［検印廃止］

著　者　牧野《まきの》　篤《あつし》

発行所　一般財団法人　東京大学出版会
代表者　渡辺　浩
153-0041 東京都目黒区駒場4-5-29
http://www.utp.or.jp/
電話 03-6407-1069　Fax 03-6407-1991
振替 00160-6-59964

組　版　有限会社プログレス
印刷所　株式会社ヒライ
製本所　誠製本株式会社

ISBN 978-4-13-051326-5　Printed in Japan